BASTEI
LÜBBE

Dieter Kronzucker ist Millionen von Fernsehzuschauern seit vielen Jahren als Auslands-Korrespondent und als Leiter der Serie »Abenteuer und Legenden« bekannt, die seit 1988 im ZDF mit großem Erfolg gesendet wird.

Franz Tartarotti, lange Jahre Auslands-Korrespondent für die Zeitschrift »Stern« und das ZDF sowie mit Kronzucker beruflich und freundschaftlich verbunden, ist seit 1988 Kronzuckers Partner bei »Abenteuer und Legenden«.

DIETER
KRONZUCKER
Franz Tartarotti

ABENTEUER UND LEGENDEN

Vom Ararat zum Amazonas

BASTEI
LÜBBE

Bastei-Lübbe-Taschenbuch
Band 60311

Printed in Germany, Oktober 1991
Redaktion: Kurt Heering, Hamburg
Einbandgestaltung: Klaus Blumenberg, Bergisch Gladbach
Titelbild: Franz Tartarotti
Satz: Kremerdruck GmbH, Lindlar
Druck und Bindung: Ebner Ulm
ISBN 3-404-60311-7

Der Preis dieses Bandes versteht sich einschließlich
der gesetzlichen Mehrwertsteuer

Inhalt

Fernsehfilme entstehen stets in Teamarbeit:
mit den gründlichen Recherchen des Redakteurs,
dem organisatorischen Talent des
Produktionsleiters, dem kritischen Ohr des
Tontechnikers, der Sorgfalt des Zusammen-
schnittes und insbesondere der unverwechselbaren
Handschrift von Kameraleuten wie
Hermann Feicht oder Gerd Weiss.
Sie alle schufen auch die Basis für dieses Buch.

Legenden und Abenteuer

Unbestiegene Gipfel, unerforschte Dschungel, unberührte Wüsten, nie befahrene Meere, ewiges Eis und jungfräuliches Land – das sind Traumbilder aus der Vergangenheit. Schon 1937 schreibt der Abenteurer Rudolf Skuhra in seinem Buch »Sturm auf die Throne der Götter«: »Die Eroberung der Erde ist heute fast abgeschlossen, die weißen Flecken auf der Landkarte werden immer kleiner und verschwinden nach und nach. Die Geheimnisse werden entschleiert, die weiten Entfernungen durch die Schnelligkeit der Verkehrsmittel überwunden.«

Doch diese scheinbare Schrumpfung der Erde hat die Entdeckerlust ihrer Bewohner nicht eingedämmt, sondern eher noch geschürt: Die stetig wachsende Zahl der Weltenbummler zeigt, daß die Erde für sie keineswegs uninteressanter geworden ist. Und vielfach sind die Gründe: Der eine Abenteurer sucht das Weite, um dem Alltag zu entfliehen, der andere bricht aus Risikofreude auf oder aus Leistungsdrang, der dritte wiederum sucht die Abwechslung im Kontrastprogramm. In der Tat ist der Gegensatz zwischen der Alten Welt und den exotischen Ländern heute eher wieder größer geworden.

Dadurch bringt der Sprung von der Komfortgesellschaft in die so völlig anders geordnete Dritte Welt bisweilen Schockerlebnisse.

Um dem Reisenden das Abenteuer der fremden Gerüche, Gewohnheiten und Gebräuche verdaulicher zu machen, hat sich eine neue Industrie aufgetan – der Extremtourismus. Sie liefert den romantischen Lagerplatz, die spektakuläre Naturkulisse, den reizvollen Seitenpfad oder den »Geheimtip« für eine »Eingeborenen«-Zeremonie. Die Erlebnisse sind vorgekaut und werden auf dem goldenen Teller serviert.

Und doch kann jede dieser Reisen unvermittelt noch ins Abenteuer umschlagen, wenn etwas nicht nach Plan läuft: schlaflose Nächte nach einer geplatzten Flugverbindung, die Autopanne in einer gottverlassenen Einöde oder die Untätigkeit fremdsprachiger Polizei nach einem Diebstahl. Für den hartgesottenen Globetrotter ist das jedoch kein Abenteuer, denn Unannehmlichkeiten dieser Art nimmt er als selbstverständlich in Kauf. Seine Suche gilt jenen besonderen Augenblicken, in denen sich nach extremen Leistungen hinter den offensichtlichen Dingen die innere Welt auftut: das Meer der Glückseligkeit, die Gipfel jenseits von Zeit und Raum, der Reichtum der Seele, das Universum der Fantasie.

So schrieb beispielsweise der österreichische Bergsteiger Herbert Tichy nach der Erstbesteigung des Cho Oyu im Himalayagebirge: »Vielleicht ist es die rein physische Nähe des Himmels, das Bewußtsein, an die Grenze unserer Welt gelangt zu sein. Jedenfalls beginnt hier ein Gebiet geklärter Sicht, wo man, wie in einer Vision, die äußeren Umrisse der Dinge vernachlässigt und ihr wahres Wesen erfaßt, wo das eigene Ich und die Umgebung zu einem harmonischen Ganzen verschmelzen. Ich habe eine metaphysische Grenze durchbrochen und eine Welt erreicht, in der andere Gesetze gelten.«

Neben solchen eher mystischen Erfahrungen suchen gereifte Abenteurer aber oft auch neue und andersartige Herausforderungen. Sie wollen die Wüste der Armut bezwingen, die Einöde des Analphabetentums oder das Tal der Krankheit: Edmund Hillary baute Schulen im Sherpa-Land, Karl-Heinz Böhm leistet Entwicklungshilfe in Afrika, Dietmar Schönherr baut das »Haus der drei Kulturen« in Nicaragua.

Doch es ist wahr: Das Hauptmotiv der meisten Reisenden ist sicher die schiere Reiselust. Sie hat auch mich immer getrieben. Bücher von Herbert Tichy und Sven Hedin, von Heinrich Barth, dem Afrikaforscher, oder Alexander von Humboldt, dem Südamerikareisenden, gerieten mir schon früh unter die Augen. Zusätzlich beflügelten die spannenden Bücher von Jack London und James Fenimore Cooper meine Fantasie – und selbstverständlich auch die Romanhelden von Karl May. Fantasie und Wirklichkeit, das *Abenteuer* und die *Legende* dazu haben mich seit jeher gleichermaßen begeistert.

Eine erste Gelegenheit, meiner Reiselust nachzugehen, gab mir ein Touristikunternehmen in Köln namens »Columbus-Reisen«. Leider führten die Kolumbus-Reisen zunächst nicht weiter als an Rhein und Mosel …

Mit achtzehn Jahren folgte die erste große Europareise, mit einem Segeltörn zu den griechischen Inseln, der mir allerdings nur die Erkenntnis brachte, daß ich zum Seemann nicht geeignet bin, schon wegen der Seekrankheit, die den Menschen so würdelos macht. Leider sind mir auch Gipfelstürme verwehrt geblieben, weil mir über 5000 Meter ganz einfach die Luft ausgeht. Dafür hat sich mein Körper als tropenfest und wüstentauglich erwiesen.

Das eine konnte ich bei einer mehrmonatigen Südamerikareise an den Orinoko und den Rio Negro testen – auf den Spuren Alexander von Humboldts; das andere auf einem Zug durch die Wüste, in der damals noch spanischen Sahara. Für eine Gebrauchtwagenfirma fuhr ich dann Mitte der fünfziger Jahre Limousinen über den seinerzeit noch gemeingefährlichen »Autoput« durch Jugoslawien nach Saloniki in Griechenland. Besonders fasziniert von einer Wanderung durch die Extremadura in Spanien, wuchs mein Interesse an der Neuen Welt. Viele der Eroberer, der Conquistadoren und Glücksritter, die sich im 16. Jahrhundert zur Plünderung der Indianerreiche aufmachten, sind in der herben Landschaft der Extremadura aufgewachsen. So folgte ich der Fährte Pizarros in das ehemalige Inka-Reich in Peru, und auf der Spur des Cortés ging es nach Mexiko.

Aus Geldmangel nahm ich aber zunächst ein Angebot wahr, das mir ein Reiseagent aus Lugano machte. Für einige Zeit begleitete ich US-Amerikaner auf Europatour. Allerdings, nach zwei Sommern »Rome by night«, Lido in Paris und Musical in London dachte ich mir, daß diese Amerikaner Exklusiveres verdient hätten, und machte mich mit einer Agentur für Spezialreisen selbständig: »SATTS – Special American Tourist Travel Service, Mr. Ted Kronzucker, M.A.« stand stolz auf der Visitenkarte. Das Exklusive einer Dolomitenwanderung beziehungsweise eines Taucherurlaubs auf Sardinien war allerdings wohl zu kostspielig, die Amerikaner waren zu komfortverwöhnt und hatten auch oft nur 14 Tage Urlaub im Jahr. Ich mußte Konkurs anmelden.

Immerhin, auf der Suche nach Kunden konnte ich die USA bereisen und lernte dabei diejenigen Gegenden kennen, in denen die Helden Karl Mays angeblich heimisch gewesen waren. Die »glorreiche« Wüste des Llano Estacado zwischen Texas und New Mexico schien mir allerdings nur staubig zu sein, und die Jagdgründe der Apachen Winnetous erwiesen sich ebenfalls als wenig beeindruckend.

Ein kleiner Filmproduzent namens Hans Hönicka gab mir dann eine erste Gelegenheit, Touren filmisch umzusetzen. Das Reisen wurde ernster. Im Auftrag des »Bundesministeriums für wirtschaftliche Zusammenarbeit« sollte das Leben von Entwicklungshelfern in Afrika und Lateinamerika in Bildern festgehalten werden. Die Savanne von Äthiopien und die Anden von Peru waren die Schauplätze. Im Callejón de Huaylas in Peru suchte uns ein Erdbeben heim, und im Stammesgebiet der Afar in Äthiopien überfiel uns ein Heuschreckenschwarm. Die Filme kamen jedoch ganz gut an, und ich erhielt eine Zeitlang Afrikaaufträge, beispielsweise zu Berichten über Mozambique und Angola im Kolonialkrieg. Danach folgten vor allem Reportagen über die politischen Entwicklungen in Lateinamerika – über die Tupamaros in Uruguay, Che Guevara in Bolivien oder die Volksfront in Chile.

Den Faden der *Abenteuer und Legenden* konnte ich erst nach zwanzig Jahren wieder aufnehmen, nach zwanzig Jahren, in denen ich als Reporter, Redakteur, Kommentator und Moderator arbeitete. In der Zwischenzeit hatten sich die Ideen und Projekte fast von selbst ergeben, darunter viele unerfüllte Jugendträume. Und die habe ich nie allein geträumt, sondern ich fand immer Weggefährten auf der gleichen »Wellenlänge«. Eine frühe »Seilschaft« mit Franz Tartarotti ist nie abgerissen. Jahrzehntelang hatte er auf eigene Faust und im freien Auftrag die eher verwegenen Seiten der Politik geschildert und die verborgenen Schauplätze der Rebellion aufgesucht. Unsere Wege haben sich immer wieder gekreuzt. Ich betreute als Leiter im »Weltspiegel« seine Reportagen aus entlegenen Gegenden, und er hat mit mir »Bilder aus Amerika« nach Deutschland gesendet. Gemeinsam beschlossen wir, eine Sendereihe über ferne Länder, extravagante Menschen und exotische Erlebnisse zu gestalten – wenn man uns denn ließe. Man ließ – und so haben wir 1988 gemeinschaftlich das Projekt *Abenteuer und Legenden* angepackt. Am Anfang der neuen Reihe stand die Fata Morgana, die Wüstenfantasie. Immer schon hatten es mir die Karawanen angetan, und auf ihren Wegen fanden wir die »Azalai«, der auch das erste Kapitel gewidmet ist.

DIETER KRONZUCKER

Azalai – die Salzkarawane

»Azalai« heißt in der Sprache des wilden Reitervolkes der Tuareg soviel wie »sich trennen, um sich wieder zu vereinen«. Schon vor gut 700 Jahren hat dieses Wort jenen Karawanen den Namen gegeben, die das Salz aus dem Norden Malis durch die sengend heiße Westsahara zum Niger bringen – dorthin, wo er schiffbar wird. Von hier aus nimmt dann das Salz seinen weiteren Weg zu den Märkten.

Im Mittelalter wurden die Salzlager wie ein Staatsgeheimnis gehütet: Das Salz war wie eine Währung, so lebenswichtig wie Wasser und fast so rar und wertvoll wie Gold.

Die Salzstöcke liegen unter dem Wüstensand bei der Siedlung Taoudenni, gleich neben einer berüchtigten Sträflingskolonie. Vielleicht durfte deshalb vor uns noch nie ein Fernsehteam die Azalai begleiten, vielleicht aber auch, weil Taoudenni ein für Fremde gesperrter Bezirk der Militärs ist. Doch im Vorfeld eines Staatsbesuches von Bundespräsident Richard von Weizsäcker im März 1988 erlaubte uns die Regierung von Mali überraschend den Zugang zu den sagenumwobenen Salzstöcken.

Wir brechen auf. Weil die Wettermeldung die üblichen Turbulenzen hoch über der Wüste nicht erwähnt, fliegt die französische Maschine ausnahmsweise nicht entlang der westafrikanischen Küste, sondern schnurstracks über die Sahara. Aus der Vogelperspektive entfaltet sich ein grandioses Farben- und Schattenspiel, leuchtet der Sand mal goldgelb wie ein riesiges Getreidefeld oder erheben sich Dünen wie rötlich schimmernde Meereswellen. Zeichen menschlicher Behausungen sind nirgendwo auszumachen. Als der Pilot das Dreiländereck Algerien, Mauretanien und Mali anfliegt, sinkt die Maschine auf eine niedrigere Flughöhe. Hier irgendwo unter uns müssen die Salzstöcke von Taoudenni versteckt sein – das Ziel der Azalai seit Generationen und dieses Mal auch unseres.

Erst eine Flugstunde später und 700 Kilometer weiter sehen wir zum ersten Mal tief unter uns eine Ansiedlung, die Lehmbauten von Timbuktu, der Hauptstadt des einstigen Königreiches, noch heute erster Umschlagplatz und Verladehafen für das teure und seltene Salz aus dem Norden. Die Stadt wird von den letzten Sonnenstrahlen in ein unwirkliches Licht getaucht, um sie herum glitzern die vielen Arme des Niger wie unzählige Silberstreifen. In einigen Tagen werden wir dort unten sein, aber die Fantasie eilt voraus und versetzt uns schon nach Timbuktu – »Tombouctou la mystérieuse«, »Timbuktu, die Geheimnisvolle«, wie es die ehemaligen französischen Kolonialherren tauften. Von hier aus werden wir uns auf die Fährte der Azalai setzen.

Langsam dreht unser Flugzeug nach Südwesten. Bei Einbruch der Nacht, nach weiteren 700 Kilometern, landen wir schließlich in Bamako, der Hauptstadt Malis. Es ist heiß. Auf der Fahrt vom Flughafen in die Stadt und in ihr selbst begegnen uns mehr Hinweisschilder internationaler Hilfsorganisationen als Verkehrszeichen. Deutlicher kann ein Land seine Nöte dem Besucher nicht mitteilen, denn Mali gehört zu den ärmsten Ländern der Welt. In Bamako müssen wir die bürokratischen und technischen Hindernisse überwinden, die uns den Zugang nach Taoudenni versperren. Schriftliche Drehgenehmigung, offizielle Begleiter und die noch benötigte Ausrüstung für den Wüstentrip können nur in der Hauptstadt organisiert werden.

Der deutsche Botschafter Klaus Holderbaum hat ausgezeichnet vorgearbeitet und die notwendigen Besuche im Informationsministerium, in der Staatskanzlei und beim Generalstab arrangiert. Für unser Unternehmen stellen uns die Militärs Osman Sumaré zur Verfügung, einen schwarzen, kräftigen Hauptmann, der in vielen, aber natürlich längst nicht allen Sprachen des riesigen Landes zu Hause ist.

Zwar dient Französisch als Verkehrssprache – doch wird es nur von einer kleinen Oberschicht beherrscht. Die überwiegende Mehrheit der Völker hütet, hegt und pflegt ihre überlieferten Sprachen.

Kein Stamm hat je eine Schrift entwickelt. Die wenigen Schreibkundigen bedienten sich früher des arabischen und heute des lateinischen Alphabets. Dennoch sind die Taten der Könige und Stammesführer aus der Vorzeit überliefert und allgegenwärtig. Die Geschichte der Vergangenheit erzählen seit jeher die *Griots*, eine Art von Bänkelsängern, die Gedankengut, Bräuche, Kultur und Legenden von einem Volk in das andere tragen. Noch machen die Griots Zeitung, Radio und Fernsehen überflüssig.

Die Fluggesellschaft Mali-Air verfügt nur über eine Maschine, so wird uns berichtet, und die ist gerade in Moskau zur Überholung. So werden wir die etwa 800 Straßenkilometer nach Timbuktu, dem Ausgangs- und Endpunkt der Salzkarawanen, mit Autos zurücklegen. Mit einigen Mühen ist unser Expeditionsmaterial verpackt, und wir brechen auf, dem Abenteuer entgegen. Flirrend steht die heiße Luft über der Straße. Wir fahren nach Nordosten, tiefer und tiefer in den geheimnisvollen Kontinent hinein. Vorbei an den Städten Ségou, Djénné und Mopti, immer in der Nähe des Niger, der langsam und träge dahinfließt. Hin und wieder sehen wir exotische Schiffe auf ihm. Wir fühlen uns ein, wir leben uns ein in die fremdartige Landschaft, und mit jedem Kilometer, den wir hinter uns bringen, wächst unsere Neugier auf das, was uns erwarten wird. So erreichen wir nach zwei Tagen das legendäre Timbuktu.

Bereits um die letzte Jahrtausendwende taucht der Name Timbuktu in arabischen Chroniken auf und beschreibt dort ein »Lager am Fluß« der *Tuareg*-Nomaden. Doch in ihrer Sprache, dem *Tamashek*, heißt »tum buktu« soviel wie Brunnenwasser. Vielleicht hat es damals zwei Ansiedlungen ähnlichen Namens am Wüstenrand gegeben. 200 Jahre später jedenfalls etabliert sich Timbuktu am Niger – dort, wo seine Lehmbauten und Sandziegelhäuser auch heute noch

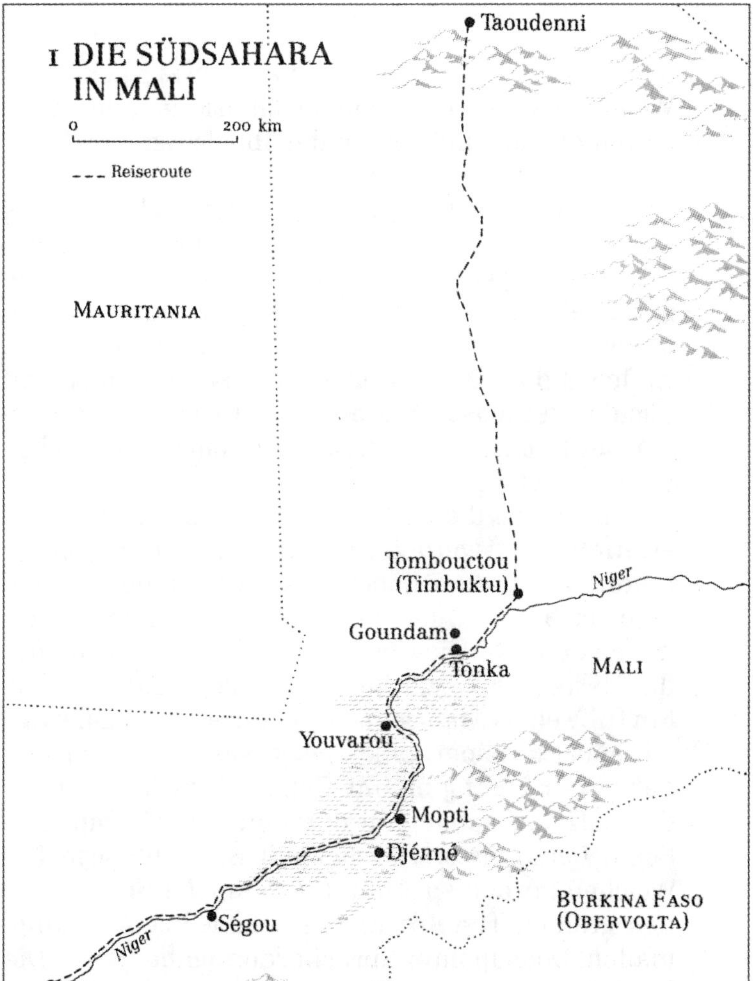

1 DIE SÜDSAHARA IN MALI
0
200 km
Reiseroute
Taoudenni
MAURITANIA
Tombouctou
(Timbuktu)
Niger
Goundam
Tonka
MALI
Youvarou
Mopti
Djénné
BURKINA FASO
(OBERVOLTA)
Ségou
Niger
Bamako
Ouagadougou

stehen, wo die drei bizarren Moscheen aus Lehm und Wüstensand von der frühen Islamisierung erzählen.

Wir ziehen natürlich in das Hotel »Azalai«. Es ist viel zu teuer, und die importierten Güter, die wir für unser Abenteuer noch benötigen, sind selbst für uns kaum erschwinglich. Gerd Weiss, unser Kameramann und Regisseur, stöhnt über die Preise. Er besorgt Lebensmittelkonserven, Kisten über Kisten an Mineralwasser, haltbare Brotpakete, Reis, Speiseöl, Kaffee und Zucker, Zwiebeln, 2700 Liter Benzin und auch noch sechs lebende Ziegen. Osman Sumaré organisiert einen Begleittrupp: je einen Feldwebel, Fahrer, Koch und Führer – den »guide«.

Wir nutzen die Zeit, um mehr über Timbuktu zu erfahren, und werden im Museum »Achmet Baba« fündig. Über 1600 liebevoll mit der Hand gezeichnete, farbenfroh gemalte und geschriebene Dokumente erzählen die Geschichte der Stadt, die häufig die Herrscher wechselte, aber nie zerstört wurde. Mit Hilfe eines arabischen Übersetzers entschlüsseln wir eine Kurzbiographie, die bereits im 13. Jahrhundert ihren Anfang nimmt. Schon hier wird erstmals das Salz von Taoudenni erwähnt, das ein mit dem Schiff hergereister Händler mit Gold aufwiegt. Die Weichen für den späteren Reichtum der Stadt schienen gestellt; Timbuktu wurde schnell zum wichtigsten Umschlagplatz des Karawanenhandels. Die Kaufleute, die mit dem Boot anreisten, brachten das Gold und luden das Salz. Die Stadt wurde wohlhabend, damit aber auch den Eroberungsgelüsten vieler Nachbarvölker ausgesetzt.

Zur Zeit der ersten Niederschriften war Timbuktu

die Hauptstadt des Königreiches Mali, das vom Volk der *Songhai* beherrscht wurde – jenes stolzen Stammes, der sich auch heute noch seiner großen Vergangenheit rühmt. Mitte des 14. Jahrhunderts vertrieb Kankan Musa, ein schwarzer Krieger aus dem sudanesischen Osten, die Songhai und unterwarf von Timbuktu aus den Salz- und Goldhandel seiner Kontrolle. Das Gold, das er für das Salz erhielt, brachten seine Händler über Nordafrika bis nach Portugal und Spanien. In einem überlieferten Dokument ist das Handelsabkommen zwischen ihm und dem König von Portugal nachzulesen. Seine Offiziere, so steht es in den Annalen, belohnte Kankan Musa mit bis zu 250 Kilogramm Gold im Jahr. Dank des Reichtums konnte er sich die besten Gelehrten aller Wissenschaften in die Stadt am Niger holen. Eine Universität für 20000 Studenten wurde gebaut, und Timbuktu entwickelte sich gleichzeitig zum Zentrum islamischer Lehre. Das Königreich Mali rückte zur bedeutendsten Kulturnation des Schwarzen Afrika auf.

Die Songhai konnten jedoch ihre Niederlage über Generationen nicht vergessen und rüsteten schließlich zu einem neuen Ansturm. Sie scheiterten zwar bei dem Versuch, die Salzmetropole zu erobern, konnten aber ihr Stammesgebiet dem Reich des Herrschers von Mali wieder entreißen; von dort aus bereiteten sie den nächsten Kriegszug vor. Die wilden Tuareg kamen den Songhai zuvor, doch von denen eingekesselt, konnten sie sich des eroberten Reichtums von Timbuktu nicht lange erfreuen und wurden schließlich überrannt.

Während die alten und nun wieder neuen Besitzer

die Stadt plünderten, nahm das Heer der Marokkaner die Salzstöcke von Taoudenni und wenig später auch das ausgeraubte Timbuktu ein, dessen Untergang aber nicht mehr aufzuhalten war. Bis zur Machtergreifung der Marokkaner hatte Westafrika zwei Drittel des Weltverbrauches an Gold geliefert, doch mit den zeitgleichen Beutezügen in den Indianerreichen von Mexiko und Peru geriet das Goldmonopol in spanische Hände; zudem erschöpften sich die westafrikanischen Vorkommen, und allein mit dem Salz konnte die Stadt zwischen Niger und Wüste den Wohlstand nicht erhalten.

Heute ist Timbuktu nur mehr ein Abglanz seiner großen Vergangenheit, aber das Standesbewußtsein sowie das Rassen- und Klassensystem seiner etwa 10000 Einwohner haben sich dennoch nicht geändert. An ihrer Kleidung und Haltung lassen sich die Menschen schon äußerlich unterscheiden – zum Beispiel in die Nachkommen der Songhai, die Nomaden vom Volk der Tuareg, die *Berabich* oder die Nachfahren der marokkanischen Invasoren und der früheren Sklaven, die jedem Volk zu dienen hatten. Sie alle leben fein säuberlich getrennt in unterschiedlichen Stadtteilen.

Wie lange Timbuktu noch bewohnbar und Ausgangsort der Salzkarawanen bleiben wird, ist eine Frage von wenigen Jahrzehnten; denn die Stadt verdurstet buchstäblich – heute schon. Längst hat sich der Niger zurückgezogen, und der Hafen liegt jetzt annähernd zehn Kilometer von Timbuktu entfernt. Die Stadt droht von der Wüste verschlungen zu werden, und der *Sahelgürtel* liegt schon hinter ihr. Das arabische Wort Sahel steht für »Küste«, aber auch für die Grenze zwischen Sahara und Dornstrauchsavanne, für Beginn oder Ende der Besiedlung.

Die Bewohner des Sahelgürtels, der sich quer über Afrika zieht, konnten in früherer Zeit mit den immer wiederkehrenden Dürreperioden bestens umgehen. Sie hielten sich Brunnen und Oasen für die regenlose Zeit in Reserve und tasteten diese Überlebensgarantien in normalen Jahren nie an. Doch mit der Unabhängigkeit der afrikanischen Sahelstaaten sollten die Wüstennomaden seßhaft werden, sollten sie mehr Feldwirtschaft und Tierhaltung betreiben. Falsch verstandene Entwicklungshilfe bohrte Brunnen und baute Bewässerungsanlagen, doch die Rechnung wurde ohne den Wirt Natur gemacht. Denn Bevölkerungszuwachs, zu viele Tiere und zu viel Ackerbau verbrauchten zu viel Wasser, zu viel Futter und zu viel Feuerholz. Seit jeher schon blieb der Regen alle acht bis zehn Jahre einen Sommer lang aus – so auch 1968, zum ersten Mal nach der Unabhängigkeit. Die Wasserreserven waren aber längst ausgeschöpft und die Dornsträucher verfüttert, der Dürre folgte also die Hungerkatastrophe für Menschen wie Tiere und deren Abwanderung in gerade noch fruchtbare Gebiete, wo gleich wieder Brunnen für die künstliche Bewässerung installiert wurden. Das ging gut, bis der Regen abermals ausblieb.

So frißt sich die Wüste Jahr für Jahr immer tiefer in die Sahelländer hinein. Die Versandung ist nicht mehr aufzuhalten, die Grundwasserspiegel sinken tiefer und tiefer. In Timbuktu muß man schon 30 Meter in Wasserlöcher hinabsteigen, um etwas Wasser zu finden.

Wir brechen endlich auf. Zuvor haben wir noch einen Salzhändler namens Omar Hamadou kennengelernt, dessen Bruder in Taoudenni einen Salzstock besitzt. Also haben wir wenigstens eine Anlaufadresse in dem für alle Teilnehmer fremden Ort. Die beiden Geländewagen, die wir organisiert haben, und auch der Militärlaster mit den acht Soldaten, unserem Schutztrupp, fahren im Wüstensand nebeneinander her, damit sich das eine Fahrzeug nicht in der Spur des anderen festfrißt. Die Richtung bestimmt der Guide, ein einfacher Soldat, der dennoch von seinen Vorgesetzten mit dem Respekt eines Gleichrangigen behandelt wird. Er stammt aus dem Wüstenvolk der Berabich, und unser aller Schicksal liegt über Hunderte von Kilometern in seinen Händen. Der Sand ist oft tückisch wie eine Moorlandschaft: eben noch hart wie ein Brett, verschluckt er plötzlich die Räder bis auf die Achse; gelegentlich drehen sie durch, wir bleiben stecken. Dann heißt es, die Räder freischaufeln und ihnen Sandbleche unterschieben.

Ein Tag gleicht dem anderen, die Wüste scheint sich hier nie zu verändern, und wenn sie es dennoch tut, bleibt es eine Einbildung, die sich faszinierend oft wiederholt. Die bodennahen Luftspiegelungen lassen der Fantasie freien Lauf. Wir fühlen uns so einsam wie noch nie, so unbedeutend klein zwischen Horizont, Dünen, Sonne oder einem Sternenhimmel, der sich scheinbar zum Anfassen nahe in einem glitzernden Bogen über uns spannt. Nur einmal wird der raumlose Wüstentraum von der Wirklichkeit unterbrochen – durch verwehte Kamelskelette und einige bunte Stoffetzen, die aus dem Sand herausragen, eine Karawane, die verdurstet, die Banditen zum Opfer gefallen ist oder sich rettungslos verirrt hat: Die unerbittliche Sahara kennt kein Erbarmen.

Nach der zweiten Nacht auf dem Feldbett im Zelt entdecken unser Guide und Osman Sumaré morgens in weiter Ferne eine Karawane. Wir können sie nur mit dem Fernglas ausmachen, sie zieht östlich und nicht auf unserer Route. Die Kamele – eigentlich sind es ja Dromedare, doch niemand nennt sie so – sind mit großen Heubündeln beladen, mit dem Futter, das auf dem Weg nach Taoudenni an die Wasserstellen gebracht wird, die nicht immer auf der direkten Strecke liegen. Dies ist die Überlebensgarantie für den Rückweg: Das Heu, die Nahrung der Kamele, ist wichtiger als Wasser, auf das die Wüstentiere annähernd 14 Tage verzichten können.

Wir wissen jetzt, daß die Karawane spätestens nach zwei Tagen in Taoudenni ankommen wird, wir aber schon in wenigen Stunden. Also wird genügend Zeit bleiben, um zuerst in den Salzstöcken zu filmen, danach die Ankunft der Karawane und die Verladung der Salzplatten, ehe wir dann gemeinsam mit der Azalai nach Timbuktu zurückziehen.

Um die hitzeschwere Mittagszeit taucht die Silhouette Taoudennis wie eine Fata Morgana aus der Wüste auf. Unsere Erwartungen sind hochgespannt, endlich die Quelle des sagenhaften Reichtums und den Schauplatz erbitterter Machtkämpfe zu erreichen und in Augenschein zu nehmen. Wir benötigen noch fast eine Stunde, bis sich aus dem zitternden Hitzeflimmern, diesem traumhaft trügerischen Bild, die wirklichen Konturen der Bergwerkstadt herauslösen. Wir treffen auf eine glanzlose Armseligkeit: Wo früher Zehntausende lebten und arbeiteten, wühlen heute gerade noch 200 Menschen in einem riesigen, trostlos braunen Feld von Erdlöchern. Es sind die Salzstöcke, die sich Argrogott nennen, dahinter stehen die Behausungen Taoudennis. Sie sehen aus wie die Iglus der Eskimos, nur sind die Bausteine minderwertige Salzbrocken. In für die Kamera viel zu weiter Entfernung flimmern die Befestigungsmauern der Sträflingskolonie, zu der auch uns der Zugang verwehrt ist.

Vor wenigen Jahren, als die Gefangenen noch zur Zwangsarbeit getrieben wurden, als ihre Verbannung nach Taoudenni einem Todesurteil gleichkam, konnten die Karawanen das Salz oft nicht so schnell abholen, wie es geschlagen wurde. Wer aber will schon freiwillig hier arbeiten, in dieser trockenen, unbarmherzigen Hitze des Tages und in der Kühle der Nacht? Wer setzt sich ohne Not diesem ständigen Wechselbad von Schwitzen und Frieren, diesem alkalischen Wasser, dem Mangel an Hygiene, Trinkwasser und allen anderen Versorgungen aus? Beim Herausschlagen des Salzes aus dem Bett der schwefelhaltigen Erde greift noch dazu ein gefährliches Gemisch von giftiger Staubluft die Lungen an – die Todesursache so vieler Sklaven und Sträflinge früherer Zeit.

Osman Sumaré hat in der Zwischenzeit Mohammed Hamadou gefunden, den Bruder des Salzhändlers aus Timbuktu. Mit seinen fünf Arbeitern verständigt sich Hamadou in Songhai, der Sprache der Herrscherklasse, obwohl er, wie seine Leute auch, ein Nachkömmling schwarzer Sklaven ist. Wie kommt Mohammed an seine Arbeiter, warum schuften sie für ihn? »Das ist nicht mehr so, wie noch vor drei, vier Jahren«, antwortet er, »hier wird nur mehr von November bis März gearbeitet, in den ›heißen‹ Monaten ruht hier alles. Wer viele Schulden hat oder sonstwie schnell zu Geld kommen will, für den ist Argrogott der richtige Platz. Nicht nur meine Arbeiter, alle schlagen hier im Akkord, und von vier Salzplatten gehört eine ihnen. Wenn die Saison zu Ende geht, ziehen sie mit der letzten Karawane und mit vielen, vielen Salzplatten zurück, und weil es das letzte Salz des Jahres ist, können sie dafür viel mehr verlangen.«

Mohammed Hamadou selbst legt nie Hand mit an. Er führt die Aufsicht und achtet darauf, daß das Salz in Blöcken vorgegebenen Maßes sorgfältig herausgeschlagen wird, um daraus Platten spalten zu können, die eineinhalb Meter lang, 50 Zentimeter breit und 35 Kilogramm schwer sein müssen. Dieses Handelsmaß hat die Tragfähigkeit der Kamele bestimmt: Vier Platten kann ein Tier noch mühelos tragen.

Die Arbeitsmethoden sind mittelalterlich primitiv, und das Werkzeug besteht aus einer Schaufel, einer Flachhacke mit langem Holzstiel sowie einer handlicheren mit kurzem Griff – der Tiara. Mit der Schaufel wird die tieferliegende Salzschicht von Sand und schwefeliger Erde befreit, mit der großen Hacke werden die Blöcke herausgeschlagen und in Platten gespalten. Mit der Tiara erhalten die Platten ihr genaues Maß und den letzten Schliff.

Von Sonnenaufgang bis zum Einbruch der Dunkelheit, unterbrochen nur von einer Mittags- und einer Teepause, schaufeln, hacken, schlagen und hämmern die Arbeiter unentwegt in einem monotonen Rhythmus, der sich wie ein Trommeln vieler Instrumente anhört, doch schon nach wenigen Metern in der Tagebaugrube zwischen Sand, Erde und Platten verhallt. Wie die im Akkord arbeitenden Menschen ihren Wasserhaushalt regeln und woher sie die Kräfte und das Durchhaltevermögen nehmen, grenzt an ein medizinisches Wunder und ist vielleicht eines. In der Frühe, mittags und abends essen sie Hirsebrei, ein paar Nüsse und getrocknete Datteln, trinken dazu Tee oder etwas salzhaltiges, übelschmeckendes und schmutzig aussehendes Wasser aus der Zisterne, das für uns ungenießbar ist – schon ein Glas voll führt zum Erbrechen.

Es gibt in Taoudenni keinen Dorfplatz und keinen Kaufladen. Ein einziges anderes Gewerbe ist hier noch zu Hause: das des Schmiedes und Werkzeugmachers. Ihm kommt im althergebrachten Gesellschaftssystem eine besondere Bedeutung zu, mit seinem Handwerk steht er immer zwischen den Herren und Arbeitern: Die einen können ohne ihn ebensowenig auskommen wie die anderen. Sogar außerordentliche und übersinnliche Kräfte werden ihm zugeschrieben, und so wird er auch oft als Vermittler bei Streitigkeiten zwischen Dienern und Herren herangezogen.

Die einzige Abwechslung im öden Alltag von Taoudenni ist die Ankunft der Azalai. Sie kommt abends und bleibt nur eine Nacht, doch sie bringt ein wenig »Luxus« in den Salinenort: ein neues Bekleidungsstück, eine bessere Hacke oder einen griffigeren Stiel; natürlich auch Hirse, Tee, Datteln, Zucker – und Nachrichten von der Welt draußen. Da kommt es nicht darauf an, wie viele Wochen alt sie sind. Das Wichtigste und Köstlichste für die Bergleute ist der Inhalt der Beutel aus getrockneter Ziegenhaut: »Frischwasser« aus den Oasen am Niger. Sie fassen den Ledersack mit ihren geschundenen Händen geradezu zärtlich an, und vom ersten bis zum letzten Schluck wird kein Tropfen Wasser vergeudet.

Im Morgengrauen reißt uns ein hundertfaches Stöhnen, Raunzen und Brüllen aus dem Schlaf, vermengt mit lautstarken Kommandos und noch lauteren Flüchen. Die Kamele werden mit den Salzplatten beladen, sie sträuben sich dagegen, schlagen aus, versuchen die Treiber zu beißen oder brüllend Reißaus zu nehmen. Den besonders bissigen muß das Maul zugebunden, den wild um sich schlagenden ein Vorderhuf eingeknickt und gefesselt werden, damit sie weder Treffer landen noch davonlaufen können. Das Beladen ist ein quälender Vorgang für Tiere und Menschen.

Über den Kamelrücken wird ein zusammengefalteter Jutesack gelegt, um ein Wundscheuern zu verhindern. Dann folgen vier 35 Kilogramm schwere Salzplatten, je zwei werden links und rechts vom Rücken festgebunden, und zuletzt etwas Salzbruch. Bis zur Rückkehr nach Timbuktu dient das Salz als Währung, in Oasen und auf den Marktplätzen am Niger wird es lieber angenommen als Bargeld. Dieses Salz aus Taoudenni steht viel höher im Kurs als dasjenige aus dem Meer, entsprechend hoch ist sein Preis. Dennoch findet es reißenden Absatz, denn ihm werden geheimnisvolle Kräfte nachgesagt: Es soll Krankheiten kurieren, dem Essen einen besseren Geschmack geben und vor allem Männern und auch Stieren die Potenz stärken.

Am späten Vormittag sind die etwa 250 Kamele endlich beladen, und die Karawane zieht los. Unsere Geländewagen folgen in einiger Entfernung, aber doch in Sichtweite, um die Tiere nicht scheu zu machen; wir selbst ziehen hingegen mit der Azalai mit.

Zunächst arbeiten die Treiber zusammen, doch nach und nach werden aus der einen Karawane gleich fünf, die sich immer weiter voneinander entfernen – Azalai: sich trennen, um sich wieder zu vereinigen. Erst jetzt erfahren wir vom Führer »unserer« Karawane, der sich Hamoudi nennt, daß die 250 Kamele fünf verschiedenen Besitzern gehören.

Die Karawanenführer gehören wie Hamoudi den Wüstennomaden der Berabich an, die Treiber sind fast alle Tuareg, ebenfalls ein Wüstenvolk, jedoch nicht so erfahren wie die Berabich. Die sind die eigentlichen Herren in diesem Abschnitt der Sahara und kontrollieren schon seit Jahrhunderten die Wege. Noch im Mittelalter überfielen und plünderten sie die Karawanen; später heuerte man sie wie Landsknechte zu deren Schutz an. Jetzt führen sie die Karawanen und bilden als Kundschafter eine geschlossene Zunft, der selbst die stolzen Tuareg größten Respekt zollen.

Mit Hamoudi ziehen vier Treiber, jeder von ihnen ist für 15 Kamele zuständig. Dann gibt es noch eine Art Lehrling, einen etwa fünfzehnjährigen Jungen, der sich über das Teekochen allmählich zum Treiber emporarbeiten muß. Der Junge muß am meisten rennen. In der einen Hand hält er einen Teekocher mit einer Schnabelkanne darauf und einem Blechteller darunter – der »Feuerstelle«, das Brennmaterial ist getrockneter Kameldung –, in der anderen trägt er eine Säule von ineinander gesteckten Gläsern und schüttet geschickt das oberste voll (wohlgemerkt alles im Laufschritt) und reicht das Getränk dem einen oder anderen Treiber oder auch Hamoudi.

Mit dem Tempo, das vorgelegt wird, können wir in den ersten Tagen nur streckenweise mithalten, und wenn wir es nicht mehr schaffen, lassen wir die Kamele ziehen und die Geländewagen heranfahren. In ihnen ruhen wir uns aus und schöpfen neue Kraft. Unser Kameramann Gerd Weiss und auch sein Assistent Felix Kersting können schon nach wenigen Tagen ihr Laufpensum mit dem des Teekochers messen. Für gute Aufnahmen müssen die beiden nicht nur neben den Kamelen herlaufen, sondern die Karawane überholen und sie dann an der Kamera vorbeiziehen lassen.

Hamoudi hat für 17 Tage wie ein Kapitän zur See die Oberhoheit über die Karawane – die Wüstenschiffe. Von einer zur nächsten Futter- und Wasserstelle sind es etwa 60 bis 70 Kilometer, und diese Strecke muß 17 Tage lang täglich bewältigt werden. Hamoudi kann nicht den direkten Weg einschlagen, sondern er muß die Oasen anpeilen. Dabei richtet er sich nach den Gegebenheiten des Wüstensandes, der Dünenlage, des Windes, des Sonnenstandes – und nachts weisen die Sterne den Weg. Seine Kamele bilden ein stummes Heer, so sehr sie beim Beladen und Entladen schreien und brüllen, so ruhig und gleichmütig bewegen sie sich hier mit der Last. Der Sand schluckt jedes Hufgeräusch, auch ein möglicher Hilfeschrei würde an der nächsten Düne verhallen.

Beladene Kamele müssen im Trab bleiben, sonst stehen sie die Tagesstrecke nicht durch. Fast jeder Treiber summt sein eigenes Lied, seine eigene Melodie vor sich und seinen Kamelen her, um sich die Zeit zu vertreiben, aber auch, um die Tiere ruhig zu halten. Hier und da geht der Singsang in ein gemeinsames Lied über, das überlieferte Wüstenerlebnisse erzählt und die Söhne der Sahara in einen fast meditativen Zustand versetzt. Wir haben den Eindruck, sie könnten unaufhaltsam weiterlaufen, vielleicht Tage und Wochen, und würden dies erst merken, wenn das Lied verstummt.

Das erste Nachtlager gibt das Muster für die gesamte Strecke vor. Zuerst scharen sich die Kamele ohne Aufforderung um die Zisterne und strecken erwartungsvoll ihre Hälse. Mit dem Seil wird der Blecheimer hinabgelassen, gefüllt heraufgeholt und reihum den Tieren gereicht. Sie saufen das Wasser aber nicht, sondern schlürfen daran, kühlen sich Maul, Nüstern und die Schleimhäute. Dann verlangen sie nach Heu, blöken und schreien, jedoch vergebens: Zuerst werden die kostbaren Platten von ihren Rükken genommen, so sorgfältig, wie es eben geht; denn wenn eine Salzplatte bricht, büßt sie an Wert ein. Die spätere Aufteilung des Salzes erfolgt wieder im Verhältnis eins zu drei: ein Viertel der Ladung für den Besitzer, der Rest für die Begleiter der Karawane. Erst nach der Entladung bringen die Treiber ihren Tieren das Heu, das sie auf dem Hinweg an der Wasserstelle abgelegt haben.

Jetzt erst sorgen die Menschen auch für sich. Sie trinken etwas Wasser und füllen dann ihre Ziegenlederbeutel wieder auf. Der Teejunge schürt das Feuer und setzt einen Wasserkessel darauf. Ein älterer Treiber rührt Hirse an, dazu ein wenig Salz aus Taoudenni. Am Ende wird der Kessel in eine Blechschüssel geleert. Selten haben wir Menschen eine so karge Mahlzeit mit einem solchen Genuß verzehren sehen.

Als zweiter Gang folgt ein dicker Hirsebrei, und wieder nehmen sich die Tuareg und der Berabich viel Zeit. Jeder wartet mit würdevoller Geduld, bis die Schüssel vom Nachbarn zu ihm kommt. Zum Abschluß folgt die große Teezeremonie, jeder wird dreimal ein Glas leeren: Der erste Aufguß ist bitter wie das Leben, übersetzt uns Osman Sumaré, der zweite stark wie die Liebe, der dritte und letzte süß wie der Tod. Dann wenden sich die Nomaden in Richtung Mekka, knien nieder und beginnen zu beten. Für uns ist dies der Anlaß, zu unserem eigenen Nachtlager zu gehen, um die Konserven und die Flasche Mineralwasser zu öffnen; wir essen und trinken, weil wir müssen, nicht, weil es schmeckt.

So vergehen die Tage. An einem Morgen, nach einer auch für die hier üblichen Temperaturstürze besonders kalten Nacht und daher auch bei klarster

Sicht, passiert das Unwahrscheinliche in der endlosen Wüste: Eine Karawane kommt unserer entgegen, exakt auf derselben Route. Hätten wir diese Begegnung nicht in Bild und Ton festgehalten, würden wir sie als Fata Morgana abtun. Jedes zweite Tier ist noch mit Heu beladen, daraus läßt sich schließen, daß die Karawane die Hälfte der Strecke noch vor sich hat, genau wie wir, nur in der entgegengesetzten Richtung.

In der Kühle des Morgens sind alle Treiber und Führer in dicke, warme Decken gehüllt, und der Atem der Kamele stiebt wie weißer Dampf aus den Mäulern. Wir erwarten, daß es nun eine große Begrüßung und ein herzhaftes Palaver geben wird, daß man Nachrichten austauscht und vielleicht ein paar Gläser Tee zusammen schlürft. Aber der Täuschung folgt die Enttäuschung: Tiere und Treiber ziehen stumm, grußlos und ohne Blickkontakt, aber fast auf Tuchfühlung aneinander vorüber. Die Kamele traben immer in Gruppen nebeneinander her, nicht im Gänsemarsch. Wir befürchten jeden Augenblick einen Zusammenstoß: aber nichts! Jeder, Tier wie Treiber, geht seiner Wege.

Später wird uns Hamoudi erklären, daß es unmöglich sei, zwei aufeinander zulaufende Karawanen gleichzeitig zum Stehen und dann wieder auf Trab zu bringen. Aber doch ein Gruß mit der Hand, ein freundliches Zunicken: warum nicht einmal das? Hamoudi antwortet mit einem vielsagenden Wort: »Konkurrenz«.

Am 17. und letzten Tag verlangsamt Hamoudi das Tempo – er will die Tiere erst bei Dämmerung in Timbuktu einziehen lassen, damit sie vor dem Leben und Treiben in der Stadt nicht scheuen, am Ziel nicht noch mit der wertvollen Fracht durchgehen.

Für uns geschieht gleich darauf ein zweites Wunder in der Wüste, doch für Hamoudi ist es keines: Die vier anderen Karawanen, mit denen wir in Taoudenni zusammen losgezogen sind und die dann andere Routen wählten, treffen kurz vor Timbuktu wieder mit unserer zusammen. Gemeinsam ziehen sie nun in die Hauptstadt des letzten Königreiches von Mali ein. Der Anblick ist gespenstisch: Mit dem letzten Tagesschimmer erreicht ein vom Osten kommender Wüstensturm Timbuktu und fegt den feinen Sand wie Nebelfetzen über die Silhouetten der Kamele, die, ans Seil genommen, hintereinander in die um diese Abendzeit wie ausgestorben wirkende Lehmstadt geführt werden. Der Sturm bläst und pfeift, kein Hufschlag ist zu hören, lautlos und wie auf Bodennebel getragen, verschwindet die schier endlose Karawane schließlich in Finsternis und Sandsturm.

Hauptmann Osman Sumaré und seine sieben Soldaten wünschen uns zum Abschied ein »Azalai«, ein »sich trennen, um sich wieder zu vereinigen«. Also dann auf Wiedersehen – Azalai.

Bundespräsident Richard von Weizsäcker hatte während und nach seinem Besuch in Mali auf die Auflösung der berüchtigten Strafkolonie gedrängt. Auch »amnesty international«, die weltweite Gefangenen-Hilfsorganisation, hatte sich wiederholt für das gleiche Ziel eingesetzt. Zur Jahreswende 1988/89 reagierte die Regierung Malis – das Straflager existiert nicht mehr. In der Filmkopie, die wir der malischen Nation zusandten, wurde alles, was Taoudenni angeht, herausgeschnitten. Damit ist die »Azalai« um eine Legende reicher.

Der Ruf des Lhotse

Der Bericht über unsere Expedition in den Himalaya – eine Mischung aus Reisereportage und Bergexpedition – hätte ohne weiteres auch »Das Jahr der Schlange« heißen können.

Im Königreich Nepal, dem Land am Fuße des jüngsten, aber gewaltigsten Gebirges der Erde, ist der Hinduismus Staatsreligion. Vier Fünftel der etwa 17 Millionen Einwohner bekennen sich zu diesem Glauben, der einst aus Indien kam. Doch in dem Teil Nepals, wo die höchsten Berge der Welt in den Himmel ragen, wo der Mount Everest mit seinen 8848 Metern dem Horizont am nächsten steht, wo sich der 8511 Meter hohe Lhotse und der 358 Meter kleinere Cho Oyu erheben, siedelt die kleine Volksgruppe der buddhistischen *Sherpa*. Neben dem Befolgen der Lehre Buddhas richten die etwa 30000 Hochgebirgler ihr Leben nach dem Jahreskalender des benachbarten Tibet aus. In ihm sind die Jahre nicht in Zahlen ausgedrückt, sondern in Tiersymbolen wie Pferd und Schaf, Affe und Vogel, Hund und Schwein, Ratte und Stier, Tiger und Hase, Drache und Schlange. So spricht man dann zum Beispiel vom »Jahr der Schlange«.

Der Tierkalender aus Tibet, der früheren Heimat der Sherpa, wird von Priestern, den *Lamas,* nach dem Stand der Sternbilder gedeutet, und die Sherpa folgen deren Weissagungen und Geboten. Im Jahr des Affen dürfen zum Beispiel keine Hochzeiten gefeiert werden, und wenn eine Frau im Zeichen des Tigers geboren ist, bekommt sie nur schwerlich einen Mann, sei sie auch noch so schön. Als besonders ungünstig für alle Arten von Unternehmen und Vorhaben gilt das Symbol der Schlange; und 1989, das Jahr unseres Besuches, steht unter diesem Zeichen.

Für die Besteigung der Gipfel über 6000 Meter bedarf es der Genehmigung des Königs von Nepal, und dessen Entscheidungen sind schwer vorausberechenbar. Der berühmte Südtiroler Bergsteiger Reinhold Messner wollte schon seit Jahren den Lhotse über die bislang nie bezwungene Südwand erklettern, doch als die königliche Genehmigung 1989, im Jahr der Schlange, endlich eintraf, hatte Messner seiner Mutter geschworen, nie mehr über 8000 Meter Höhe zu steigen. Denn Messner hatte bereits zwei Brüder verloren, einer stürzte sogar an seiner Seite auf dem pakistanischen Nanga Parbat in eine Eiskluft.

Unversehens ließ sich der Südtiroler von der raren und 3800 amerikanische Dollar teuren Erlaubnis eine neue Rolle aufbürden: Er stellte als Leiter eine Expedition der besten Gipfelstürmer zusammen und lud uns ein, die Ereignisse mit der Kamera einzufangen, die das Bergsteigen im höchsten, schwierigsten und gefährlichsten Gebirge der Welt begleiten.

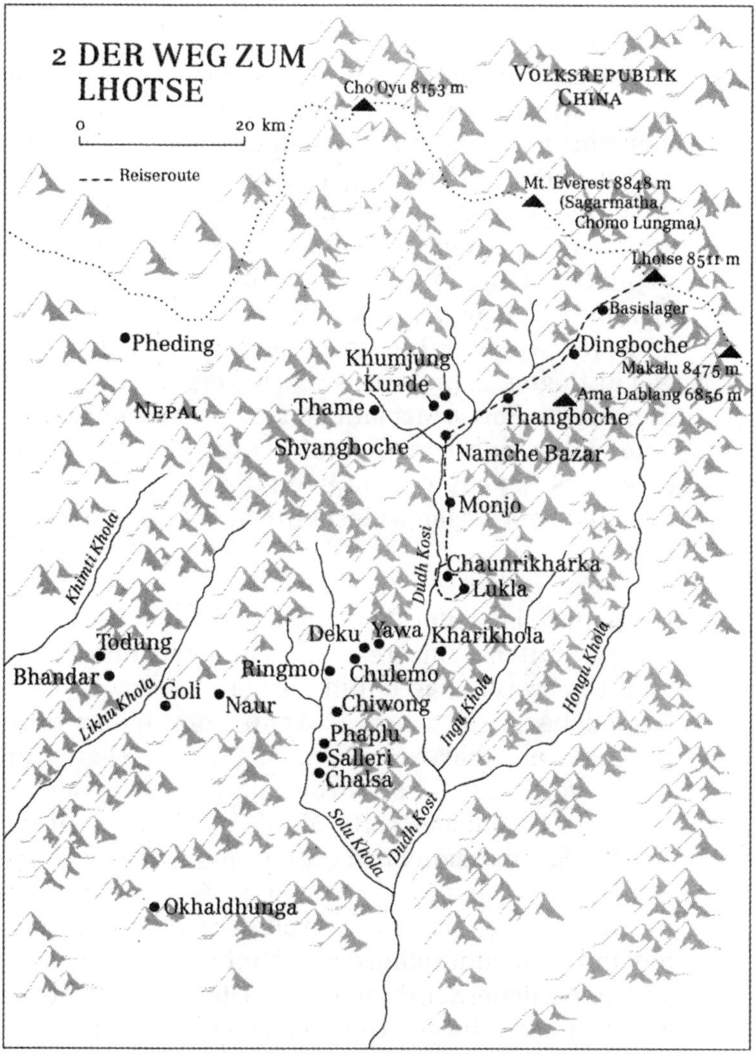

2 DER WEG ZUM LHOTSE
0
20 km
Reiseroute
Cho Oyu 8153 m
Volksrepublik China
Mt. Everest 8848 m (Sagarmatha, Chomo Lungma)
Lhotse 8511 m
Basislager
Dingboche
Makalu 8475 m
Ama Dablang 6856 m
Thangboche
Pheding
Khumjung
Kunde
Thame
Nepal
Shyangboche
Namche Bazar
Monjo
Khimti Khola
Dudh Kosi
Chaunrikharka
Lukla
Todung
Deku
Yawa
Kharikhola
Bhandar
Ringmo
Chulemo
Likhu Khola
Goli
Naur
Chiwong
Ingu Khola
Hongu Khola
Phaplu
Salleri
Chalsa
Solu Khola
Dudh Kosi
Okhaldhunga

Dieses Angebot griffen wir sofort auf, gab es uns doch die Gelegenheit, weniger einen gefahrvollen Aufstieg hautnah mitzuerleben, als vielmehr das nepalesische Hochland zu durchwandern und insbesondere die Lebensbedingungen und Lebensgewohnheiten des dort ansässigen Sherpa-Volkes zu beobachten, herauszufinden, wie der Himalaya-Tourismus dessen Leben prägt.

Bevor wir jedoch mit dem gesamten Team nach Nepal flogen, schickten wir den bergerprobten Kameramann Fulvio Mariani und unseren Produktionsleiter Christoph von Hennet voraus. Mariani sollte Messners Expedition von Beginn an begleiten, Hennet hingegen unser Unternehmen vor Ort vorbereiten.

Doch das Jahr der Schlange empfängt Messners Mannschaft und unsere Vorhut mit unvorhergesehenen Überraschungen: Ein für die Osterzeit ungewöhnlicher Wettersturz und ein unmittelbar nach der Ankunft über Nepal verhängtes Ölembargo Indiens verzögern die Vorbereitungen. Der große Nachbar Indien bestraft das kleine Königreich für seinen Flirt mit dem noch größeren Nachbarn China. Nepal besitzt keinen Zugang zum Meer, seine Bergwelt ist von der Durchlässigkeit der Grenzen abhängig. Um sich zumindest einen Nachschub- und Transitweg zu sichern, schloß Nepal 1960 ein Handelsabkommen mit Indien. Der Vertrag entpuppte sich aber auf Dauer als eine wirtschaftliche und politische Umklammerung, die der nepalesische König zu lockern versuchte, indem er Kontakte nach China suchte; Indien reagierte prompt mit dem Embargo für Benzin, Kerosin und Heizöl.

Der Mangel an Brennmaterial zog schon ohne das Embargo eine beängstigende Abholzung der Wälder Nepals nach sich, und der Schritt Indiens hat dieses Unheil noch verstärkt.

Auch unsere Vorbereitungen für das gemeinsame Vorhaben ziehen sich über Wochen hin, weil das für die Expedition lebenswichtige Kerosin für Kocher, Beleuchtung und Heizgeräte mühsam und teuer auf dem Schwarzmarkt Kathmandus zusammengekauft werden muß. Außerdem haben die Royal Nepal Airlines wegen Treibstoffmangel eine ganze Reihe von Inlandsflügen gestrichen, und die übrigen sind hoffnungslos überbucht. Reinhold Messner und Christoph von Hennet können nur mit Hilfe vieler Tricks, guter Beziehungen und reichlicher finanzieller Nachhilfe mit der umfangreichen Ausrüstung nach Lukla fliegen, dem Ausgangsdorf nahezu jeder Himalaya-Expedition – rund 200 Kilometer von der Hauptstadt Kathmandu entfernt. Dort kann Hennet schließlich einen Führer und eine Trägerkolonne für das umfangreiche Filmmaterial organisieren. Endlich ruft sein Telegramm auch uns nach Nepal.

Kathmandu. Nach einem mit 41 Koffern und Kisten ziemlich umständlichen Transport erreichen wir unser Hotel »Yak und Yeti«. Es wurde im feudalen britischen Kolonialstil von einem russischen Prinzen gebaut, der sich und seinen Reichtum vor der Oktoberrevolution nach Kathmandu in Sicherheit bringen konnte, und steht in krassem Widerspruch zur sonstigen Armut des Landes: Spiegelsaal und Speisesaal aus Marmor und Stuckwänden, böhmische Kristallleuchter, Fauteuils, in denen der Gast von Brokat umgeben versinkt.

Der Doppelname »Yak und Yeti« erscheint uns wie eine ungewollte Anspielung auf den Titel unserer ei-

1 Ein Sherpa zeigt Sir Edmund Percival Hillary, dem Erstbezwinger des Mount Everest, den sogenannten Skalp des legendären Yeti. Viele Menschen wollen den angeblich noch lebenden Schneemenschen schon gesehen haben. Aber bis heute gelang es noch niemandem, einwandfreie und eindeutige Fotos von ihm zu beschaffen.

genen Sendereihe: Der Yak, ein zottiges Bergrind und ein Tragetier, das nur über 3000 Metern Höhe leben kann, steht in Nepal als Symbol für das Abenteuer, der geheimnisumwitterte Schneemensch Yeti verkörpert die Legende.

Hier im Hotel erwartet uns auch gleich eine Nachricht von Sir Edmund Percival Hillary, der 1953 als erster mit dem Sherpa Tenzing Norgay den Mount Everest, den höchsten Berg der Welt, bezwungen hat. Dafür wurde der gebürtige Neuseeländer von der britischen Königin Elizabeth II. geadelt. Sir Edmund – wie er sich nun gelegentlich nennt – lädt uns zum Mittagessen ein und will dabei unseren Kameramann Jochen Schmitt wiedersehen, mit dem er 1987 eine mehrteilige Himalaya-Serie für das Zweite Deutsche Fernsehen gedreht hat. Auf diese unerwartete Einladung und die Begegnung mit diesem großen Bergsteiger, der selbst Legende ist, freuen wir uns sehr. Wer wäre wohl besser als Edmund Hillary geeignet, uns in die tückevolle Bergwelt des Himalaya einzuführen; zumal er, wie wir bald genauer erfahren werden, für das Sherpa-Land eine nicht unerhebliche Bedeutung hat.

Bis zu dieser Begegnung haben wir noch etwas Zeit, und trotz unserer bleiernen Müdigkeit – wir sind schon eine Nacht und einen halben Tag unterwegs – beschließen wir, noch vor dem Mittagessen die Reiseagentur »Mountain-Travel« aufzusuchen, um einige Formalitäten zu erledigen, zum Beispiel die *Trekker*-Genehmigung (also die Genehmigung für das expeditionsähnliche Wandern) abzuholen. Taxis stehen zwar vor der Hoteltür, aber ihre Tanks sind leer; also machen wir uns notgedrungen zu Fuß auf den nicht sehr attraktiven Weg.

Nach einer halben Stunde erreichen wir den schmuddeligen, ungepflegten Altbau, in dem sich die »Mountain-Travel« einquartiert hat. So unfreundlich die Stadtgegend und das verwitterte Gebäude mit der verschimmelten Farbe seiner Fensterläden wirken, so tüchtig erweist sich hingegen Sonam Gyalzen, der gemeinsam mit Christoph von Hennet unsere Weiterreise vorbereitet hat. Schlitzohrig, aber professionell arrangiert er die letzten noch notwendigen Details.

Zuletzt legt Sonam noch jedem von uns eine amtliche Urkunde zur Unterschrift vor – eine letztwillige Verfügung für den Todesfall! Seine ganz persönliche Entscheidung zwischen der teuren Überführung der sterblichen Überreste in die Heimat oder einer kostenlosen Verbrennung am Ort des möglichen Schicksals behält jeder für sich, aber als wir das Büro verlassen, sind wir alle nachdenklich: Zum ersten Mal ist uns wirklich bewußt, daß uns kein gefahrloser Spaziergang bevorstehen wird.

Beim Mittagessen bietet uns der große, vitale Sir Edmund seine Unterstützung bei unserem Vorhaben an, sofern wir sie benötigten, drückt aber auch seine Besorgnis aus. Er warnt wiederholt vor der Höhenkrankheit und vor falschem Ehrgeiz: »Laßt euch des Erfolges willen nicht unter Zeitdruck setzen«, mahnt er uns, »trinkt stets soviel ihr könnt und steigt bei ersten Höhenproblemen dorthin ab, wo ihr zum letzten Mal die Nacht durchgeschlafen habt.«

Die Höhenkrankheit, die *Acute Mountain Sickness*, kurz AMS genannt, ist eine allgegenwärtige Gefahr für jeden Bergsteiger und jeden Trekker, den Bergwanderer. Wer die Höhen des Himalaya zu forsch angeht und seinem Körper nicht hinreichend Zeit für eine Akklimatisierung läßt, bezahlt dies mit Atemnot, Erbrechen, Kopf- und Magenschmerzen, Konzentrationsschwächen und Schlaflosigkeit – und manchmal auch mit dem Leben. Denn erst in Höhen, wo die höchsten Gipfel der Alpen oder Rocky Mountains aufhören, beginnt die eigentliche Bergwelt des Himalaya mit der dünnen Luft und dem entsprechend geringeren Sauerstoffgehalt, und je höher man steigt, um so mehr nimmt der Außendruck auf den Körper ab.

In der dünnen Höhenluft benötigt der Körper Zeit, um mehr rote Blutkörperchen bilden, entsprechend mehr Sauerstoff aufnehmen und dem Herzen zuführen zu können. Durch den verminderten Außendruck verdickt sich das Blut, das Herz muß schwerer arbeiten, es drohen Thrombosen und Gehirnschläge.

Doch damit nicht genug. Auch wer als Bergsteiger den klimatischen Umstellungsprozeß gut bewältigt hat, stößt bei 8000 Metern an eine Leistungsgrenze. Dort beginnt die sogenannte Todeszone: Mangelnder Sauerstoff führt zum Absterben von Gewebe- und Gehirnzellen, der Körper verfällt gewissermaßen, der Mensch kann sich hier, wenn überhaupt, nur mehr kurze Zeit aufhalten. Höher als 8000 Meter, so glaubten Mediziner und die alpine Fachwelt noch bis 1954, ginge es nur mehr mit Sauerstoffgeräten. In jenem Jahr jedoch bezwang der Österreicher Herbert

Tichy aus eigener Kraft den 8153 Meter hohen Cho Oyu – eine Sensation, die den Bergsteigern neue Dimensionen eröffnete und die herkömmliche Wissenschaft auf den Kopf stellte.

Doch ein weiteres Vierteljahrhundert sollte vergehen, bis Reinhold Messner im Mai 1978 als erster Mensch den Mount Everest ohne Sauerstoffmaske erstürmte; Minuten später folgte ihm sein Freund und Seilgefährte Peter Habeler. Reinhold Messner: »Um die Größe des Everest zu erfassen, um sie zu spüren, um sie finden zu können, muß ich ihn ohne technische Tricks ersteigen. Nur dann weiß ich, was ein Mensch dort empfindet, welche neue Dimensionen sich auftun, und ob er ein anderes Verhältnis zum Kosmos gewinnen kann.«

Tenzing Norgay sagt über Reinhold Messner: »Vor ihm werden die Berge kleiner«. Damit drückt Norgay mit einfachen Worten den Respekt vor der Leistung des Südtirolers aus, die 1978 am höchsten Berg der Welt mit Zweifel und Verzweiflung begann: Allein, ganz auf sich gestellt, verbrachte Reinhold Messner 50 Stunden in 8000 Metern Höhe, ohne künstlichen Sauerstoff; der Gipfel lag vor ihm, doch der Alpinist wurde von Depressionen geschüttelt und stieg wieder ab, wagte aber kurz darauf mit Peter Habeler einen zweiten Versuch. Sie stiegen noch einmal hoch und schafften die »Expedition zum Endpunkt«, wie der Untertitel von Messners späterem Buch »Everest« heißen sollte. Das Gefühl, ohne Sauerstoff auf den höchsten Berggipfel gelangt zu sein, beschreibt er so: »Ich bin völlig da, wenn mir auch nicht ganz bewußt ist, wo ich bin. In dem Augenblick, als Peter bei mir ankommt und mich umarmt, brechen wir beide in Tränen aus. Wir liegen von Emotionen geschüttelt im Schnee.«

In den folgenden Jahren brach der Südtiroler noch andere Rekorde. Er wurde zum einzigen Bergsteiger, der alle 14 Achttausender dieser Welt mindestens einmal bezwungen hat, 1986 den letzten, den Lhotse, aber eben nicht über die schicksalhafte Südwand. Bei der Erfolgsstatistik des Rekordbergsteigers und den Qualitäten seiner Kollegen kommt uns nicht in den Sinn, daß der jetzige Versuch vielleicht auch mißlingen könnte. Uns begleiten aber die Sorgen, wie wir mit unserer Unerfahrenheit im Basislager auf 5300 Metern zurechtkommen werden. Und daß bereits diese Höhe zu einer Herausforderung geraten kann, sollten wir bald erfahren.

Noch aber sitzen wir mit Sir Edmund im Hotel »Yak und Yeti« in Kathmandu und fragen ihn, weshalb er sich ein halbes Leben lang dem Volk der *Sherpa,* der »Menschen aus dem Osten«, zugewandt hat – »Sher« steht für Mensch, »Pa« für Osten. Sir Edmund wird von den Sherpa wie ein Halbgott verehrt und gepriesen, und dies sicher nicht nur, weil er in ihren Dörfern Schulen gründen, Krankenhäuser errichten, Brücken bauen, Wege zwischen den Orten anlegen und die lebenswichtige Wasserversorgung für Mensch, Tier und Acker verlegen ließ. Die Gelder dafür sammelte er über seine Stiftung »Himalayan-Trust« in Kanada, England, den USA und Australien. Er selbst meint zu seinem Engagement für die Sherpa: »Ich habe Respekt vor der Intelligenz und vor dem Pflichtbewußtsein und spüre eine tiefe Zuneigung ihrem Charakter und ihrem Humor gegenüber. Ich bewundere ihre Fähigkeit sich anzupassen, ohne daß sie sich dabei selbst verändern. Es ist ein zähes Volk mit einem ungeheuer frohen Lebenswillen.«

Das Volk der Sherpa ist im 16. Jahrhundert aus Tibet nach Nepal gekommen. Es ist bis heute nicht endgültig geklärt, ob die Sherpa vor einem islamischen Eroberungsversuch oder vor dem strengen Lama-Buddhismus flüchteten, der neben sich die Götter und Geisterwelt der Sherpa nicht tolerieren wollte. Immerhin verließen die Sherpa ihre Heimat nicht überstürzt, sondern nahmen sich Zeit, um ihren Besitz gegen Gold einzutauschen; so zogen sie »finanziell gut ausstaffiert«, wie Sir Edmund meint, nach Nepal. Aber erst die Enkel erreichten die bis dahin unbewohnte Bergwelt um den Mount Everest, den *Sagarmatha*, die »Mutter des Meeres«, wie ihn die Nepalesen nennen. Der Lamaismus holte die Umsiedler zwar wieder ein, aber in Nepal integrierten sie ihre Dämonen, Geister und Götter in die Lama-Lehre des Buddhismus.

Zwei englische Ethnologen, die schon seit fünf Jahren den mystischen Glauben der Sherpa erforschen, erzählen uns später in Lukla resigniert von ihren Studien: »Kaum hatten wir in einem Dorf die Rolle eines Berggottes herausgefunden, erfahren wir im Nachbarort schon wieder eine Niederlage. Was den einen ein glückbringender Gott ist, stellt sich für den anderen als böser Dämon dar. Jedes Dorf, jede Ansiedlung scheint seine eigene spirituelle Welt zu haben.«

Am Tag nach unserem Treffen mit Sir Edmund fliegen wir nach Lukla. In den fünfziger Jahren hat der erste Bezwinger des Mount Everest diese Landebahn geplant, um so seine Expeditionen und die Sherpa-Dörfer leichter mit Nachschub versorgen zu können. Bei unserem Gespräch in Kathmandu bedauerte er jedoch seine Entscheidung, weil dadurch dem Tourismus Tür und Tor geöffnet worden und das Besondere einer Reise in das Sherpa-Land verlorengegangen sei.

Auf der steilen kurzen Graspiste von Lukla – der Anstieg wirkt als zusätzliche Bremse – können nur kleine Maschinen landen, und das müssen sie bei der dünnen Luft und dem damit verbundenen geringeren Auftrieb mit großer Geschwindigkeit: »Das ist, als ob Sie mit 80 Stundenkilometern in Ihre Garage einfahren«, spöttelt unser Pilot. Der Start ist viel einfacher, aber nicht weniger atemberaubend, denn am Ende des Rollfeldes klafft eine tiefe Schlucht. Technisches Versagen oder ein Pilotenfehler bedeuten den sicheren Tod, die vielen Flugzeugwracks, die in der Schlucht liegen, legen dafür Zeugnis ab.

Lukla ist ansonsten eher eine Enttäuschung – weder blickt man auf stolze Bergmassive, noch wirken die recht schmutzigen Wege und die lieblos aus dem Boden gestampften Häuser sonderlich anziehend. Der Ort war vor dem Flugplatzbau vielleicht anmutiger, doch heute ist er nur mehr ein Durchgangslager für alle jene, die in die Bergwelt aufbrechen oder müde und erschöpft aus ihr zurückkehren.

Während Kameramann Jochen Schmitt einige Bilder von Lukla einfängt, treffen wir den Sherpa

Prema, den *Sirdar*, den Führer, den Christoph von Hennet für uns engagiert hat. Für die nächsten drei Wochen wird unser Schicksal in seinen Händen liegen und unsere Bewegungsfreiheit auf den Reiseplan reduziert sein, den wir mit ihm festlegen. Der Sirdar sorgt für den reibungslosen Ablauf der Wanderung, für die Einteilung der Träger und Aufteilung der Lasten. Er ist zuständig für die Versorgung mit Getränken und Proviant, für die Küche schlechthin. Dazu gehören der »Early-morning-tea«, der Schluck Tee vor dem Aufstehen, das gleiche Getränk, nur mit Salz statt Zucker gewürzt, für die Marschpausen, das Frühstück sowie die warme »Feldküche« mittags und abends. Der Koch wird immer der letzte sein, der vom Lager aufbricht, und der erste, der es wieder aufschlägt; die ausländischen Reisenden ebenso wie die Träger finden am Ende eines langen Tages stets ein eingerichtetes Camp und ein heißes Süppchen vor.

Endlich ist alles vorbereitet. Es wird ernst! Mit 20 Trägern brechen wir in Lukla auf. Unsere Film-, Licht- und Tonausrüstung, fünf Zelte, Getränke und Proviant wiegen eine halbe Tonne. Je nach Belastbarkeit, übernimmt ein Sherpa zwischen 20 und 30 Kilogramm. Unser erstes Ziel ist Namche Bazar – wie der Name schon vermuten läßt, ein Handelszentrum im Sherpa-Land.

Gleich nach unserem Aufbruch müssen wir Prema davon überzeugen, daß wir unterwegs Landschaften und Erlebnisse filmen wollen, wir also nicht zum Vergnügen, sondern zur Arbeit angereist sind.

Etwas murrend stellt er seine Marschgeschwindigkeit darauf ein und sieht mit Kopfschütteln und Unverständnis zu, als wir sämtliche Träger anhalten und anschließend in einer Kolonne an unserer Kamera vorbeilaufen lassen. Dieses Bild widerspricht dem Sherpa-Brauch, demzufolge jeder sein Wegtempo selbst bestimmt, allein abhängig von der Last, die er zu schleppen hat. Deshalb bleiben die Träger nie zusammen – doch wenigstens einmal wollten wir sie alle zeigen.

Unser Weg führt am Dudh Kosi, am »Milchfluß«, entlang. Wir sehen grüne Gersten- und Hirsefelder, durchwandern kleine Siedlungen und begegnen Einheimischen, aber auch ausländischen Besuchern. Die Route ist ein Trampelpfad für alle, denn einen anderen Weg nach *Khumbu*, dem Sherpa-Land am Fuße der Bergriesen, gibt es nicht. Khumbu grenzt an das chinesisch besetzte Tibet, und das Tal des Milchflusses diente 1959 als Fluchtweg für etwa 5000 Tibetaner, die lieber im schwer zugänglichen Hochland leben wollten als unter der maoistischen Besatzungsmacht.

Ob einander nun Ausländer, Zugezogene oder Einheimische begegnen, sie grüßen sich allesamt mit dem Sherpa-Wort »Namasdè« – »die Lotusblume soll deine Wege begleiten«. Mag die Gangart auch hastig wirken, in Eile ist niemand: Jede Begegnung ist Anlaß zu einem kleinen Schwatz oder bietet Gelegenheit, Gastfreundschaft zu beweisen; da wird ein Glas Zitronentee gegen einen Becher Gerstenbier getauscht, oder die Sherpa bieten dem Fremden ein Stück Käse aus Yakmilch an, beobachten aber sehr genau, wenn auch stets mit einem Lächeln auf den Lippen, mit welchem Gesichtsausdruck ihr Milchprodukt verzehrt wird.

Nach dem zweiten Nachtlager am Flußufer steigen wir mühevoll auf 3500 Meter hoch und erblicken zum ersten Mal den Mount Everest und den Lhotse. Die beiden Bergriesen sind nur durch einen Sattel getrennt, aber der ist auch schon an die 8000 Meter hoch. Vor uns liegt Namche Bazar, es ist Samstag, das heißt Markttag, und erstmals nach zwei Tagen hören wir neben »Namasdè« auch andere Laute: das Feilschen von Händlern und Käufern, vermengt mit den hellen Klängen der Glocken, die die Yaks um ihre Hälse tragen.

Schon Tage vor dem Wochenmarkt ziehen Händler und Käufer aus allen Gegenden Khumbus nach Namche Bazar, eine bunte Versammlung vieler ethnischer Gruppen findet sich hier ein: die *Tamang*, eine niedrige Kaste, die Schmiede, Schuster und Metzger stellt, denn die buddhistischen Sherpa essen zwar gelegentlich Fleisch, doch sie töten aus religiösen Gründen die Tiere nicht selbst; da sind die *Rai*, die aus den fruchtbaren niedrigeren Regionen Gerste und Hirse zum Markt bringen; *Nepalesen* aus Kathmandu, die sich als verlängerter Arm des königlichen Beamtentums fühlen, den Bürgermeister, den Steuereintreiber und den Richter stellen; und schließlich sieht man mehrheitlich die Sherpa. Sie bieten in Namche Bazar all das feil, was Bergführer- und Träger-Jobs an Nebenverdiensten abwerfen: Schlafsäcke, Steigeisen, Bergstiefel, Konserven aus

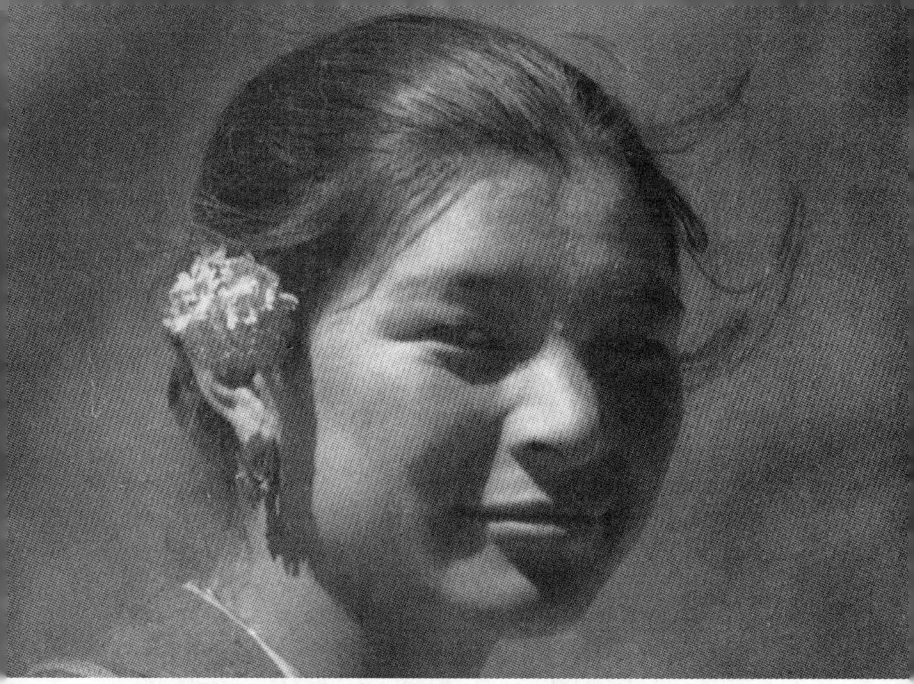

2 Passang, die Sherpani. Sie kann zwar weder lesen noch schreiben, spricht aber englisch.

aller Herren Länder, Bonbons, Schokoladen, Radios und Funkgeräte, Hemden und Socken, aber auch noch Luxuriöseres wie Rasierschaum, Seifen und Parfum, Sonnencreme und Sonnenbrillen oder gar kälteisolierte Büstenhalter und Unterhosen. In Namche Bazar gibt es alles aus zweiter Hand und zu niedrigsten Preisen, was eine Bergexpedition benötigt oder unsinnigerweise mitführt.

Namche Bazar, eine lebendige Ansiedlung mit vielen Steinhäusern und Gebetsstätten, ist auch ein Nachrichtenumschlagplatz. Hier erfahren wir von einem »Mailrunner«, einem Botenläufer, daß Reinhold Messner, seine Mannschaft und Fulvio Mariani den Lhotse schon in Angriff genommen und auf 6500 Metern ein zweites Höhenlager eingerichtet haben. Der »Mailrunner« hat uns sofort als das Fernsehteam erkannt, das von Messner erwartet wird. Die drei Tagesmärsche, die Namche Bazar vom Basislager entfernt ist, hat der Läufer gerade in zehn Stunden im Laufschritt bewältigt, wie er mit bescheidenem Stolz bemerkt.

In Khumbu gibt es bis heute weder Post noch Telefon, und nur die eine oder andere Polizeistation besitzt Funkgeräte, deren Gebrauch für äußerste Notfälle reserviert ist, zum Beispiel, wenn ein Bergopfer mit dem Hubschrauber gerettet werden muß. Das dauert dann immer noch zwischen ein und zwei Tagen, denn der Helikopter muß aus der Hauptstadt anfliegen. Für Schwerverletzte kommt der Rettungsflug in der Regel zu spät.

Der »Mailrunner« berichtet, daß Messners Mannschaft in ungefähr zehn Tagen den Endaufstieg zum Lhotse versuchen will. Für uns bedeutet dies einen Zeitgewinn, und wir geben ihm die Nachricht auf den Rückweg, daß wir in fünf Tagen im Basislager ankommen würden.

Während der Dreharbeiten auf dem Markt von Namche Bazar wird unsere Redakteurin Bettina Witte von der dreiundzwanzigjährigen Passang, der hübschen Frau eines Sirdar, wiedererkannt. Die beiden kennen sich von einer früheren Expedition her. Das Wiedersehen gerät zu einem freudigen und tiefempfundenen Ereignis. Passang ist Bergführerin wie ihr Mann, sie spricht nur gebrochen Englisch und kann weder lesen noch schreiben. Die von Sir Edmund bereits vor 20 Jahren errichtete Schule hat sie nie besucht: »Ich wollte lieber spielen«, sagt sie, »und meine Mutter meinte, daß sei für ein Mädchen auch besser so.« Passang, deren Mann gerade mit sechs jugoslawischen Bergsteigern am Mount Everest unterwegs ist, lädt uns zum Abendessen ins Haus ihrer Mutter ein.

Im elterlichen Steinhaus – die unteren Räume dienen als Stall für die Yaks, darüber liegen Küche, Wohn- und Eßraum sowie ein Schlafzimmer mit Holzpritschen – serviert uns Passangs fünfundsechzigjährige Mutter die Vorspeise: junge Kartoffeln mit deftiger Knoblauchsauce. Die Frau gehört dem Adelsstand der Sherpa an, ihr Mann ist vor Jahren schon verstorben; sie hat blauschwarze Haare mit einem langen Zopf und trägt goldene Ohrringe sowie eine schwere Halskette aus Korallen und Türkisen. Die Familie hat für uns festlich gekocht, das Hauptgericht, das *Dhal Bhat*, die Nationalspeise der Sherpa, Reis mit fein gehacktem, gebratenem und scharf gewürztem Gemüse, beides aus eigenem Anbau, zergeht uns auf der Zunge. Dazu trinken wir Gerstenbier und »spülen« unseren Gaumen mit »Himalaya-Wasser«, dem *Rakschi*, aus Reis gebranntem Schnaps.

Wie in jedem Sherpa-Haus hängt auch hier ein übergroßes Foto des *Dalai Lama*, des höchsten Priesters, an der Wand, umrahmt von Kerzenlichtern und frischen Schnittblumen. Diese Fensterecke im Eßraum ist ein heiliger Platz: Hier wird die Geister- und Götterwelt angerufen, hier besinnt man sich seiner selbst, aber auch materielle Dinge kommen zur

Sprache – das Gebet ist eine Mischung aus Spirituellem und der tagtäglichen Realität.

Nach dem Essen sitzen wir noch eine Weile zusammen. Die Familienmitglieder sind neugierig und voller Wissensdurst, ihre Fragen nach dem Leben in Deutschland sind naiv und präzise zugleich. Sie wundern sich, daß unserem Land, das nicht einmal dop-

3 Das buddhistische Kloster Thangboche vor dem verheerenden Feuer des 19. Januar 1989.

pelt so groß wie Nepal ist, solch reicher Wohlstand beschert ist. Und sie können sich nicht erklären, weshalb so viele Deutsche, Schweizer, Österreicher und Italiener auf ihre Berge hinauf wollen. Die Frau des Hauses vermutet, daß jede Besteigung eines Gipfels uns Ruhm und Reichtum einbringt, und davon sollten die Sherpa zumindest etwas abbekommen. Deshalb sei es richtig, wenn sie von Jahr zu Jahr mehr für ihre Führer- und Trägerdienste verlangten. Unser Sirdar, der im Hause Passangs miteingeladen ist, erhält pro Tag umgerechnet fünf Mark – für uns eine lächerliche Summe, doch ihm und seiner Familie sichert sie ein gutes Auskommen.

Auf einem Hochplateau, etwa eine Tageswanderung von Namche Bazar entfernt, umrahmt von malerischer Landschaft und mit einem Ausblick auf die gewaltige Szenerie des Mount Everest und des Lhotse, liegt das religiöse Zentrum der Sherpa, die Klostersiedlung Thangboche. Zu diesem Ort, der 1923 als eine heilige Stätte der Einkehr gegründet wurde, ziehen wir tags darauf mit neuer Besetzung weiter. Uns begleiten nur mehr 13 Träger, dafür aber sieben Yaks. Die Yaks sind genügsamer und »preiswerter« als Menschen, was weniger für uns, wohl aber für den Sirdar zu Buche schlägt. Auch Passang ist mitgekommen, um ihren dritten und ältesten Bruder, einen Mönch, in der Klostersiedlung Thangboche zu besuchen.

Der den Sherpa heilige Ort – nach der Legende hat hier der buddhistische Missionar Lama Sanwar Dorje einen Fußabdruck hinterlassen – wurde vom

Schicksal nie verschont. 1933 wurde das Kloster von einem Erdbeben zerstört und wieder aufgebaut, fiel aber in der Nacht vom 19. auf den 20. Januar 1989 – im Jahr der Schlange also – einem Großbrand zum Opfer. Sir Edmund Hillary sammelt seither Gelder für den Wiederaufbau, die auch reichlich aus aller Welt fließen, doch im Jahr der Schlange wird kein Stein auf den anderen gesetzt; das Kloster soll erst 1990, im Jahr des Pferdes wieder errichtet werden.

Thangboche, von der Katastrophe gezeichnet, ist tatsächlich ein jammervoller Anblick: Verschont vom Flammenmeer blieben lediglich eine Mönchsunterkunft und der *Chorten*, das steinerne religiöse Monument; es steht gleich einer gedrechselten Säule auf einem viereckigen Sockel, unten dickbäuchig, mit 13 nach oben hin abnehmenden Ringen und einer vergoldeten Spitze. Der heilige Chorten von Thangboche symbolisiert die Kräfte, die das Leben formen, und die 13 Stufen, die den Menschen zur Erleuchtung führen sollen. Der Chorten steht da wie ein Mahnmal an die Menschheit, ein Symbol für Leben, Tod, Wiedergeburt und Erlösung – umgeben von den *Mani*, das sind Steinplatten, in die Gebete gemeißelt sind.

Chorten und Mani durchziehen das gesamte Vorland des Himalaya, sie stehen an jeder Wegkreuzung und vor jedem Ort; sie dürfen, wenn man schon nicht der religiösen Einkehr wegen verharrt, nur im Uhrzeigersinn umgangen werden.

Wegen der Zerstörung von Thangboche wird das religiöse Fest *Mani Rimdu* im Mai 1989 im Klosterort Thame gefeiert, etwas abseits von unserer Route zum Basislager. Das Mani Rimdu, von Mönchen aus der

4 Ruine des Klosters Thangboche – ein elektrischer Kurzschluß hatte den Brand ausgelöst.

früheren tibetanischen Sherpa-Heimat mitgebracht, ist das bedeutendste Fest des Jahres, es stellt den immerwährenden Angriff der Dämonen auf den Geist des Guten dar, der sich stetig wehren und die Dämonen besiegen muß. Dieser Kampf wird mit Tänzen dargestellt, wobei die Dämonen und guten Geister durch phantasievoll geschnitzte farbenprächtige Masken symbolisiert werden. Das Mani Rimdu hat für das Sherpa-Volk freilich nicht nur einen religiösen Sinn, sondern auch einen großen Unterhaltungswert – für viele ist es eher ein »Heiratsmarkt«, wie Passangs Bruder, der Mönch, etwas erbittert meint. Hier finden sich Partner, und sei es auch nur für die vier Tage des Festes. Die Sherpa vermögen Religiösität und fleischliche Lust problemlos in Einklang zu bringen, was natürlich in den Augen eines Mönches verwerflich ist und das Mani Rimdu entweiht.

Im Lamaismus dürfen Mönche nicht heiraten. Das Zölibat ist zwar kein religiöses Gebot, ergibt sich aber zwangsläufig aus den Herausforderungen an das Mönchsleben, die gesamte körperliche und geistige Kraft ausschließlich der Meditation zu unterwerfen; für die Fleischeslust bleiben da weder Zeit noch Energien übrig.

Passangs Bruder erzählt fast ein wenig gehässig vom »elektrischen Spuk«, der Thangboche heimgesucht und den Großbrand ausgelöst haben soll. Erst am 27. April 1988 war die Elektrifizierung Thangboches mit amerikanischen Spendengeldern fertiggestellt und eingeweiht worden. Der einst abgeschiedene und stille Ort der Einkehr erstrahlte im künstlichen Licht, das die Mönche nicht wollten; der Bürgermeister hielt es angesichts des Touristenzustroms für erstrebenswert.

Der Bruder unserer Begleiterin ist strikt gegen die Wiedereinführung des elektrischen Stroms nach dem Wiederaufbau Thangboches: »Wir brauchen ihn nicht, und wir können und wollen mit elektrischen Drähten nie umzugehen lernen.« Als der Mönch vom Unternehmen Reinhold Messners erfährt, schüttelt er den Kopf und warnt davor, im Jahr der Schlange einen Berggipfel zu besteigen, einen Thron der Götter zu bezwingen, auch wenn er verwaist sei. Der würdevolle Abschied stellt für Passang eine sichtliche Erleichterung dar, sie beschließt, mit uns weiterzuziehen.

Passang heißt Freitag – die meisten Sherpa und Sherpani, wie die Frauen genannt werden, erhalten ihre Rufnamen nach den Wochentagen ihrer Geburt. Das jeweilige Jahr prägt sich ihnen nicht ein, weil es an Bedeutung hinter den Tiersymbolen und Sternbildern zurücktritt.

Passang ist »vollwertig« verheiratet, das heißt, sie hat die dritte und letzte Etappe des langwierigen, in drei Phasen unterteilten Hochzeitsprozesses durchstanden. Der erste Abschnitt wird vom Kennenlernen geprägt, in der zweiten Phase lebt die Braut schon mit ihrem Mann im elterlichen Haus zusammen, und volle Anerkennung genießt die Frau erst, wenn sie, wie eben auch Passang, einen Sohn geboren hat. Ihr Junge ist nach einem Jahr an Tbc gestorben, doch das schmälert ihr Ansehen keineswegs.

Auf unserem weiteren Anmarsch zum Basislager treffen wir zwei der insgesamt vier Franzosen aus Messners Mannschaft. Sie haben ihren Versuch, den Lhotse zu bezwingen, abgebrochen, weil sie sich nicht mit Messner über die Kletterroute und die Anforderungen an Leistung und gleichzeitiger Sicherheit verständigen konnten. Genaueres erfahren wir nicht.

Schon der Bergsteiger Karl M. Herrligkoffer hatte nach 20 Jahren Bergerfahrung erkannt, daß international zusammengestellte Expeditionen nur eine Interessengemeinschaft auf Zeit bilden können. Immer wieder entstünden unüberbrückbare Gegensätze im taktischen Vorgehen, und oft würden Eifersüchteleien den Endaufstieg verhindern oder zum Leichtsinn verführen. Unser Sirdar erzählt von einer ganzen Serie katastrophaler Ereignisse, bei denen auch viele Sherpa umgekommen sind, gewissermaßen im Sog des Erfolgsdranges ihrer »ausländischen Herren«. Seitdem gebe es in der internationalen Bergsteigerzunft ein stillschweigendes Übereinkommen, in der höchsten Gefahrenzone auf die Sherpa zu verzichten, damit sie das Risiko der Fremden nicht bis zum Ende miteingehen müssen.

Ohne die Gipfelsucht der Ausländer wären die Einheimischen sowieso nie auf die Idee gekommen, die Gipfel ihrer Bergheimat zu besteigen, und das nicht nur, weil sie ihnen heilig sind. Einige Berge gelten für die Sherpa auch heute noch als unberührt und nicht entweiht, etwa der Khumbu-Jul-Lha, auf dem Khumbu wohnt, die regionale Gottheit, die dem Sherpa-Land auch den Namen gibt. Uns imponiert am meisten der mächtige Ama Dablang, der Bergrücken Armen gleich von sich ausstreckt, als wolle er das Khumbu-Land beschützen. Ama Dablang heißt denn auch »Der Mutter Schoß«. Um ihn herum entfaltet sich eine ungemein reizvolle Landschaft, in über 4000 Metern Höhe wachsen wilde Rhododendronwälder in den Farben weiß, gelb und rot. Gelegentlich kreuzen Fasane mit ihrem schillernden Gefieder den Weg, zeigen sich vorwitzige Murmeltiere oder nehmen wilde Ziegen Reißaus vor uns. Dem roten Panda, dem schwarzen Bären oder dem Schneeleoparden begegnen wir freilich nicht.

Nach dem Ama Dablang hört die bunte Vegetation auf, die Landschaft ist nicht mehr anmutig, sondern nur noch gewaltig: bedrohliche Schluchten, abweisende Felswände, Eisbrocken und Geröll. Die Temperatur sinkt innerhalb weniger Stunden um 15 Grad. Es wird eisig kalt.

Vor dem Erreichen des Basislagers übernachten wir noch in Dingboche. Nach dieser Nacht hat jeder von uns eine Geschichte zu erzählen. Der Kameraassistent hat geträumt, er stürbe, der Tonkollege glaubte zu ersticken und die sonst so standfeste Bettina flüchtete in Panik mitsamt ihrem Schlafsack aus dem Zelt in die »Lodge«, in die aus Steinen gemauerte Sammelunterkunft all jener Trekker und Bergsteiger, die ihre Zelte nicht aufgeschlagen haben. Nur unser Kameramann Jochen Schmitt hat gut durchgeschlafen. Mahnen uns die Berggötter?

Von den Trekkern kehren die meisten um, darunter ein junger Zöllner aus Saarlouis, ein japanischer Ingenieur, der sich verzweifelt den Kopf mit beiden Händen hält und eine korpulente Engländerin, die von Weinausbrüchen geschüttelt wird. Nach unserem Weitermarsch holt ein Hubschrauber eine Nepalesin aus Dingboche ab, die einen Kreislaufkollaps erlitten hat und in ihre Heimatstadt Kathmandu zurückgeflogen werden muß.

Überraschend begegnet Passang ihrem Mann, der einen jugoslawischen Bergsteiger aus einer Mount Everest-Expedition zurückführt, die auch von hier ihren Ausgang nahm. Der Alpinist ist von Schwäche und Auszehrung gezeichnet und kann sich nur mehr mit letzter Kraft auf den Beinen halten. Die Begrüßung des Ehepaares ist herzlich, aber kurz, der jugoslawische Bergsteiger muß schnellstens auf eine niedrigere Höhe gebracht werden.

Auch uns versagen bald die Beine, der Aufstieg zum Basislager läßt uns nach Luft ringen, und wir müssen uns alle paar Minuten eine Erholungspause gönnen und atmen schnell und tief durch. Es geht darum, möglichst viel Sauerstoff aus der immer dünner werdenden Luft über die Lunge dem Blut und der Muskulatur zuzuführen. Wir sind längst nicht mehr untrainiert, und gerade deshalb können wir die seelische und körperliche Leistung der Bergsteiger ermessen: Uns stockt der Atem schon an der 5000 Metergrenze – wie kann da ein Mensch fast 9000 Meter erklimmen?

In Zeitlupenschritten nähern wir uns dem Basislager, für die letzten 300 Meter oberhalb der 5000er Marke benötigen wir schließlich drei Stunden. Die Sherpa haben unsere rotblauen Zelte schon aufgeschlagen und für ausreichende Stärkung gesorgt. Doch unsere Sinne wirken wie betäubt, unsere Wahrnehmungsfähigkeit beschränkt sich auf die Schlafsäcke, auf denen wir liegen oder hocken. Erstaunlicherweise erholt sich der Körper dann doch recht schnell, und als Reinhold Messner zu uns stößt, sind wir wieder auf den Beinen. Der Mailrunner hat ihm unsere bevorstehende Ankunft gemeldet, woraufhin Messner sich gleich an den Abstieg machte.

Er berichtet, daß nur noch zwei Seilschaften in der Wand seien. Die beiden Polen Krzystof Wielicki und Artur Hajzer versuchten den Aufstieg über die steile Direktroute; der Südtiroler Hans Kammerlander und der Franzose Christophe Profit hätten den längeren, aber weniger gefährlichen Weg gewählt und seien zur Zeit im letzten Lager auf 7200 Metern

Höhe. Der Spanier Enrique Lucas hat schon aufgegeben, und der Südtiroler Roland Losso mußte vorher mit Erfrierungen zurück.

Die Südwand des Lhotse steigt, nur wenige hundert Meter vom Basislager entfernt, senkrecht 3300 Meter hoch, bedeckt von Eis und Schnee. Lawinen räumen jedoch immer wieder die Felswände ab und donnern, einer immer breiter werdenden weißen Wolke gleich, zu Tal. Reinhold zeigt uns, wo die beiden Seilschaften klettern, doch es dauert seine Zeit, bis wir die Bergsteiger als kleine dunkle Pünktchen in der grellen, weißen Wand ausmachen können. Sie scheinen auf der Stelle zu treten, obwohl sie sich ja aufwärts bewegen. In dieser Höhe ist jeder Schritt eine Hochleistung und muß wohl überlegt sein; es geht darum, Kräfte einzuteilen und einzusparen, einen Fehltritt will und kann sich niemand leisten.

Die Nacht dämmert heran, wir versuchen uns vorzustellen, wie schrecklich es sein muß, oben in der Wand, auf wenigen Quadratmetern, bei 20 bis 30 Grad Kälte in einem Mini-Zelt die Nacht verbringen zu müssen. Die Dunkelheit schärft unser Gehör, alle paar Minuten donnern und tosen in der Ferne Lawinen; wir hoffen, daß sie nicht dort herabstürzen, wo die Seilschaften campieren.

Später berichtet Reinhold Messner: »Das Basislager ist sozusagen unsere Heimat für zwei Monate. Hier hat jeder sein eigenes Zelt, seine Privatsphäre. Dazu gibt es eine gemeinsame Küche und ein gemeinsames Wohnzelt. Von hier aus wird die Wand vorbereitet, der Gipfelangriff geplant. Wenn wir schlechtes Wetter haben, sitzen wir alle hier herum und warten. Wenn das Wetter gut ist, gehen wir los. Wir haben ein erstes Lager auf 6000 Meter gebaut. Das ist leicht zu erreichen, und dort gibt es Zelte und Essen. Man kann fast wohnen wie hier. Das zweite Lager ist ein winziges Zelt auf 6700 Metern, in einer Spalte zwischen einem Eisturm und einer Felswand, damit der Wind es nicht mitreißen kann. In einem dritten Lager auf 7200 Metern Höhe ist uns das Zelt kaputtgegangen, aber wir haben dort Essen hinterlassen und einen Schlafsack. Wir haben alle dort schon mindestens einmal geschlafen oder zumindest gelegen, viel schlafen kann man da oben nicht.

Zwischen den Lagern hängen Seile, damit man sich auch bei Nebel oder schlechtem Wetter und mit Verletzungen schneller runterhangeln kann. Auf dieser Route haben sich nun alle akklimatisiert. Das große Geheimnis ist das letzte Stück bis zum Gipfel. Ich habe 1986 diese Wand im Gipfelbereich ein paarmal umflogen und dabei eine mögliche Aufstiegsroute entdeckt. Aber es hängt natürlich von den Schneeverhältnissen ab, von der Müdigkeit, vom Vorrat an Haken und Ösen. Aber ohne die Unbekannte, ohne das große Risiko, ohne die Möglichkeit, der Erste auf einer Route oder einem Gipfel zu sein, gäbe es ja auch keine Herausforderung.«

Die Nacht ist aufregend, wir finden wenig Schlaf, fiebern dem Tageslicht entgegen und malen uns die abenteuerlichsten Bilder aus, an die wir uns am Morgen nicht unbedingt erinnern mögen. Im Schlaf zu träumen ist eine Sache, schlaflos zu träumen eine andere. Lawinen beherrschen die Traumbilder, Abstürze, Ausrutscher, Bilder vom Erfrieren oder Er-

Azalai – Die Salzkarawane

1 Sandsturm in der Sahelzone. »Sahel« (»Ufer«) nannten die Araber den Streifen zwischen dem »Meer« der Sahara und dem »Land der Schwarzen«.

2 (nächste Doppelseite) Wie vor tausend Jahren zieht noch heute die Salzkarawane durch die Sahara von Taoudenni nach Timbuktu.

4

5

3 Die Salzminen von Taoudenni gelten als verfluchter Ort. Auch wenn die Zeit der Sklavenarbeit vorbei ist, bleibt die Arbeit unter der glühenden Wüstensonne doch eine Strafe.

3

4 Wenn die Karawane abends lagert, dient der Kamelmist als Brennmaterial beim Teekochen.

5 Geführt werden die Salzkarawanen in Mali von den herrischen Angehörigen des Stammes der Berabich. Ohne Kompaß und Uhr orientieren sie sich am Stand der Sonne und finden sicher ihren Weg durch die Wüste.

6 Lang und beschwerlich ist der Weg zum Lhotse (Nepal), einem der 14 Achttausender dieser Erde (8511 m). Im Hintergrund der höchste Berg der Welt, der Mount Everest (8848 m).

7 Der weltberühmte Bergsteiger Reinhold Messner im Basislager am Lhotse.

8 Schneestürme und beißende Kälte machen uns im Lhotse-Basislager (5250 m) zu schaffen.

9 Ein Chorten, eine buddhistische Kultstätte in Nepal.

10 Abenteuerlich konstruierte Hängebrücken sind oft die einzige Möglichkeit, tiefe Schluchten zu überqueren.

8

9

10

11

11 Sherpas beobachten das Klosterfest »Mani Rimdu« in Thami.

12 Dieter Kronzucker auf dem wöchentlichen Sherpa-Markt in Namche Bazar.

12

sticken. Die Träume versetzen uns selbst in die Bergwand und rufen unsere Ängste davor wach.

Der Morgen empfängt uns mit Schnee, die verschneiten Zelte heben sich von der Umgebung kaum noch ab. Allein Jochen Schmitt hat wiederum gut geschlafen und filmt, was wir später auf dem Schneidetisch als Wirklichkeit erkennen werden, hier aber als unwirklich empfinden. Das Basislager ist zu einer sichtbegrenzten Schneeinsel geworden, die Lhotse-Wand ist aus dem Blickfeld verschwunden, und auch das Donnern der Lawinen ist nicht mehr zu hören; ob der Schneefall das Geräusch nur verschluckt oder ob er die Lawinen bindet, wissen wir nicht.

Reinhold Messner spricht über Funk mit den beiden Seilschaften, ruhig und gelassen sagen sie, es sei alles in Ordnung. Und schon nach kurzer Zeit hört der Schneefall auf, die Sonne dringt durch und schmilzt die weiße Schneedecke hinweg. Wird es ein guter Tag, wird heute der Gipfel in Angriff genommen? Reinhold Messner wagt keine Voraussage, scheint aber eher pessimistisch.

Noch drei Tage und drei Nächte werden wir um die Mannschaft in der Wand bangen, dann, an einem besonders klaren Morgen, nehmen sie den Gipfel in Angriff. Die polnische Gruppe befindet sich auf schätzungsweise 7000 Metern Höhe, Hans Kammerlander und Christophe Profit hingegen sind schon oberhalb des letzten Lagers – mit ihnen unser Kameramann Fulvio Mariani. Mit kleinster Ausrüstung gelingen ihm aufregende Bilder.

Lawinen brausen über alle Wände, verschonen aber wie durch ein Wunder die beiden Aufstiegsrouten. Reinhold Messner hat vorher die am wenigstens gefährdeten Wege ausgemacht und seinen Kollegen empfohlen. Was aber mag er davon haben, wer nun diese gewaltige Wand bezwingt? Man muß wohl selber Bergsteiger sein, um darauf eine Antwort zu finden. Der Österreicher Herbert Tichy formuliert sie so: »Ich bin kein Bergsteiger im strengen Sinne des Wortes. Berge sind für mich, auch wenn sie mich immer wieder angezogen haben, nicht abstrakte Ziele, an denen man seine technischen Fähigkeiten und seine körperliche Leistungskraft beweisen kann, sondern nur Teile jener großen Welt, in der ich mich so wohl fühle. Ich habe die Gipfel geliebt, wie ich einzelne Menschen liebte, als gleichwertige Teile eines größeren Ganzen.«

Bettina, unsere Kollegin, erschrickt und erstarrt – sie hat als erste die Monsunwolken ausgemacht, die aus dem Süden heranziehen. Auch Reinhold Messner ist erstaunt und besorgt. Im Jahr der Schlange kündigt sich der Monsun vier Wochen früher als üblich an. Über Funk nimmt Reinhold Messner zu den Seilschaften Kontakt auf. Auch sie sehen die bedrohlichen Monsunwolken, die hier oben einen starken Wettereinbruch mit Schneestürmen und großen Schneemassen mit sich bringen. Die Gespräche, die wir mithören, sind ruhig und sachlich, doch im Tonfall liegen Sorge und Spannung, Enttäuschung, Wehmut. Letztendlich kann hier niemand die Verantwortung für den anderen übernehmen, auch Reinhold Messner muß die Entscheidung über Weiteraufstieg oder Abbruch des Versuches den Männern in der Wand überlassen.

Beide Seilschaften entscheiden sich für den Abstieg. Die beiden Polen, die wir nur über Funk hören, aber nicht sehen können, müssen zunächst einige hundert Meter höher klettern, um auf die Abstiegsroute zu gelangen. Eine halbe Stunde später sehen wir, wie eine mächtige Lawine das Lager auf 7200 Metern wegreißt. Hans Kammerlander und Christophe Profit sind glücklicherweise außerhalb des Einzugsgebietes der Lawine. Ein »Mailrunner« trifft mit einer grausigen Botschaft im Basislager ein: Eine Expedition von sechs Polen sei am Mount Everest in eine Lawine geraten, vier Bergsteiger seien tot, einer hänge schwer verletzt im Eis und der einzig Unverletzte suche am Fuße des Berges Hilfe.

Reinhold Messners Gefährten schaffen es, noch vor Einbruch der Dunkelheit aus der Wand des Lhotse herauszukommen, kurz bevor ein eisiger Schneesturm über den Berg hinwegzieht. Tags darauf verlassen wir das Basislager. Der Abstieg wird für uns zu einem Vergnügen. Jeden Meter abwärts scheinen Herz und Kreislauf zu begrüßen. Am Ende der Route machen wir noch die leidige »Lukla-Erfahrung«: das tagelange Warten auf das Flugzeug aus der Hauptstadt und einen Sitzplatz darin – Zeit zum Ausspannen und Nachdenken.

Das Jahr der Schlange hat Messner, seine Gefährten und auch uns zwar verschont, aber uns allen auch den Erfolg vorenthalten. Weshalb sollten wir dieses Schicksalsjahr noch mehr herausfordern? In der Welt der Hochleistungsalpinisten winkt dafür immer noch eine Südflanke im Mount-Everest-Massiv: Der Ruf des Lhotse ist noch nicht verhallt.

Die Jagd nach Gold und Edelstein

Der Regen trommelt auf das Blechkleid des Jeeps: Wolkenbruch! Was eben noch unsere staubige Straße war, ist in Windeseile zu einem gurgelnden Sturzbach geworden. Unser Fahrer Don Carlos kann den Wagen kaum auf den vier Rädern halten. Als er zwei in triefend nasse Ponchos gehüllte Reiter erblickt, zuckt – kaum sichtbar – ein Lächeln um seine Mundwinkel. Und schon müssen die Reiter vor unserem spritzenden Geländewagen in den Graben flüchten.

Was wir an diesem Tag in der Serra Jacobina am Rand des Sertão, des Steppenhochlandes im Nordosten Brasiliens, erleben, ist eine Frühjahrslaune der Natur. Die bis zu 1200 Meter hohe Bergkette der Serra Jacobina beschert dem Sertão im Sommer häufiger verheerende Dürrekatastrophen, denn sie schnürt das Steppenhochland vom Regen ab. Die heiße Jahreszeit verschont auch das *Interior*, das heiße Landesinnere der Serra Jacobina, nicht. Zwar tragen ihre Berge, Täler und die vielen Hochebenen im Augenblick noch ein grünes Kleid, aber wenn der Sommer naht und der Regen immer häufiger ausbleibt, wird sich nach und nach rostbraune Dürre der Landschaft bemächtigen.

5 Don Carlos, unser Fahrer, ein trinkfester Haudegen.

Dann kommt auch die Zeit, in der die wenigen *Fazendeiros*, jene Farmer, die den Kampf gegen den unbarmherzigen Sommer noch immer nicht aufgegeben haben, sich gegenseitig das spärliche Wasser streitig machen. Die Fehden überlassen sie ihren *Vaqueiros*, den Cowboys, für die es um den Job geht, den sie verlieren, wenn die Viehtränken austrocknen und die Tiere verkauft werden müssen. Um ihre Arbeitsplätze zu erhalten, bedienen sich deshalb die

Farmarbeiter notfalls auch des Faustrechts, das im Nordosten Brasiliens ohnehin nie aus der Mode gekommen ist. Für die Bewohner des Nordostens, die *Nordestinos*, ist das Faustrecht ein Hilfsmittel, ein sogenanntes *Remédio*. Den Sieg über das Schwache, für sie ein Ausweg, nennen sie auch Remédio, und als Remédio gilt ihnen ganz allgemein das Gesetz des Stärkeren, das hier nicht selten das Heilmittel schlechthin ist. Oft genug verharmlost hier dieses Wort auch nur das Üble, das man seinem Nächsten meist ohne Gewissensbisse antut.

Unser Wagen hat endlich festen Boden unter den Rädern, wir sind dem Wolkenbruch glücklich entkommen. Der wortkarge Don Carlos jagt nun den Jeep über einen rutschigen, von vielen Regengüssen ausgewaschenen Weg, als gehe es darum, die durch das Unwetter verlorene Zeit wieder einzuholen. Er ist ein Draufgänger aus dem Interior, ein Nordestino, vielleicht ein wenig zu hellhäutig, aber mit den typischen krausen Haaren und einem stets makellos geschnittenen Schnauzer. Sein Alter schätzt er selbst auf über 40 Jahre. Im Kampf um das bessere Leben hat ihm, wie er erzählt, vor allem der Umgang mit dem Revolver geholfen. Er gehörte zu jenen klassischen *Pistoleiros* des Interior, die Farmen gegen Viehdiebe verteidigen oder die Ländereien der Großgrundbesitzer gegen die Besetzung durch Kleinfarmer sichern. Außerdem schützen sie Gold- und Edelsteingruben gegen Überfälle.

Bevor Don Carlos gewissermaßen bürgerlich wurde, eine Familie gründete, sich ein Haus baute

Represa de Sobradinho
3 IM NORDOSTEN BRASILIENS
0
100 km
Reiseroute
Socroto
Senhor do Bonfim
Campo Formoso
Antonio Gonçalves
Campo d'Oro
Carnaiba
Pindobaçu
Saúde
Jacobina
Irecê
Feira de Santana
Alagoinhas
BRASILIEN
Salvador
Atlantischer Ozean
Jequie
Vitória da Conquista
Itabuna
Ilhéus

und den Führerschein kaufte, verdingte er sich in seinem letzten Job als Leibwächter in einem berüchtigten Smaragddorf, zu dem er uns heute bringen will.

Mittlerweile fahren wir auf einer Straße, die sich wie ein brüchiger Saum oberhalb eines Wildbaches schlängelt. Immer wieder sehen wir im reißenden Wasser Autowracks. Don Carlos erklärt lakonisch: »Wer die Mine verläßt, hat die Taschen entweder leer oder voll. Die Pleite wird ebenso begossen wie der Fund gefeiert. Kein Wunder, wenn sie dann den Bach mit der Straße verwechseln.«

Den Weg zu bewältigen, ist bisweilen selbst für einen erfahrenen Chauffeur wie Don Carlos nicht einfach. Zweimal müssen wir aussteigen, damit er den Jeep zentimetergenau zwischen Felswänden und Abgründen hindurchsteuern kann. Das letzte Stück der Straße ist sehr steil und mit schweren Granitquadern gepflastert. Wir bewegen uns auf eine Bergkuppe zu, und genau dort, wo die gepflasterte Straße aufhört, sehen wir Carnaiba, das berüchtigte Smaragdnest. Doch es steht nur mehr als Ruine.

Don Carlos kann es nicht fassen: Gerade vor drei Jahren war er das letzte Mal hier und logierte in der besten Unterkunft des Dorfes, die jetzt mit vernagelten Türen und abbröckelndem Putz dasteht. Man erkennt mit Mühe noch die vergilbte Aufschrift: »Hotel Esmeralda«, »Smaragdhotel«.

Don Carlos fährt den Jeep vor die Ruine der Post und parkt in Reichweite eines Grasbüschels, das aus dem Briefkasten wächst. Soweit der Blick reicht, stiehlt sich die Dorfstraße durch eingestürzte Hauswände hindurch. Nur vereinzelte Gebäude haben dem kurzlebigen Schicksal Carnaibas getrotzt. Wir müssen unsere Fantasie strapazieren, um uns vorstellen zu können, daß hier noch vor drei Jahren eine Schar von 20000 Menschen ein bunt-bizarres Abenteuerleben führte.

Der Nordosten Brasiliens ist eine Arena für *Garimpeiros*, Schatzsucher, und schießwütige Vaqueiros beziehungsweise Pistoleiros, aber auch für um-

6 Das Hotel »Esmeralda« – noch vor drei Jahren war es die teuerste Unterkunft in Carnaiba.

herziehende *Cangaceiros*, das heißt Banditen. Hier verstreicht kaum eine Woche ohne das Gerücht über die Entdeckung einer neuen Goldader oder einer ergiebigen Edelsteinmine. Ob das nun stimmt oder nicht, in jedem Falle folgt diesem Ruf umgehend ein Heer von Garimpeiros, die die neue Fundstätte ausbeuten wollen, um dann schnellstmöglich dem nächsten Ruf des Goldes zu folgen. Doch die Garimpeiros hinterlassen keine wirklichen Geisterstädte, denn sie nehmen ihre jeweiligen Frauen und Kinder nie mit.

So ist auch Carnaiba keine echte Geisterstadt. Wir haben Aufmerksamkeit erregt: Zunächst kommen neugierige Kinder auf uns zu, dann ihre Mütter, die mit ein paar Hühnern, Schweinen oder Ziegen hier zurückgelassen worden sind. Um das Schicksal ihrer Söhne und Töchter, ihrer Ehefrauen oder Geliebten wollen und können sich die Garimpeiros nicht mehr kümmern, denn sie haben längst am neuen Fundort neue Familien gegründet. Uns fällt eine Frau auf, die nicht so armselig wie die übrigen gekleidet ist. Sie füttert gerade zwei Schweine, als plötzlich ein unrasierter, schätzungsweise 60 Jahre alter Mann hinzutritt. Don Carlos erklärt: »Das ist Antonio Aniceto, er hat in Carnaiba den ersten Smaragd gefunden.«

Die beiden schütteln sich die Hände, klopfen sich gegenseitig auf die Schultern und wechseln ein paar Sätze, ehe Aniceto dann uns mit einem wahren Wortschwall überfällt: »Carnaiba habe ich auf die Landkarte der Garimpeiros, der *Mineiros* (das sind gelernte Bergleute), der Barbesitzer und ihrer Dirnen, der Revolvermänner und Schurken aller anderen Schattierungen gesetzt.«

Die Lebensgeschichte Anicetos hört sich wie ein erfüllter Wunschtraum an: Er war Bauer, der in Carnaiba einen gepachteten und besonders steinigen Acker pflügte. Eines Tages kam mit der aufgeworfenen Scholle ein wundersam grün schimmernder Stein zum Vorschein, den Aniceto erst einmal aufbewahrte. Nach wenigen Tagen machte er einen zweiten Fund, und Aniceto ritt nun mit den beiden Steinen in der Satteltasche seines Ackergauls in das weit entfernte Städtchen Campo Formoso. Hier verschaffte er sich Zutritt zum Büro des Präfekten, von dem er gehört hatte, daß dieser sich mit Steinen gut auskannte, und legte seinen Fund vor. Der Präfekt zog die Augenbrauen hoch und reiste dann mit dem Bauern Aniceto nach Carnaiba. Sehr lange konnte das ungleiche Paar das Glück nicht verheimlichen, Gerüchte kursierten und es dauerte nicht lange, bis über 6000 Schatzsucher in Carnaiba einfielen.

Nach mehreren Anläufen schaffen wir es endlich, den Redeschwall Anicetos zu unterbrechen. Wir wollen nur erfahren, wohin die Männer von Carnaiba ausgezogen sind. Aniceto weiß es nicht. »Fragen Sie Juca, meinen früheren Partner«, schlägt er vor, »der ist noch im Smaragdgeschäft.« Don Carlos kennt Juca, den ehemaligen Präfekten, und weiß auch, wo er zu finden ist, denn er hat früher in Carnaiba als Leibwächter für ihn gearbeitet. Das war sein letzter Job als Pistoleiro. Don Carlos wird uns also zu der Farm bringen, die sich Juca mit den Smaragden aus Carnaiba gekauft hat.

Wir fahren aber erst einmal den langen und mühevollen Weg nach Campo Formoso zurück, dem einzigen Städtchen der Gegend, das uns eine neue Bleibe zu bieten hat. Die Zimmer des »Hotel Campo Formoso« sind wenig geräumig, aber immerhin mit Etagenbetten, Mosquitonetzen und einer Waschgelegenheit ausgestattet. Wir liegen längst in unseren Betten, als wir Betrunkene mit lauten Kehlen immer wieder dasselbe Lied anstimmen hören: »Olé o cangaceiro ...« Es ist Virgolino Ferreira, genannt Lampião (auch Lampeão), dem berüchtigsten brasilianischen Banditen aller Zeiten, und seiner Geliebten Maria Bonita gewidmet. Über ein Jahrzehnt lang terrorisierte dessen Bande das Interior, und das ist gerade 50 Jahre her. Lampiãos Leute entführten Großgrundbesitzer, wohlhabende Fazendeiros, und reiche Kaufleute, um Lösegeld zu erpressen. Wurden seine Forderungen nicht erfüllt, ließ Lampião seinen Gefangenen die Haut in Streifen schneiden und sie stückweise abziehen. Er plünderte Minen, raubte Viehhändler aus, stahl Vieh oder schoß sich den Weg zu den Banktresoren frei, mit besonderer Vorliebe in Campo Formoso, wo die Geldinstitute schon vor 50 Jahren so zahlreich waren wie die Gold- und Edelsteinfunde in der weiteren Umgebung.

Die Wurzeln des Banditentums sind in den gewaltigen Unterschieden zwischen arm und reich zu suchen: Der Aufstand gegen Unterdrückung und Besitz endet nur allzu oft im Bandenwesen. Der Werdegang des Lampião Ferreira ist hierfür ein geradezu klassisches Beispiel: Lampião, Sohn eines Kleinbauern,

7 Lampião (Lampeão) und seine Bande – wie sie auf einem alten Fahndungsplakat gezeigt werden.

8 Auf den Kopf des berüchtigten Banditen Lampião (Lampeão) waren Mitte der dreißiger Jahre 50 Millionen Cruzeiros ausgesetzt.

50:000$000!!

O Governo do Estado da Bahia,
PREMIARÁ COM
50:000$000
ao civil ou militar que capturar ou entregar de qualquer modo á Policia, o famigerado bandido
VIRGOLINO FERREIRA, vulgo LAMPEÃO

begann seine Banditenkarriere mit dem Mord an einem Großgrundbesitzer, der seinem Vater das Land weggenommen hatte. Er wurde von den Besitzenden wie Freiwild gehetzt, doch Kleinbauern, Tagelöhner und andere Unterdrückte gewährten ihm Unterschlupf – denn sie sahen in ihm einen Helden, eine Art Robin Hood. Er gewann Anhänger, die ihm die Führungsrolle im Kampf gegen die Großgrundbesitzer aufbürdeten. Doch je aussichtsloser der bewaffnete Widerstand war, desto mehr kümmerte sich die Bande um das eigene Überleben. Mit dem ersten Banküberfall lockte Lampião auch Soldaten auf seine Fährte. Erst einmal zu Bankräubern abgestempelt, wurde die Schar um Lampião ein Sammelbecken für alle möglichen Gesetzlosen, zum Selbsterhaltungstrieb gesellten sich Habgier und kriminelle Willkür.

Die Banditen feierten im Interior wilde Feste mit geraubten Frauen und gestohlenem Vieh, und nach solch einem Gelage wurden Lampião, seine Geliebte Maria Bonita und seine Bande im Jahr 1938 im Schlaf überrascht und mit Maschinengewehren niedergemäht. Für die Landeigner war die feudale Welt des Interior wieder in Ordnung, doch die Unterdrückten ließen Lampião und Maria Bonita in einem Lied weiterleben, das später um die ganze Welt gehen sollte und mit dem wir an diesem Abend in den Schlaf gewiegt werden: »Olé o congaceiro, olé o Lampião …«

Am nächsten Morgen holt uns Don Carlos in Campo Formoso ab. Wir fahren in den Süden, und schon nach kurzer Zeit zieren sattgrüne Hügel und Weiden die Landschaft. Der erste Ort, den wir passieren, lebt offensichtlich von den Pannen der Autos – überall säumen improvisierte Werkstätten, Schrott und aufgetürmte Reifen die Straße. Das Nest nennt sich »Antonio Gonçalves«, und dieser Name erinnert an einen portugiesischen Familienclan, dem einst fast das gesamte Interior gehörte und der noch heute in Salvador, der Hauptstadt des Bundeslandes Bahia, die Politik beeinflußt.

Die Gonçalves finanzierten seinerzeit auch den Trupp, der die Lampião-Bande auslöschte und als Beweis für den Erfolg des Feldzuges die abgetrennten Köpfe des Banditenführers und seiner Geliebten nach Salvador mitbrachte. Erst 1972 wurden die Köpfe Lampiãos und Maria Bonitas aus den Schaukästen des Museums von Salvador entfernt und beigesetzt.

Im nächsten Ort biegen wir zur Fazenda von Juca ab, die in einem kleinen Kessel zwischen bewaldeten Hügeln liegt. Vaqueiros in ihrer traditionellen Kleidung aus Vollrindleder zum Schutz vor Dornengestrüpp treiben auf ihren Pferden weiße Zebu-Rinder aus den Waldstücken heraus.

Juca empfängt uns auf der Veranda seiner Farm. Wir haben ihn uns als einen gerissenen Geschäftsmann vorgestellt, aber der Siebzigjährige strahlt Menschlichkeit und Würde aus. Er genießt hier in der Gegend den Ruf des Grão Senhors, eines weisen Mannes, und wird von seinen Leuten respektvoll als Padrão angesprochen, als Patron. Juca ist Nachkomme einer portugiesischen Adelsfamilie und trägt eigentlich den klangvollen Namen José da Silva Marqués, zieht es aber vor, schlicht Juca genannt zu werden. José da Silva Marqués weiß selbstverständlich auch, wohin die Männer aus Carnaiba weitergezogen sind: »Die sind in Socroto, dort können Sie aber alleine nicht hin. Ich werde mit Ihnen mitkommen und Sie dort einigen Leuten vorstellen.«

Unser Weg führt zurück in das Interior und schlängelt sich unter überhängenden Felsen und durch enge Schluchten hindurch, führt über steile Hügel, wackelige Brücken und Bäche hinweg und verliert sich bisweilen im Schatten dichter Waldstücke.

Nach einer Stunde muß der Jeep aufgeben, die Straße vor uns ist weggerissen, der Bach hat sich ein bis zu zwei Meter tiefes Bett gegraben. Wir steigen enttäuscht aus – seit drei Tagen wollen wir zu den Smaragdminen, und jetzt, so dicht vor unserem Ziel, versperrt uns die Natur den Weg.

Auf der anderen Seite des braunen Wassers hokken vielleicht 20 Männer, Frauen, Kinder und harren der Dinge. An einem Baum sind zwei gesattelte Pferde festgebunden. Don Carlos ruft vom anderen Ufer einen etwa zwölfjährigen Jungen zu uns herüber und fragt ihn, ob er uns auf seinem Pferd auf die andere Seite bringen könnte. Der Geschäftsgeist des Jungen erwacht. Für zehn Cruzados, das sind zehn Pfennige, vertraut uns der Junge seinem Pferd an, auf dem wir mehr schlecht als recht das unvorhergesehene Hindernis passieren.

Als der letzte von uns auf der anderen Seite ankommt, steigt der Junge in den Sattel, gibt dem Pferd die Sporen und jagt davon. Don Carlos grinst: »Er organisiert uns sicher ein Auto, und da verdient er ebenso sicher mit.«

Tatsächlich trifft nach etwa 20 Minuten ein Wagen aus Socroto ein. Für das letzte Wegstück zahlen wir 100 Cruzados, eine Mark. Rechts neben der Straße kündigt uns bald ein verwahrloster Friedhof die Nähe des Smaragddorfes an. Zwischen einfachen Grabkreuzen aus Holz und einigen frisch aufgeworfenen Erdhügeln grast ein einsamer Schimmel. Die ungepflegte Ruhestätte drückt ein Stück Lebensphilosophie der Menschen hier aus: nur die Gegenwart zählt. Die Toten werden achtlos begraben, und kaum liegen sie unter der Erde, sind sie auch schon vergessen, sind sie nicht einmal ein Grabblümchen mehr wert.

Unterhalb des Friedhofs liegt Socroto, eine wahllose Ansammlung von gekalkten Häusern, Lehmhütten und Blechbaracken. Jeder baut hier so, wie er es sich leisten kann und wie es ihm beliebt; allerdings sehen wir kein Dach ohne Fernsehantenne.

Das Dorf ist menschenleer, die Bewohner Socrotos arbeiten alle noch in den Minen, die unterhalb des Dorfes liegen. Als wir die Gruben dann endlich sehen, sind wir zunächst einmal enttäuscht, denn vor uns tut sich ein großes, hügeliges Schotterfeld auf; ein Heer von bunt gekleideten Frauen und Kindern zerhämmert hier Stein für Stein. Noch wissen wir nicht, daß sich unter dieser wenig imposanten Oberfläche ein abenteuerliches Labyrinth von Stollen und Gängen verbirgt, in dem die Mineiros und Garimpeiros täglich ihr Leben aufs Spiel setzen müssen, um an die Smaragde heranzukommen.

9 Ein Wolkenbruch hat den Weg nach Socroto in einen Wildbach verwandelt. Es geht nur noch mit dem Pferd weiter.

Am Rande des Schotterfeldes liegen die Schächte, deren Aufbauten Aufschluß über die Finanzlage ihrer Besitzer geben. Die einen können sich nur eine Seilwinde aus Holz leisten, die mit Muskelkraft betrieben wird, während andere Schächte über Motorwinden verfügen und umzäunt sind. Juca bringt uns zum Stollen eines Bekannten, der Demilvão heißt und die »modernste« Mine Socrotos betreibt. Demilvão beschäftigt zwei Mineiros und fünf Garimpeiros. Über dem Schacht hat er eine geräumige Lehmhütte errichtet, versehen mit einer schweren Holztür, die er abschließen kann. Die Hütte ist zusätzlich durch einen hohen, überdachten Zaun mit Gatter und Vorhängeschloß gesichert. Demilvão traut hier niemandem über den Weg und sperrt sogar seine Werkzeuge ein. Er ist aber bereit, uns seine Mine zu zeigen.

Als wir uns erstmals über den Einstieg eines Schachtes beugen, befällt uns ein Schwindelgefühl: Wir sehen in ein endlos tiefes, schwarzes Loch. Die Schachtwände sind mit Rundhölzern nur provisorisch abgesichert und gerade so breit, daß ein Mensch hineinpaßt. So ähnlich müssen die Stollen in Europa im Mittelalter ausgesehen haben.

Edoardo, der Sprengmeister Demilvãos, dessen Tränensäcke sicher nicht vom Kummer, sondern eher vom Alkoholzuspruch herrühren, hat die Blässe in unseren Gesichtern bemerkt. Er versucht, das Unternehmen »Einstieg« zu verharmlosen, und zeigt uns, wie es gemacht wird: Mit den Füßen steigt er in zwei aus Autoreifen geschnittene Schlaufen, die am Schachtseil befestigt sind und zieht sie bis zu den Oberschenkeln hoch. Mit einer Hand hält Edoardo den Strang fest, mit der anderen stößt er sich vom Geländer des Einstiegs ab. Der Garimpeiro an der Motorwinde löst die Seilbremse, und schon bald verschwindet Edoardo in der Tiefe.

Demilvão meint, nun könnten wir ebenfalls einfahren – natürlich auf eigenes Risiko. Uns packt ein Gefühl der Unsicherheit, das zwischen Mut und Neugierde, Angst und Feigheit angesiedelt ist. Wir fragen, wie tief der Schacht sei. Demilvão scheint es nicht genau zu wissen und wendet sich an den Garimpeiro, der die Winde bedient. Auch der muß erst einmal nachrechnen, beugt sich über die Trommel und zählt die Markierungen am Seil ab. »So an die hundert Meter«, schätzt er dann.

Wir versuchen, das Risiko abzuwägen, merken bald, wie sinnlos dies ist, denn wir wissen ja gar nicht, was in diesem stockdusteren Schacht auf uns zukommen kann. Es ist uns aber klar, daß wir keinen Film über »Smaragde« drehen können, ohne mit der Kamera ganz vorne dabei zu sein, ohne dem Zuschauer zu zeigen, wo und wie der Edelstein aus dem Fels geschlagen wird.

Als erster steigt Hari Hartmann, unser Kameramann, in die Schlaufen: eine Hand am Seil, in der anderen die Filmkamera. Der Mann an der Winde zieht Hari erst hoch, läßt ihn über dem Einstieg »auspendeln« und dann behutsam in den Schacht hinab. Bald verschwindet er in der Dunkelheit.

Plötzlich dringt ein entsetzter Schrei zu uns herauf. Sofort wird die Winde auf aufwärts geschaltet, Hari kommt nach oben, die Kamera fest umklammert. Kreidebleich berichtet er: »Wo der senkrechte Schacht aufhört, geht es über eine enge Querrutsche noch tiefer. Dort bin ich mit dem Jackenkragen hängengeblieben. Die Schlaufen waren schon fast von den Beinen gerutscht, und ich war kurz davor, die Filmkamera fallen zu lassen, um mich mit beiden Händen am Seil festhalten zu können.« Er atmet ein paarmal tief durch und fährt erneut ein. Jetzt sind wir dran, das restliche Team. Über die Querrutsche, die nur auf dem Bauch oder Rücken liegend passiert werden kann, führt der Schacht unterhalb einer glitschigen, überhängenden Felswand noch einmal zwanzig, fünfundzwanzig Meter abwärts. Hier sind beinahe schon Bergsteigerkünste gefragt. Die Luft ist hier unten stickig, feucht, sie steht ohne einen Windhauch im Schacht und in den Stollengängen. Den notwendigen Belüftungsschacht hat sich offenkundig auch Demilvão gespart.

Während uns Edoardo aus den Schlaufen hilft, schauen wir nach oben: Dreieckige Holzkonstruktionen halten Fels und Gestein zurück. Wir fragen uns, wie ein Verletzter nach oben kommen soll, der weder über den Fels klettern noch sich am Seil festhalten kann? Was passiert, wenn ein Arbeiter bei diesem Sauerstoffmangel bewußtlos wird? Über die Antworten auf diese Fragen denken wir besser nicht nach.

Edoardo führt uns in einen schier endlosen Gang, der notdürftig von Glühbirnen beleuchtet ist. Wir durchwaten in gebückter Haltung knietiefes Wasser und sehen am Ende des Ganges, wie drei Männer Dynamitbündel verkabeln und sie vorsichtig in Bohrlöcher stecken. Es ist wohl kaum der richtige Augenblick, die Arbeiter zu fragen, wie sie es hier unten überhaupt aushalten – bei Staub, Hitze, Feuchtigkeit und Sauerstoffmangel. Dazu ist jeder zu sehr mit sich beschäftigt.

Unvermittelt dringt ein seltsames Dröhnen in den Querstollen. Es kommt aus einem dicken Plastikschlauch, der am Fels entlangführt und von der Seilwinde am Schachteinstieg bis hier herab reicht: das Grubentelefon. Edoardo nimmt das Schlauchende an den Mund, bläst die Wangen auf und stößt die zuvor angehaltene Luft hinein. Oben an der Seilwinde wird es jetzt genauso dröhnen wie eben hier. In die Grubensprache übersetzt heißt dies: Wir haben verstanden, wir kommen schnellstens hoch.

Es ist Viertel vor zwölf, und mittags wird in allen Minen Socrotos gesprengt. Edoardo schickt uns sofort zum Seil zurück. Unsere Einfahrt war wohl zu zeitraubend, das hatte er nicht einkalkuliert. Jetzt machen er und die Mannschaft sich Sorgen, denn sie wissen, daß wir sehr viel mehr Zeit als sie benötigen, um aus dem Schacht herauszukommen.

Wir haben kaum einen Vorgeschmack vom unterirdischen *Garimpo*, vom Schürfgebiet oder *Claim* in der Tiefe, bekommen, da hängen wir schon wieder am Seil und es geht aufwärts. Ohne weiteren Zwischenfall erreichen wir den Schachtausstieg, und kurz vor zwölf Uhr steigt der letzte Arbeiter aus den Gummischlaufen – wir haben es alle rechtzeitig geschafft.

Edoardo nimmt behutsam zwei Drähte in die Hände und wartet auf das Kommando Demilvãos, ehe er dann kurzschließt. In rund hundert Metern Tiefe zünden jetzt die Dynamitstäbe.

Edoardo ist nicht der einzige Sprengmeister Socrotos – denn überall beginnt die Erde leicht zu beben. Der eine oder andere Stollen stürzt gewiß ein, die unmenschliche Arbeit war dann umsonst. Nach einer Sprengung soll frühestens zwei Stunden später wieder eingefahren werden, aber wir sind überzeugt, daß der eine oder andere Claimbesitzer nicht so lange wartet, um herauszufinden, ob die Explosion womöglich eine Smaragdader freigelegt hat.

Die Detonationen haben die Mittagspause eingeläutet, die Gruben und das Schotterfeld sind jetzt menschenleer. Auch wir steigen zum Dorf hinauf, um etwas zu essen und zu trinken. Um den »Dorfplatz« gruppiert finden sich eine Apotheke, etliche Gemischtwarengeschäfte, Läden, die einschlägiges Arbeitsgerät anbieten, eine Freiluftmetzgerei und mehrere Buden mit Tischen und Stühlen. Hier kann man, wenn auch bescheiden, essen. An Getränken, besonders an alkoholischen, fehlt es in Socroto nirgendwo.

Aber man erkennt auch, auf was die vier- bis fünftausend Bewohner Socrotos wenig Wert legen: es gibt keine Kirche, keinen Priester, keine Polizeistation und keine Ordnungshüter – die Gesetze Gottes und des Staates sind hier nicht gefragt.

Zu Juca ist unterdessen ein Bekannter herangetreten, der gestern zufällig nach Socroto kam und das Smaragdnest heute wegen des Hochwassers nicht verlassen konnte. Der Mann sieht aus wie ein nobler Portugiese, ist hochgewachsen, etwa 40 Jahre alt, städtisch gekleidet und von guten Manieren. Juca stellt ihn als den eigentlichen Besitzer des gesamten Gebietes in und um Socroto vor. Er heißt Carlos Gonçalves und ist ein Nachkomme jener Großgrundbesitzer, die vor 50 Jahren den Banditen Virgoline Ferreira Lampião jagen ließen.

Gonçalves erzählt, er wisse weder, wer auf seinem Land den ersten Smaragd gefunden habe, noch könne er in irgendeiner Weise seine Ansprüche gegenüber den Garimpeiros geltend machen; vielmehr müsse er froh sein, hier überhaupt geduldet zu werden.

Carlos Gonçalves ist nicht der einzige Landeigner, der seinen Besitz der Gewalt der Garimpeiros überlassen mußte. Was die Schatzsucher einmal besetzt haben, verteidigen sie notfalls auch mit ihren Waffen. Obendrein haben sich die Garimpeiros, von denen es über eine Million in Brasilien gibt, längst organisiert, ihre Lobby reicht bis in das Parlament der Regierungshauptstadt. Die Schatzsucher beuten zwar die Garimpos, die Claims, unsystematisch, wenig wirtschaftlich und mit fast chaotischen Methoden aus, aber gegen Besitzansprüche des Staates oder privater Eigner verteidigen sie ihre Interessen als eine straff organisierte Gemeinschaft. Die Machtlosigkeit des Staates gegen die Landbesetzungen der Garimpeiros führte erst kürzlich ein gescheiterter Einsatz von Soldaten deutlich vor Augen: Auf Gouverneursbefehl stürmte das Militär die größte Goldgrube Brasiliens, die *Serra Pelada*, in der bis zu 50000 Garimpeiros in der Erde des Staates schürfen. Über 300 Goldsucher sollen dabei erschossen worden sein, und dennoch mußten die Soldaten schließlich der zahlenmäßigen Übermacht weichen und der Gouverneur seinen Posten räumen. Freilich müssen die Garimpeiros ihren Einfluß mit Schmiergeldern an Provinzpolitiker bis hinauf in hohe Ämter der Bundesregierung stets aufs neue erkaufen.

Uns bestaunt mittlerweile eine Schar von kleinen Kindern. Viele von ihnen haben offensichtlich noch nie Fremde wie uns gesehen. Von Juca erfahren wir, daß unzählige Knirpse von Vater und Mutter einfach zurückgelassen worden sind. Sie werden nun mal von der einen, mal von der anderen Familie versorgt.

Sobald sie aber arbeiten können, müssen sie zum Unterhalt ihrer Gastfamilien beitragen.

Die meisten Männer, die wir sehen, passen in unsere Vorstellung über das Aussehen von Cangaceiros. Ihre verwegenen, unrasierten Gesichter spiegeln die vielen Hautfarben wieder, die aus der Vermischung zwischen Weißen, Indianern und Schwarzen hervorgingen. Die ehemaligen Kolonialherren, die Portugiesen, hatten wohl nie ein wirkliches Rassenvorurteil. Für sie waren die Sklaven lediglich billige Arbeitskräfte, woher sie auch immer kamen. Viele Farmer hielten sich eine Schwarze als Geliebte und Sklavin zugleich. So mußten Arbeitskräfte oft nicht mehr ersteigert werden – sie wurden als Kinder der Fazendeiros, ihrer Vorarbeiter oder Vaqueiros auf die Welt gebracht.

Ein Mann mit einem Galgengesicht setzt sich zu uns, unrasiert, schwarzer Lederhut, im Mund noch einen einzigen Zahn. Er bietet uns *Cangas* an, Rohsmaragde minderster Qualität. Juca will eingreifen, aber wir wehren ab. Das Feilschen macht uns viel Spaß, besonders, wenn das Galgengesicht seine Steine preist – er konnte sie sicher nirgendwo sonst loswerden – und bei seinem hoffnungslosen Grinsen immer wieder der eine Zahn zum Vorschein kommt. »Fast alles, was es hierher verschlägt und nicht in den Gruben arbeitet, ist Gesindel«, bemerkt Juca, »was glauben Sie, wieviele von diesen Leuten von der Polizei gesucht werden – die es in Socroto natürlich nicht gibt.«

Kurz vor zwei Uhr bezahlen wir unser Essen und machen uns abermals zum Schacht von Demilvão auf. Der Chef fährt diesmal als erster ein, dann seine Mannschaft und zuletzt wir, dieses Mal mit eigenem Licht. Zusammen mit den Tongeräten und der Kamera verpackt, vertrauen wir die Ausrüstung der Garotte an, einem aus abgefahrenen Autoreifen gefertigten halbrunden Behälter, in dem normalerweise das Gestein hochgeseilt wird. Die Einfahrt ist für uns auch jetzt noch ein Abenteuer.

Unten empfangen uns Edoardo und die schweißtreibende Luft, die zudem noch mit Rauchschwaden von der Sprengung her angereichert ist. Als wir das Ende des Querstollens erreichen, sehen wir Demilvão mit Meißel und Hammer – allem Anschein nach hat das Dynamit eine Ader zum Vorschein gebracht. Demilvão schlägt das Smaragdgestein persönlich heraus, aus demselben Grund, weshalb er nach der Sprengung auch als erster hinuntergestiegen ist: Zu leicht könnten sich sonst seine Männer den einen oder anderen Smaragd in die eigene Tasche stecken.

Nach Wochen ist Demilvão endlich wieder auf eine ergiebige Ader gestoßen, er zeigt uns im Schein einer Glühbirne daumengroße, grün leuchtende Einschlüsse im schwarzen Gestein. Demilvão schlägt immer mehr dieser mit Chromtrioxid – daher die grünliche Farbe – verunreinigten Kristalle aus der Ader, bis sie taub wird. Mit einer Schale voller Smaragde eilt er dann an das Seil, er wird den teuren Fund schnellstens in die Landeshauptstadt Salvador schaffen, um sie dort für einige tausend Dollar an den Mann zu bringen. Das Geld, so erfahren wir spä-

10 José da Silva Marques, kurz Juca genannt, der Grão Senhor des Edelsteinmarktes, begutachtet einen Smaragd.

ter, braucht Demilvão dringend, um seine Leute und die Hinterbliebenen von zwei Arbeitern zu bezahlen, die 14 Tage vorher im Schacht verschüttet wurden.

Wir bleiben noch bei den Arbeitern, obwohl uns das Atmen schwer fällt. Die einen fahren den Sprengschutt mit Schubkarren zu den Garotten, die anderen setzen den Preßlufthammer dort an, wo Demilvão den letzten Smaragd herausgeschlagen hat. Vor dem Staub, den der ohrenbetäubende Preßlufthammer aufwirbelt, schützen sich die Männer mit einem Tuch vor dem Mund. Wir haben selbst einen solch einfachen Atemschutz nicht dabei, beginnen zu husten und müssen zurück. Mit jedem Meter, den uns das Seil höher bringt, wird die Luft besser. Oben angelangt, ziehen wir uns die durchgeschwitzten Hemden und Hosen aus und erholen uns in der Sonne. Helmut, unser Tonkollege, holt sich trotzdem eine Lungenentzündung, die ihn an das Bett binden wird.

Wenn Demilvão unterwegs ist, sorgt Edoardo dafür, daß der Sprengschutt mit den Garotten nach oben geht. In ihm werden in der Regel weitere Smaragde gefunden, nur nimmt man sich in der schrecklichen Luft des Querstollens nicht die Zeit, um nach ihnen zu suchen. Hier oben aber, in der angenehmen Kühle des Schachtdaches, können die Arbeiter in aller Ruhe das Gestein sortieren. Sie entleeren die Garotten in ein flaches, holzgerahmtes Sieb und schütten Wasser über den Sprengschutt. Nasse Rohsmaragde sind leichter auszumachen, weil sie glänzen. Was im Sieb gefunden wird, teilt Demilvão mit seiner Mannschaft. Später finden die Männer noch drei kleinere Smaragdeinschlüsse.

Vor dem Schacht warten Frauen und Kinder auf den aussortierten Schutt – alles, was die umzäunte Grube über eine Blechrutsche verläßt, gehört nach alter Tradition ihnen. Sie füllen ihre mitgebrachten Säcke voll und schleppen sie zu ihren Stammplätzen auf dem täglich anwachsenden Schotterfeld. Dort zertrümmern sie das Gestein, in der Hoffnung, daß die Garimpeiros den einen oder anderen Smaragdsplitter vielleicht übersehen haben. Monoton klopfend und hämmernd, hocken sie mit ihren Kindern tagaus, tagein auf den Steinhügeln. Ihre Geduld wird allerdings nur selten mit einem Fund belohnt.

Aber auch die Steine, die sie zertrümmert haben, finden noch Abnehmer – Familien, die sich schon mit dem Fund grünfarbener Einschlüsse begnügen und diesen Ausschuß an Indios zur Schmuckherstellung verkaufen. So kommt allzuoft angeblich indianischer Türkisschmuck auf den Markt, der gar keiner ist.

Wir sind wieder im Dorf zurück, wo uns Don Carlos die Räume eines leerstehenden, gemauerten Hauses zeigt. Sie machen einen soliden Eindruck, also mieten wir die Unterkunft und holen die restliche Ausrüstung aus dem Jeep. Während wir im Schacht waren, hat Don Carlos ihn über den abschwellenden Bach gefahren. Wir trinken mit dem Grão Senhor, mit Juca, noch ein Bier, dann fährt ihn Don Carlos zurück auf die Ranch.

Um sechs Uhr bricht die Dunkelheit über Socroto ein. Der Tag war anstrengend, wir machen uns auf den Weg zur Unterkunft, rollen die Schlafsäcke auf dem Betonboden aus und schlüpfen hinein. Bei Sonnenaufgang, gegen fünf Uhr morgens, beginnt der Alltag in Socroto, dann müssen wir wieder auf den Beinen sein. Unsere Unterkunft entpuppt sich aber bald als eine feuchtheiße Herberge für Mücken und allerlei anderes widerwärtiges Getier. Am Tage, als es draußen heiß war, wirkten die Räume hell und trocken, doch jetzt beneiden wir die Menschen in den primitiven Lehmhütten und ahnen auch, weshalb unsere Unterkunft leer stand.

Wir cremen uns mit einem Mückenmittel ein, was zwar die Mosquitos fernhält, die Flöhe aber keineswegs beeindruckt. So sind wir froh, als endlich der Morgen graut. Unser Plan, den Tagesbeginn in diesem Smaragdnest mit der Kamera einzufangen, wird jedoch von einer Horde zähnefletschender Hunde zerstört, die uns nicht vor die Türschwelle treten läßt. Die Hunde gehören niemandem und doch allen, sie werden im Dorf durchgefüttert, damit sie nachts den Ort gegen Fremde verteidigen. Als die Sonne durch die Wolkendecke bricht, werden die Hunde wieder friedlich, legen sich in den Schatten und sehen gelassen dem Treiben der Leute von Socroto zu. Wir verlassen unsere lausige Unterkunft, gerade als uns Don Carlos abholen kommt. Er sieht unsere zerstochenen Gesichter und entschuldigt sich mit einer wortlosen Geste, dann setzen wir uns an den Tisch einer Imbißbude und bestellen ein kräftiges Frühstück.

Roberto, ein dreizehnjähriger hellhäutiger Mestize mit einem schwarzen Lockenkopf, gesellt sich zu uns und schlägt ein Geschäft vor: Gestern abend sei ein guter Stein gefunden worden, den er kaufen wolle. »Hier kostet er 40000 Cruzados«, erklärt er, »wenn ich ihn nach Campo Formoso bringe, bekomme ich mindestens 50000.« Wir sehen Don Carlos fragend an, unser »Leibwächter« grinst wohlwollend. »Ich kann auch mit den Männern hier poolen«, sagt Roberto, »die haben aber nicht viel Ahnung von den Steinen und die lassen mich nicht verhandeln.« Roberto trägt den Handel wie ein Geschäftsmann vor, der sein Fach kennt. Wir *poolen* mit ihm, das heißt, wir schießen Geld zu und hoffen, daß er mit dem gelieferten Startkapital einen möglichst hohen Gewinn für sich herausholt. 10000 Cruzados besitzt Roberto selbst, das Dreifache legen wir dazu – insgesamt verfügt er über umgerechnet etwa 400 Mark. Der Junge rollt die Scheine zusammen und verabschiedet sich. »Wenn der Stein wirklich gut ist«, ruft ihm Don Carlos nach, »dann kannst Du ihn auch zu Juca bringen.«

Wir gehen wieder zu den Gruben hinunter. Noch bevor wir sie erreichen, dringt uns das Steinehämmern der Frauen und Kinder ans Ohr. Eine größere Gruppe von Männern hat sich vor einer Grube um einen Mann geschart, der eine Schrotflinte trägt und über der Schulter eine Reihe toter Vögel hängen hat. Der Jäger erzählt, wie wir vermuten, eine spannende Geschichte, doch als wir näher kommen, sehen wir, daß die Gesichter der Zuhörenden ernst sind und Besorgnis ausdrücken.

Don Carlos nimmt sich einen Mann zur Seite, und was der berichtet, hört sich wie ein guter Stoff für einen Western an: Der Jäger habe Banditen gesehen, angeblich dieselben, die vor einer Woche die Amethystgruben am São Francisco-Fluß überfallen haben. Man sei unschlüssig, ob die Cangaceiros es wagen würden, sich mit Socroto anzulegen. Der Mann, mit dem Don Carlos spricht, will sich jedenfalls von seinem Bruder, der in Campo Formoso bei der Polizei arbeitet, eine Maschinenpistole leihen. Nach einer Weile löst sich die Versammlung auf. Sicher werden sich die Männer jetzt ihre Waffen holen, bevor sie die Gruben aufsperren. Unsere ursprüngliche Absicht, auf die gegenüberliegende Bergspitze zu klettern, um eine Totale von Socroto zu schießen, geben wir auf, als wir Don Carlos' Gesicht betrachten, das seine Ansicht über dieses Vorhaben deutlicher ausdrückt, als dies Wörter könnten. »Es ist besser, wenn wir aus Socroto rauskommen«, sagt er endlich, »es wird nicht lange dauern, bis ein Unwetter aufzieht, das die Gruben unter Wasser setzt und den Bach wieder unpassierbar macht!« Also verlassen wir Socroto noch an diesem Morgen.

Das Unwetter holt uns auf halbem Weg nach Campo Formoso ein. Der Jeep hat zwar die Bäche bewältigt, aber als ein Bus mit gebrochener Achse die Straße versperrt, kommt er nicht weiter voran. Don Carlos steigt aus und sucht nach einem Ausweg, einem Remédio. Er kommt mit Roberto zurück, dem der Bus einen schlechten Start in das Geschäftsleben beschert hat. Roberto steigt durchnäßt in den Jeep, und Don Carlos legt den Rückwärtsgang ein. Nach vielleicht 200 bis 300 Metern zeigt Roberto auf einen schmalen Weg, der in den Wald führt: »Das ist die Umleitung«, sagt er.

Eine Stunde später steigt Roberto mit dem Smaragd in der Hosentasche in Campo Formoso aus. Don Carlos fährt weiter, um uns in das Gästehaus einer Chrommine zu bringen, die Bayer do Brasil gehört. Die Fahrt dorthin wird noch 20 Minuten dauern.

In Campo Formoso sitzen die Aufkäufer, die Zwischenhändler des Edelsteingeschäfts – gewissermaßen die Börse der Schatzsucher –, die die Einstandspreise bestimmen. Der Gewinn aus dem ungleichen Geschäft wird rasch außer Sichtweite der Garimpeiros gebracht, die nicht erfahren sollen, wie sehr sie geschröpft werden. Die Zwischenhändler bauen ihre Villen weitab an der Ostküste, dort, wo ihre Kundschaft für den hochkarätigen Handel sitzt, die Großabnehmer. Aber auch die sind nur ein weiteres Glied in der langen Kette des Edelsteinmarktes: Bis ein Rohsmaragd aus Socroto geschliffen und gefaßt in glitzernden Schaufenstern zum Kauf verführt, hat sich sein Preis durch seine Bearbeitung und die vielen Zwischenhändler vervielfacht.

Auf dem Marktplatz von Campo Formoso, gleich neben den Ständen der Gemüse-, Kleider-, Lebensmittel- und Fleischverkäufer, sitzen die Smaragdhändler mit Lupen und Waagen an ihren Tischen, den Revolver in der Schublade. Sie prüfen und sortieren die Steinchen, die von Claimbesitzern, Garimpeiros, Mineiros oder Dieben angeboten werden. Der Handel floriert nur in den Morgenstunden, denn die Verkäufer wollen sich noch auf den Marktständen Campo Formosos eindecken, die bereits gegen Mittag abgeräumt werden, und die Händler wollen die wenigen wertvolleren Steine noch bei Tageslicht nach Salvador schaffen, das eine Metropole des Zwischenhandels ist.

Die kleineren Smaragde werden in die Schleifereien Campo Formosos gebracht. Sie finden sich meist in den Hinterhöfen, die Zugänge führen über verschachtelte Hausgänge und sind zudem bewacht. Dennoch gelingt es den Cangaceiro-Banden immer wieder, sich den Weg freizuschießen und die Schleifereien auszurauben. Die Beute mag für sie lohnend und für die Besitzer ein großer Verlust sein, aber auf dem Schwarzmarkt des Edelsteingeschäftes bringt der einfache ortsübliche Schliff nicht allzuviel ein. An Hochkaräter, also schwere und wertvollere Steine, wagen sich selbst die Schleifer in Salvador nicht heran, ihre funkelnden Facetten erhalten die wertvollen Smaragde erst in Belo Horizonte, dem Idar-Oberstein Brasiliens, das bei Rio de Janeiro liegt.

Wenn die Marktstände abgebaut werden, beginnt das Geschäft mit dem Mittagessen. Fahrbare Grillbuden werden auf den Platz geschoben, Tische und Stühle hinzugestellt. Wir setzen uns und bestellen das einzige, was angeboten wird: *Churrasco*, Grillfleisch.

Roberto hat uns entdeckt und kommt auf uns zu, doch keineswegs freudestrahlend, so daß wir unseren Kredit schon abschreiben wollen. Der Junge ist schlechter Laune: Er hat Ohrenschmerzen. Wir wollen ihn aufmuntern und schieben ihm einen Stuhl zu, auf den er sich setzt. Aus der Tasche kramt er drei mit Gummibändern zusammengehaltene Geldbündel hervor und legt sie auf den Tisch: »Sechzigtausend hat der Stein gebracht«, sagt er, »ich habe alles schon aufgeteilt.« Wir zählen die Scheine nach und schieben ihm den Gewinn zu, aber er nimmt das Geld erst an, als wir ihn bitten, »unseren« Gewinnanteil in das nächste Geschäft zu investieren. Während des Essens erzählt er von seiner Familie: Er habe neun Brüder und Schwestern, dazu 27 Halbgeschwister, sein Vater sei zum sechsten Mal verheiratet und habe vor ein paar Wochen einen Claim in Socroto gekauft. Das Geld dafür hätten sein Vater und er in einer Goldgrube verdient. Don Carlos horcht auf und fragt erstaunt: »Wo soll die sein?« »Hier um die Ecke«, antwortet der Junge, »auf dem Berg hinter Pindobaçu! Oder hätte ich das nicht sagen sollen? Der Ort heißt Campo d'Oro, Goldcamp.«

Am nächsten Morgen wollen wir eigentlich wieder nach Socroto, doch es hat die Nacht durch geschüttet, und Don Carlos ist überzeugt, daß der Bach vor dem Smaragdnest wieder Hochwasser führt. So fahren wir statt dessen nach Campo d'Oro.

Noch bevor wir Pindobaçu erreichen, den Ort vor Jucas Fazenda, biegt der Jeep in einen versteckten Waldweg ein, der sich in vielen waghalsigen Kurven den Berg hochwindet. Wo der Wald aufhört, herrscht dichter Nebel, die Scheinwerfer des Jeeps tasten sich langsam über den steilen felsigen Aufstieg nach Campo d'Oro hoch. Kurz vor der Bergspitze setzt ein kräftiger Wind ein und treibt Nebelfetzen über die armseligen Palmwedelhütten der Goldgräber.

Schon in den dreißiger Jahren wurde hier Gold gefunden. Die Ausbeutung der Vorkommen lohnte sich aber damals kaum, weniger, weil Methoden und Gerätschaft der Garimpeiros zur ergiebigen Förderung nicht ausreichten, als vielmehr wegen all der Goldminen des Nordeste, in denen das begehrte Edelmetall weniger aufwendig zu gewinnen war. Campo d'Oro geriet in Vergessenheit und wurde erst ein Jahr vor unserem Besuch von Garimpeiros wiederentdeckt, die in Socroto gescheitert waren. Sie besetzten die goldadrige Bergkuppe und vertrieben die Pistoleiros, die der Besitzer hochschickte, mit Waffengewalt. Die Niederlage der Pistoleiros wurde ebenso vertuscht wie die Wiederentdeckung der Goldader.

Nach der erfolgreichen Verteidigung teilten die Garimpeiros die Claims untereinander auf, doch konnten sie sich weder Arbeitsgerät noch Unterhalt leisten. Sie verpachteten ihre mit dem Schießeisen erworbenen Schürfrechte und schuften seither auf ihrem eigenen Besitz als billige Tagelöhner.

Campo d'Oro ist das armseligste Nest, das wir je gesehen haben: Familien wohnen in winzigen Hütten aus Palmwedeln, durch die nachts der kalte Wind pfeift; in Decken gehüllt, schlafen sie auf feuchtem Lehmboden. Ihr gesamtes Hab und Gut erschöpft sich meistens in einem geflickten Plastikkoffer, in dem einige Kleidungsstücke und vergilbte Fotos aus besseren Zeiten liegen.

Tagaus, tagein essen sie die billigste Kost – Reis und Bohnen. Im Camp grassieren Lungenentzündung, Krätze, Keuchhusten und alle möglichen Wurmkrankheiten. Außer Gold gibt der Berg allenfalls noch Wasser her, alles andere muß auf dem mühsamen Weg von Pindobaçu heraufgeschleppt werden. Das einzige, was hier oben auf unser Jahrhundert aufmerksam macht, sind die lauten Benzinmotoren der Maschinen, die das goldhaltige Gestein zu Pulver mahlen. In einem verwirrenden Netz hölzerner Wasserrinnen wird dann das Gesteinspulver durchgeschwemmt. Auf den Rinnenböden sind aus Jutesäcken geschnittene Streifen genagelt, in denen der Sand mit den noch schweren, schier unsichtbaren Goldpartikeln hängenbleibt. Bis es zu dieser ersten Wäsche kommt, haben die Garimpeiros schon einen halben Arbeitstag hinter sich: Zuvor muß das Gestein aus dem Fels herausgesprengt, die Brocken müssen mit Händen aus der Sprenggrube hochgeworfen, in den Schubkarren gestapelt und bis zu den Mühlen gefahren werden – eine höllische Schweißarbeit. Die Gesichter der Arbeiter strahlen dennoch

Optimismus aus – ihre Plackerei bringt ihnen zwar nicht viel, dafür aber sicheres Geld. Ein Schürfer kommt monatlich auf umgerechnet 30 bis 40 Mark. Für diese Männer ist Campo d'Oro nur eine Etappe auf dem Weg, ihren Traum vom großen Reichtum Wirklichkeit werden zu lassen. Sie hoffen, hier soviel Geld sparen zu können, um – wie auch Robertos Vater – in das Smaragdabenteuer zurückkehren und sich einen eigenen Garimpo anschaffen zu können.

Die zweite Hälfte des Arbeitstages kostet weniger Muskelkraft, ist dafür aber unendlich mühselig. Die Bodenrinnen müssen herausgenommen und der Sand muß aus den Jutefasern in große Wasserkübel gespült werden, damit sich Sand und Goldpartikel vom verbliebenen Schmutz trennen und auf den Boden sinken. Dann beginnt die Wäsche aufs neue, die Bretter mit den Jutestreifen müssen wieder in die Holzrinnen geschoben, das Gesteinspulver von den Mühlen zu den Rinnen geschleppt, aufgeteilt und mit dem Wasserschlauch durchschwemmt werden – ein Kreislauf, der sich bis zum Anbruch der Dunkelheit endlos wiederholt.

Nur der Goldwäscher hat es leichter. Für die einfachen Garimpeiros ist er ein Zauberer, der aus dem Sand das unsichtbare Gold hervorholt. Die Prozedur ist in der Tat faszinierend: Zuerst schüttet der Goldwäscher das Schmutzwasser aus den Kübeln und schöpft dann den auf dem Boden liegenden Sand in seine Schüssel, gibt wieder ein wenig Wasser dazu und entfernt den letzten Schmutz, indem er die Schüssel ellipsenförmig schwenkt, so daß dabei das verunreinigte Wasser über den Rand abläuft. Das ist ein Geduldspiel, an dessen Ende in der Spitze der Schüssel die schwersten Sandkörner mit dem Gold übrig bleiben. Jetzt geht es darum, das unsichtbare Edelmetall herauszutrennen. Mit bloßer Hand wirft der Goldwäscher ein Quecksilberauge hinein, die schwabbelnde Blase bindet das gelbe Metall, wird herausgeholt und auf einem Eßlöffel zur Feuerstelle gebracht. Der »Zauberer« beugt sich über die Glut und bläst, bis die Flammen unter dem Löffel züngeln – der giftige Rauch, der beim Verdampfen des Quecksilbers entsteht, sorgt hier niemanden, es zählt nur das kleine Klümpchen Gold, das am Ende im Löffel übrig bleibt.

Um die Mittagszeit sind wir dann doch wieder in Socroto. Don Carlos verspricht uns ein Essen mit Vorspeise, Hauptgericht und Dessert. Wir staunen, daß er uns zu dem um diese Zeit menschenleeren Grubengelände führt, und gelangen zu einem überdachten Stollen, aus dem Küchengeräusche herausdringen. Die Lehmhütte entpuppt sich als ein Restaurante, der Schacht ist mit Holzbrettern dicht gemacht, rundum stehen Bänke und Tische. Für uns gibt es keinen Platz mehr, und während wir warten, erzählt man uns, daß die Besitzerin Mama Liza heißt, ursprünglich aus dem leichten Gewerbe kommt und den Aufstieg zur Wirtin einem Grubenbesitzer verdankt, der ihre Liebesdienste über seine finanziellen Verhältnisse hinaus in Anspruch genommen hatte. Als er nach mehreren Aufforderungen nicht zahlen konnte, hat sie ihm das Grundstück abgenommen und daraus ein gutgehendes Restaurante gemacht. Besonders die alternden Prostituierten, so erfahren wir weiter, suchen den Berufswechsel zur Wirtin geradezu, denn er bringt eine Altersversorgung, die sie sonst nicht hätten.

Nach dem Essen bitten wir Don Carlos, Robertos Vater aufzuspüren. Wir wollen den Mann kennenlernen, der sechs Frauen geheiratet, 36 Kinder gezeugt und sich jetzt in Socroto einen Garimpo gekauft hat.

Während Don Carlos auf der Suche ist, erleben wir ein abgekartetes Spiel: Pedro Miranda ist in Socroto eingetroffen, seines Amtes ein Steuereintreiber. Wir fragen uns, weshalb die Socrotoianer ihn nicht abgewiesen haben, denn strenggenommen, hat er hier nichts zu suchen: Socroto existiert offiziell überhaupt nicht. Pedro Miranda ist aber ohnehin nur gekommen, damit alles so bleibt, wie es ist, und dafür müssen zwar keine Steuern, wohl aber etliche Provinzpolitiker bezahlt werden. Diesen Handel erledigt Pedro auf seine Weise: Er geht von Schacht zu Schacht und schätzt die theoretische Steuer; die Maßstäbe, die er anlegt, sind freilich willkürlich. Sein Auftritt hier ist eine Art Show, um die Claimbesitzer unter Druck zu setzen, denn ganz freiwillig zahlen sie das Schmiergeld natürlich nicht. Irgendwo im Mittel zwischen theoretischer Steuer und vorhandener Bereitschaft, Geld locker zu machen, damit Socroto nicht auf die offizielle Landkarte gesetzt wird, einigt man sich schließlich.

Don Carlos hat in der Zwischenzeit Odalicio, den Vater Robertos, gefunden, ein sympathisches Schlitzohr, dem man den Hang zur leichten Lebensart sofort ansieht. 50 Jahre ist er alt und weiß tatsächlich von 36 Kindern, aber nur von fünf Frauen. Die letzte, die Mutter Robertos, die Odalicio im Stich lassen wollte, hat ihm Juca mit insgesamt neun Kindern nach Socroto nachgeschickt. Außerdem habe ihm Juca dringend geraten, endlich einmal die Finger von anderen Frauen, vom Alkohol und vom Kartenspiel zu lassen – und mit einem Partner zu arbeiten, damit das geschäftliche Risiko überschaubarer werde. Odalicio sieht aber nicht so aus, als ob er schon alle Laster abgeschüttelt habe. Einen Geschäftspartner hat er jedoch schon.

Am späten Nachmittag tauchen die weniger netten Leute in Socroto auf, man erkennt sie sofort an ihren protzigen, goldenen Halsketten und Armbändern und an ihren Umhängetaschen: die Urubus, die Geier – Aufkäufer, die ihr Geschäft mit der Not anderer schließen. Sie kennen sich mit der Qualität der Rohsmaragde gut aus und sind auch mit der finanziellen Lage der Garimpeiros bestens vertraut. Sie setzen den Hebel bei den Grubenbesitzern an, denen das Geld fehlt, ihre Funde nach Campo Formoso zu bringen. Auf deren Besitz stürzen sie sich wie die Geier auf eine wehrlose Beute, schamlos wie Diebe, die einem Ertrinkenden noch die Taschen ausrauben.

Wenn der Tag zur Neige geht, kommt das andere Gesicht Socrotos zum Vorschein. Im Dorf gehen die tagsüber geschlossenen Fensterläden und Türen auf, Fernseher, Radios und Plattenspieler werden auf volle Lautstärke gedreht, und bisweilen stimmen auch noch sporadisch zusammengekommene Musiker in dieses Durcheinander aller nur denkbaren Programme mit ein: der Lärm ist unbeschreiblich.

Frauen und Kinder stehen vor dem Dorfbrunnen, der einzigen Wasserquelle, Schlange. Bis sie mit ihren Eimern an der Reihe sind, haben sie sich die Ereignisse des Tages erzählt. Die Männer hocken derweil an den Tischen der Bars und wenden sich dem Alkohol zu. An diesem frühen Abend gibt es dann noch ein Ereignis, das alle auf die Beine bringt. Drei Frauen prügeln sich um die Gunst nur eines Mannes. Sie ziehen sich an den Haaren und reißen an ihren Kleidern – eine schlägt sogar mit einer Holzlatte zu. Die Dorfbewohner scharen sich um die streitbaren Weiber und feuern sie an. Ihre Rufe übertönen sogar den Musiklärm. Als der Mann, um den es wahrscheinlich geht, die Frauen beruhigen will, bezieht auch er noch Prügel. Das Schauspiel endet schließlich ohne Verlierer und Sieger in vielen Wassereimergüssen, bis die Frauen sich mit zerfetzten und nassen Kleidern davonmachen.

Nach dem Essen zeigt uns Don Carlos eines der vielen Bordelle – es heißt »Toco do Urubu«, »Kralle des Geiers«. Der Laden ist prall gefüllt mit betrunkenen Männern und Frauen, die sich engumschlungen gegenseitig auf den Beinen halten. Auf dem Tresen stehen unzählige leere Flaschen, zu denen der Bordellbesitzer zufrieden lächelnd immer neue hinzustellt.

Die Mädchen, die hier ihren Körper vermarkten, genießen keinen schlechteren Ruf als die anderen Frauen in Socroto. Tagsüber helfen sie sogar in den Geschäften als Verkäuferinnen aus.

Solange die einschlägigen Etablissements über Kundenzulauf nicht zu klagen haben, geht es in Socroto noch nicht dem Ende zu. Immer mehr Garimpeiros strömen in die Bar und beginnen, sich um die Dirnen zu streiten. Plötzlich fallen nebenan Schüsse, doch der Bordellbesitzer zieht nur die Augenbrauen hoch und dreht die Musik noch lauter. Nur wir eilen hinaus, um herauszufinden, was geschehen sein mag, doch Don Carlos packt uns, und bevor er uns in den Jeep drängt, sehen wir durch einen Türspalt im Nachbarbordell einen blutüberströmten Mann auf dem Boden liegen. Don Carlos fährt los, er will das Risiko nicht eingehen, daß uns am letzten Abend in Socroto noch etwas zustößt. »In einer solchen Situation weißt du nie, wer geschossen hat«, sagt er uns, »wenn es ein Betrunkener ist, wird er noch so oft schießen, bis die letzte Kugel aus der Trommel ist – oder bis ihm ein anderer zuvorkommt.«

Am nächsten Morgen, auf dem Weg nach Salvador, von wo aus wir über Rio de Janeiro nach Deutschland zurückfliegen wollen, besuchen wir nochmals Juca auf seiner Farm, um uns zu verabschieden. Wir treffen ihn auf der Veranda, wo er gerade große Smaragde in eine kleine Waagschale legt. Neben ihm sitzt offensichtlich ein neuer Partner, der die teuren Steine mitgebracht hat. Wo hat er sie gefunden? José da Silva Marqués, kurz Juca genannt, der Grão Senhor des Edelsteinmarktes der Serra Jacobina, lächelt nur. Gibt es vielleicht einen neuen Fundort, von dem nur Juca und sein Partner wissen?

Der Zug nach Lashio

Erst einmal sind wir alle sprach- und ratlos. Mit einem überaus freundlichen, asiatischen Lächeln wartet ein Angestellter der Burma Airways mit einer unerfreulichen Nachricht auf: Der Weiterflug von Bangkok nach Rangun, der Hauptstadt Burmas, sei leider hoffnungslos überbucht. Die Reservierung in unseren Flugscheinen beeindruckt ihn überhaupt nicht. Es bleibt bei dem abweisenden Lächeln. Auch die Flüge der nächsten Tage sind aussichtslos überbucht, so daß selbst eine nicht eingeplante Besichtigung des thailändischen Bangkok unsere Aussichten auf Sitzplätze nach Burma nicht verbessern würde. Außerdem erwarten uns in Rangun die Kollegen der »Movie Picture Corporation« mit gemeinsam erarbeiteten und festgelegten Reise- und Drehterminen. Falls wir nicht rechtzeitig eintreffen, müssen diese geändert werden, was für die schwerfällige Bürokratie burmesischer Behörden ein größeres Unterfangen bedeutete.

Unsere Filmarbeiten sollen uns in die Monsun-Hochebene des *Shan*-Volkes führen, ein Gebiet, das seit über 40 Jahren für Ausländer gesperrt ist und über das man seitdem so gut wie nichts mehr erfahren konnte. Außer gelegentlichen Nachrichten über Zusammenstöße zwischen Soldaten und Opiumschmugglern oder Rebellen gibt es über den »Northern Shan State« nur die Berichte von Angehörigen der ehemaligen britischen Kolonialmacht Burmas, und wie man weiß, schrieben die Engländer allzugern mit eingefärbter Tinte.

Die Engländer herrschten über das »annektierte« Land an die 60 Jahre, eine für ihre Kolonialgeschichte vergleichsweise kurze Zeit. Mit ihrem Rückzug erhielt der Vielvölkerstaat Burma im Morgengrauen des 4. Januar 1948 die Unabhängigkeit zugesprochen. Die Macht übernahmen die marxistisch orientierten Führer des Freiheitskampfes, den sie 1942 zunächst an der Seite der Soldaten des japanischen Tenno, des Kaisers, gegen ihre Kolonialherren begonnen hatten.

1943 erklärten die Japaner das Land für unabhängig, stellten es aber in einem Atemzug unter ihre militärische Verwaltung. Um den Sieg betrogen, wechselten die burmesischen Freiheitskämpfer die Front und zogen mit den Briten, den Feinden von gestern, gegen die ostasiatischen Besatzer in den Krieg. Nach der japanischen Kapitulation im September 1945 dauerte es noch einmal mehr als zwei Jahre, bis den Burmesen die Selbstbestimmung zugesprochen wurde. Die neuen burmesischen Machthaber verordneten dem Vielvölkerstaat einen eigenwilligen Weg zum Sozialismus und führten das Land in eine selbstgewählte Isolation. Dabei ist es bis heute geblieben, auch wenn ein Volksaufstand, der sich nach unserem Besuch ereignete, neue Köpfe in die offiziellen Führungspositionen brachte: Im Hintergrund regieren weiterhin mit eiserner Faust die starken Männer der ersten Stunde, deren starrsinnige Doktrin die Wirtschaft des Landes in eine ausweglose Sackgasse geführt hat.

Burma, die ehemalige »Reisschüssel Asiens«, das buddhistische Land mit den vielen hunderttausend goldenen Pagoden, bleibt weitgehend in sich gekehrt. Besucher dürfen höchstens für 14 Tage einreisen und nur in sogenannte »touristisch erschlossene« Gebiete fahren. Diese Formulierung offenbart in verschlüsselter Form die tatsächlichen Kräfteverhältnisse im Vielvölkerstaat. Als »touristisch erschlossen« gelten jene Gebiete, die von der Regierung und nicht von den Rauschgiftbanden oder den Rebellen kontrolliert werden. Im Monsunhochland der Shan herrscht eine Balance zwischen diesen drei Kräften. Die Städte, die Asphaltstraßen und die Eisenbahnlinie sind tagsüber fest im Griff der Militärs, werden aber nachts von der sogenannten »Shan Liberation Army« verunsichert. Die verschlungenen Wege und Pfade im Landesinneren wiederum beherrschen die Opium-und Heroinschmuggler. Unsere Ausnahmegenehmigung zum Drehen in diesem an sich gesperrten Gebiet verdanken wir privaten Kontakten zu General Ne Win, dem starken Mann Ranguns, der seit Jahren am Tegernsee incognito Urlaub macht. Allerdings ist die Genehmigung mit der Auflage verbunden, die Politik des Landes in unserem Bericht auszusparen.

Eine halbe Stunde vor dem Abflug der Maschine nach Rangun steht fest, daß wir auf offiziellem Wege niemals Sitzplätze erhalten werden. Also greifen wir zu einem in Asien gängigen Hilfsmittel und kaufen einem Angestellten der Fluglinie die Bereitschaft ab, eventuell frei werdende Sitzplätze nicht der Warteliste zuzuschreiben, sondern für uns zu reservieren. Danach wenden wir uns an Passagiere, die so aussehen, als ob sie für eine ordentliche Geldsumme ihre Reise um ein paar Tage verschieben würden. Bei vier burmesischen Seeleuten haben wir Glück: Für je 100 Dollar treten sie ihren Sitzplatz zufrieden lächelnd ab.

In Rangun erwartet uns unser burmesischer Kollege U Myint Thein Pe noch vor der Paßkontrolle und nimmt uns alle Einreise- und Zollformalitäten ab. U Myint Thein Pe gehört dem Staatsvolk der *Burmanen* an, das dem Land auch den Namen gab. Deshalb nennen wir den Staat auch nicht Birma, wie man es oft in Deutschland liest, sondern entsprechend der offiziellen Schreibung Burma. *Burmesen* wiederum heißen alle Bewohner des Vielvölkerstaates, ungeachtet ihrer Stammeszugehörigkeit.

Die Burmanen stellen im Land eine Bevölkerungsmehrheit von etwa 15 Millionen Menschen, sie bilden die Regierung und sitzen in allen Schlüsselpositionen des Landes. Auch die 170000 Mann starken Streitkräfte Burmas rekrutieren ihre Soldaten vornehmlich aus dem Staatsvolk.

Nach etwa einer Stunde am Zoll beladen wir einen kleinen Laster. Die Ladefläche ist von schmalen Sitzbänken und einem aufgeschweißten Eisengerüst umsäumt, auf dem ein Blechdach befestigt ist. Als wir unser Gepäck verstaut haben, sehen wir uns um eine Flasche Whisky und eine Stange Zigaretten erleichtert, die wohl bei hilfreichen Händen im Flughafen hängengeblieben sind.

Mehrere Kontrollposten der Militärs passierend, nähern wir uns Rangun, der burmesischen Hauptstadt. Im rötlichen Licht der tiefstehenden Sonne leuchten auf einem Hügel die goldenen Kultdenkmäler, die *Stupas* der *Shwedagon-Pagode*, des größten Heiligtums der Buddhisten in Südostasien. Der Bau des goldenen Wahrzeichens von Rangun soll noch zu Lebzeiten von *Gautama Buddha*, des Glaubensgründers, begonnen worden sein. Nach der Legende wurde die Shwedagon-Pagode auf einem kleinen Tempel errichtet, unter dem Reliquien der Vorgänger Gautamas begraben lagen, die in das *Nirwana* eingezogen waren; Nirwana nennen die Buddhisten den paradiesischen Zustand zwischen Sein und Nichtsein.

Die außergewöhnliche Architektur des Pagodenkomplexes mit seinen bis zu 125 Metern hohen, goldenen Stupas, ist über 2500 Jahre hin vervollkommnet worden. Kein König Burmas ließ die Chance aus, sich mit prächtigen Aufbauten oder protzigen Ausbauten des Heiligtums großes Ansehen bei seinen Untertanen und zugleich Verdienste für sein nächstes Leben zu erwerben. Das übrige Rangun steht in krassem Gegensatz zu der goldenen Pracht seiner Pagoden. Die einst schmucken viktorianischen Bauten aus der Kolonialzeit zeigen heute graue, schmutzige Fassaden, als ob sie seit dem Abzug der Engländer keiner Pflege, keines neuen Anstrichs mehr wert gewesen wären. Dennoch ist die Stadt voller Leben und Betriebsamkeit. Die bunt gekleideten Menschen strahlen Würde und Charme aus, aber was sich hinter ihrem Lächeln verbirgt, können wir nicht abschätzen. Am Rande der Dreimillionenstadt herrschen aber sichtbar Armut und Unzufriedenheit. Die Menschen wohnen hier in notdürftigen Behausungen, die man durchaus als Slums bezeichnen kann.

Im Morgengrauen des nächsten Tages verschlingt ein Flammenmeer über 4000 Holzbauten dieser Slums – wer hat das Feuer gelegt? Am späten Morgen sitzen wir wieder in einer Maschine der Burma Airways, begleitet von U Myint Thein Pe, seinen beiden Assistenten und einem Sicherheitsoffizier. Wir fliegen nach Mandalay, der Hauptstadt des letzten Königreiches in Zentralburma. Dort wollen wir den Zug nach Lashio besteigen, der Endstation des Eisenbahnnetzes im Nordosten Burmas, etwa 130 Kilometer von der Grenze Chinas entfernt.

Im Landeanflug steuert der Pilot die Maschine über den gewaltigen Irrawaddy-Strom, dessen braune Wassermassen träge zwischen den ausgefressenen Uferböschungen dahinfließen. Der Fluß war und ist noch heute die Wirtschaftsader Burmas. Mit Menschen und Fracht voll beladene Schiffe quälen sich durch das anscheinend stehende Wasser.

Wo heute tausend Pagoden mit zum Teil goldenen Stupas stehen und kilometerlange, riesig hohe Palastmauern Zeugnis für das prunkvolle, aber kurzlebige Königreich ablegen, herrschte noch Mitte des

11 Der gewaltige Irrawaddy ist immer noch die wirtschaftliche Lebensader Nord-Burmas.

18. Jahrhunderts das Gesetz des undurchdringlichen Dschungels. Auf dem Irrawaddy verkehrten, von Soldaten begleitet, die britischen Frachtschiffe bei Tag und Nacht. Sie hatten wertvolles Teakholz und kostbare Erze wie Zinn, Kupfer und Silber geladen. Die lärmenden Flußdampfer raubten König Mindon Min in seinen zum Fluß gelegenen Palastgemächern Nacht für Nacht den Schlaf. Seine Befugnisse reichten aber nicht aus, um die Nachtruhe gegen den Willen der britischen Händler wiederherzustellen. Der Buddhist Mindon Min beauftragte hinduistische Astrologen – den eigenen traute er nicht –, im Sternenhimmel nach einem Ausweg zu forschen. Sie rieten ihrem Gebieter, seine Residenzstadt Amarapura abzutragen und abseits des Irrawaddy, weitab vom

Lärm der britischen Frachter, eine noch prunkvollere Stadt zu errichten. Die Stelle, für die sich die Astrologen entschieden, lag im umwegsamen Dschungel.

Seit jeher hat sich der orthodoxe burmesische Buddhismus, der auch *Theravada-Buddhismus* genannt wird, hingebungsvoll der reinen Lehre Buddhas zugewandt, ohne jedoch den Glauben an die Geister- und Dämonenwelt aufzugeben, und bis in die Gegenwart hinein bestimmen die Astrologen die Daten für ein Ereignis auf die Minute genau, legen sie die Himmelsausrichtung und den Baubeginn einer Hütte ebenso fest wie diejenigen eines Palastes. Vom Familienfest bis zum Staatsereignis errechnen Astrologen den günstigsten Zeitpunkt aus dem Stand des kosmischen Gestirns, und ihr Einfluß reicht noch heute in alle Teilbereiche des buddhistischen Lebens hinein. So, wie auf Anraten der Astrologen Burmas Schritt in die Unabhängigkeit im Morgengrauen des 4. Januar 1948 vollzogen wurde, so schrieben sie auch 1858 Mindon Min die Erbauung der neuen Königsstadt bis in alle Einzelheiten vor.

Nach angeblich nur zwei Jahren Bauzeit war die goldene Stadt Mandalay errichtet. In einer prunkvollen Prozession zogen der Hof und die Bewohner Amarapuras in den »Zenit des Weltlichen« ein, in die »fünfte Zeitwende des Buddhismus«, wie Mindon Min verlautbaren ließ.

Als der Monarch 1878 den Blattern erlag, hinterließ er der Nachwelt nicht nur die prächtigsten Pagoden und Tempelbauten, sondern auch 53 Witwen, 44 Söhne und 62 Töchter; er hatte jedoch keinen Nachfolger für den Thron bestimmt. Der hinterlistige Sohn einer Nebenfrau, Thibaw Min, nutzte das Durcheinander des Erbfolgestreites: Er bestach eine Hundertschaft von Soldaten, drang mit ihnen in den Palast ein und ließ alle Männer und Frauen königlichen Blutes ermorden.

Der neue und zugleich auch letzte Herrscher Mandalays knüpfte Kontakte zu den französischen Kolonialherren in Indochina und versuchte, sie gegen die Briten auszuspielen – für die Engländer ein willkommener Vorwand, ihre Kanonenboote gegen Thibaw Min einzusetzen: Sie durchbrachen am 28. November 1885 die Sperre am Irrawaddy und nahmen noch in derselben Nacht den König mit seiner Gemahlin gefangen. Im Schutze der Dunkelheit setzten sie das Königspaar auf ein Schiff nach Indien. Damit war das Reich erloschen.

Am späteren Nachmittag, als die Hitze dem Drängen eines aufkommenden Windes ein wenig nachgibt, bringt uns ein Militärlaster zum Bahnhof von Mandalay. Wir fahren durch das Tor eines hohen Maschendrahtzauns, das von Soldaten gleich wieder verriegelt wird, geradewegs auf das Gleis zu, auf dem die beiden von uns angemieteten Waggons stehen. Der funkelnagelneue Salonwagen und der etwas ältere Liegewagen, eigens aus Rangun hierhergebracht, sollen uns für die nächsten 14 Tage eine Art Zuhause bieten. U Myint Thein Pe hat auch einen Koch engagiert, der Säcke voller Reis, Nudeln, Öldosen, Zucker und Brot in die Küche des Salonwagens bringt. Gemüse und Obst, aber auch Fleisch will sich der Koch unterwegs besorgen.

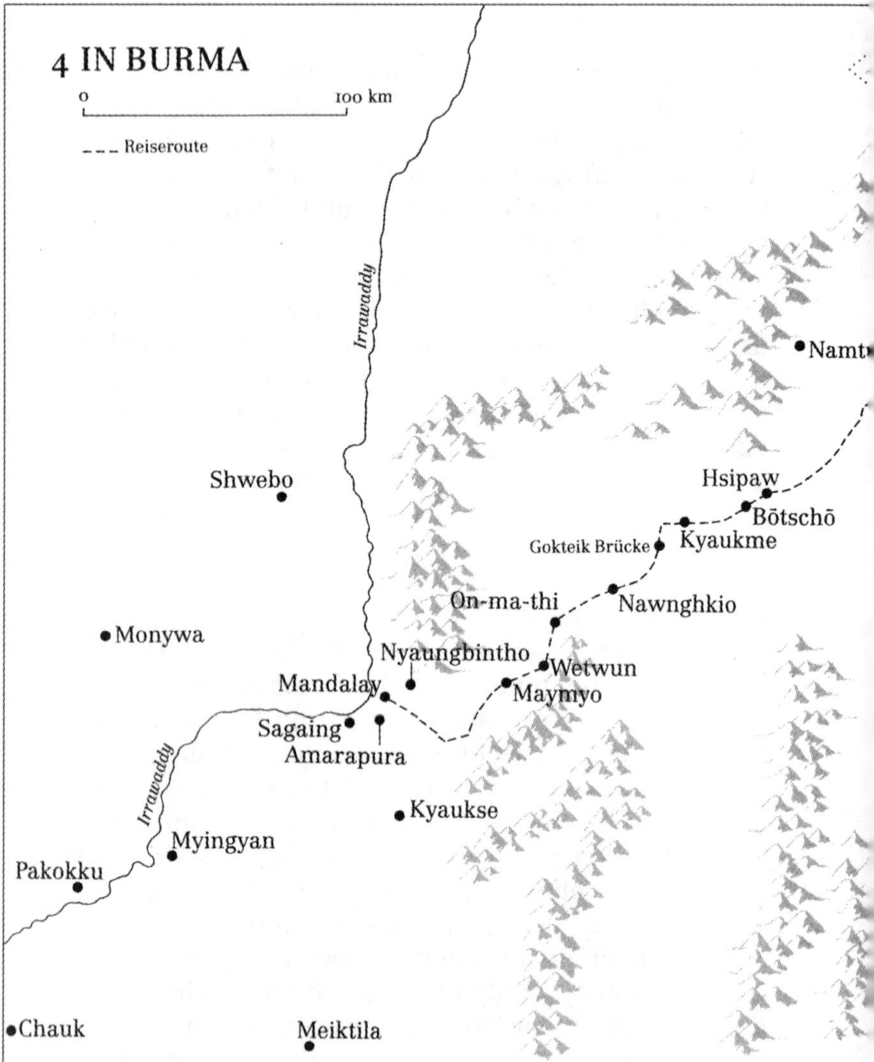
4 IN BURMA
0
100 km
Reiseroute
Irrawaddy
Namt
Shwebo
Hsipaw
Bōtschō
Kyaukme
Gokteik Brücke
On-ma-thi
Nawnghkio
Monywa
Nyaungbintho
Wetwun
Mandalay
Maymyo
Sagaing
Amarapura
Irrawaddy
Kyaukse
Myingyan
Pakokku
Chauk
Meiktila

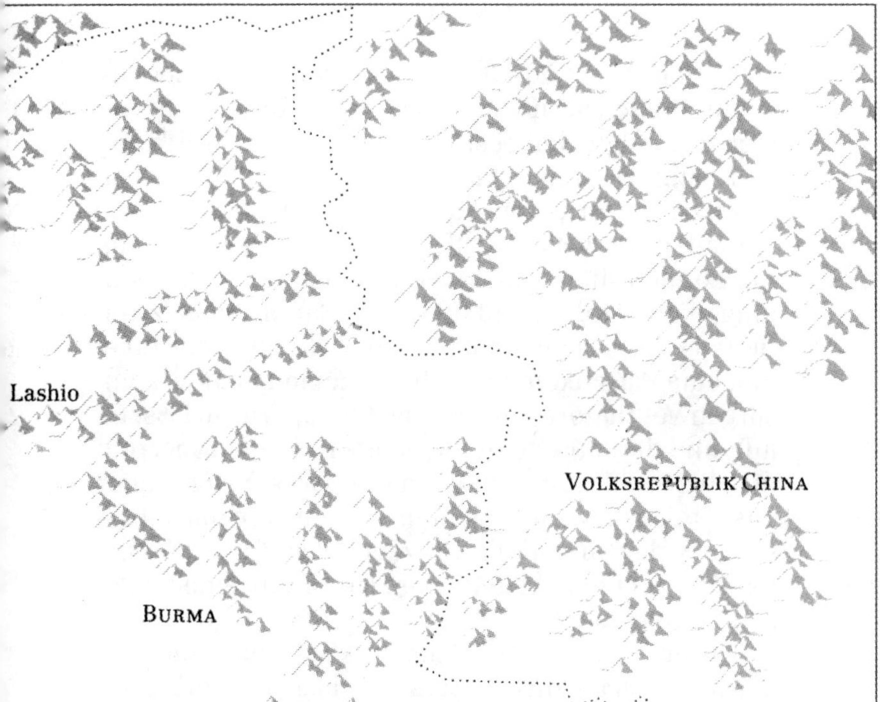
Lashio
Volksrepublik China
Burma

In dem von Südkoreanern gebauten »Schienenwohnmobil«, das normalerweise nur für höchste Regierungsmitglieder bestimmt ist, bietet das Eßzimmer acht Personen Platz und kann mit wenigen Handgriffen in einen halbwegs komfortablen Aufenthaltsraum verwandelt werden. Im nächsten Abteil können die Sitze und Rückenlehnen zu Liegen umgebaut werden, und im letzten Raum stehen zwei Betten mit Nachttischlämpchen, Kleiderschränke und eine Waschkommode. Im gesamten Salonwagen sorgen Ventilatoren für eine wohltemperierte Frischluft, und die stark getönten Fensterscheiben sperren die Hitze und natürlich auch die Blicke Neugieriger aus. Im Liegewagen richten sich unsere burmesischen Kollegen und ein Dutzend bewaffneter Soldaten ein. In einem Abteil haben sie bereits eine Funkstation aufgebaut.

Unser Sicherheitsoffizier erklärt uns nur zögernd, weshalb die Militärs uns begleiten müssen: »In letzter Zeit ist die Shan Liberation Army wieder aktiv geworden«, erzählt er, »wir wissen von unserem Geheimdienst, daß man eure Dreharbeiten nutzen will, um in die Schlagzeilen der Weltöffentlichkeit zu kommen.« Die Nachricht erschreckt uns, und wir machen uns Sorgen um unsere Sicherheit.

Noch am selben Abend versuchen wir, die Sachlage ungeschminkt zu erörtern. »Die lange Vorbereitung eurer Reise ist den Shan-Rebellen nicht verborgen geblieben«, berichtet der Captain, »und um euch die Dreharbeiten dennoch zu ermöglichen und gleichzeitig eure Sicherheit zu garantieren, sind etwa 1500 Soldaten abgeordnet worden. Sie werden für uns unsichtbar die Strecke absichern und stehen in ständiger Verbindung mit der Funkstation im Liegewagen.« Wir erfahren noch weitere Einzelheiten und verabreden, ab sofort täglich die aktuelle Lage zu besprechen.

Bevor die Reise in den »Northern Shan State« losgeht, schlafen wir noch eine halbe Nacht im Hotel. Der Zug fährt erst um fünf Uhr morgens ab.

Nach einer kurzen Nacht empfängt uns dann schon kurz nach drei Uhr morgens in der Halle und auf den Bahnsteigen ein reges Treiben, ein buntes Volk hat die Nacht zum Markttag gemacht. Im Schein von Glaslampen drängen die Menschen um mobile Garküchen und Bauchläden und bieten Dinge des täglichen Bedarfs an. Die meisten Händler haben ihre Waren auf dem Boden ausgebreitet und scheinen eher vom Tauschmarkt als von barer Münze zu leben. So bunt wie ihr Angebot ist auch das Aussehen ihrer Kunden. Hier im Bahnhof Mandalay bekommen wir einen kleinen Vorgeschmack auf den Vielvölkerstaat mit seinen mehr als 60 Stämmen sowie deren über 200 Dialekten und Sprachen. Neben den hellhäutigen Gesichtern der stets mit hellen Blusen oder Hemden sowie grellfarbenen Longyi-Röcken bekleideten Burmanen sehen wir die bärtigen, dunkelhäutigen Händler der *Surarti*, die mit bunt gekleideten *Shan* feilschen; die wiederum erkennt man an ihren breiteren Gesichtern mit den zierlich kleinen Tätowierungsstichen.

Die Angehörigen anderer Stämme können wir Europäer kaum mehr voneinander unterscheiden, da hilft uns auch der Nachhilfeunterricht U Myint Thein Pes nicht weiter. Die *Karen*, die *Chin*, die *Mon* oder *Kachin* sehen sich für uns so zum Verwechseln ähnlich wie ihre farbenprächtigen Kleider. Uns fallen noch Frauen mit vielen Halsringen auf, die zum Stamm der *Palaung* gehören. Mandalay ist zu einem Schmelztiegel für Angehörige vieler Stämme geworden, die hier ein friedliches Nebeneinander führen, weitab von den Fehden zwischen Staat und rebellierenden Völkern. Die zentrale Lage und die verkehrsgünstige Einbindung der letzten Königsstadt Burmas – hier trifft sich der Schiffahrtsweg des Irrawaddy mit einer Überlandstraße und der Eisenbahnlinie – machen Mandalay noch heute zu einem wichtigen Knotenpunkt des Handels. Mit dem Bau von Schiene und Straße begannen die Briten gleich nach der Gefangennahme König Thibaws Mins. Der koloniale Handel wollte möglichst rasch an die Reichtümer des Landesinneren heran, und außerdem wollten sich die Briten einen Hintereingang in die Provinz Hunan, die Schatzkammer Chinas schaffen – was ihnen aber nie gelingen sollte.

Am 5. März 1988, um fünf Uhr früh, die Nacht steht noch über Mandalay, signalisiert ein dreimaliges Pfeifsignal die Abfahrt des Zuges nach Lashio, an den mittlerweile auch unsere beiden Waggons angehängt sind. Mit schätzungsweise 50 Stundenkilometern – einer Geschwindigkeit, die wir auf der langen Reise nie wieder erreichen sollten – ziehen die Waggons an den Reisfeldern der Tiefebene vorüber. Schon nach kurzer Zeit verweisen die ausgeleierten Gleise die Kraft der Lokomotive in ihre Schranken.

Nach einer halben Stunde haben wir am Fuß der Shan-Berge die erste Station erreicht, auf der ein Grüppchen schlaftrunkener Menschen zusteigt. In den jungen Strahlen der Sonne, die den Bergspitzen ein weiches, goldfarbenes Licht verleiht, beginnt der Zug seinen Aufstieg zur Monsunhochebene des Shan-Volkes. Er bewältigt die etwa 1000 Meter Höhenunterschied in ungewöhnlicher Art und Weise: 22 Mal schaukelt er sich im Wechsel von Vorwärts- und Rückwärtsfahrt den Berg hoch. Die britischen Ingenieure haben sich seinerzeit den Ausbau von Kurven gespart und statt dessen 22 Weichen angebracht, über die die Lokomotive die Waggons erst einmal vorwärts zieht, um sie nach Umstellung der Weiche aufwärts zu schieben. Mit dieser Zickzackfahrt erreichen wir nach eineinhalb Stunden Maymyo, die erste Stadt auf der Hochebene – ehemals die Sommerresidenz der Briten und heute normalerweise die Endstation für ausländische Reisende.

Frühmorgens ist es auf dieser Höhe noch frostig kalt, die Passagiere hocken in Decken gehüllt und dicht gedrängt auf dem Bahnsteig und erwarten so die Ankunft des Zuges. Wer von Maymyo aus weiter fahren will, und sei es auch nur eine Station, benötigt eine schriftliche Genehmigung der Militärs, um sich die Fahrkarte kaufen zu können. Freilich öffnet der Fahrkartenschalter erst, wenn sich der Zug aus der Ferne mit einem Pfeifsignal ankündigt. Denn wann der Zug ankommt, gleicht einem Lotteriespiel: Laut Fahrplan sollen pro Tag zwei Züge eintreffen, doch in der Regel ist es einer – und nicht selten auch warten die Fahrgäste völlig vergebens. Die Shan scheinen ein geduldiges Volk zu sein, zumindest, wenn es um die Ankunft des Zuges nach Lashio geht.

In Maymyo erfahren wir, wieviel Platz sich in einem vollbesetzten Zug noch finden läßt. Eine nicht zu zählende Schar von Menschen drängt in die Waggons, beladen mit geflochtenen Körben, mit schweren Säcken oder Reisebündeln aus zusammengeknoteten Tüchern. Auch in ihrer Hast und Eile lächeln die Leute, es sieht aus, als ob ihr Sturm auf die Wagen eine Art Spiel wäre. Die Menschen kämpfen auch nicht um gute Plätze, sondern allein gegen die Ungewißheit über den Zeitpunkt der Abfahrt. Sie wissen, daß der Zug im Zweifelsfall auch ohne sie weiterfährt, also versuchen sie, möglichst schnell ihr Gepäck in die Türeingänge zu heben oder durch die offenen Fenster zu stopfen. Die Passagiere im Zug helfen dabei freudestrahlend mit. Ist das Gepäck erst durch die Fenster hineingereicht, folgen die Besitzer oft auf dem gleichen Weg.

Heute sind Eile und Hast unnötig, denn unsere Diesellok benötigt eine längere Atempause – sie hat sich auf dem Zickzackweg über den Berg verausgabt, die Motoren des alten Gefährts sind heißgelaufen. Über den Einfüllstutzen auf dem Dach der Lok werden die Motoren mit Wasser aus unzähligen Blechkübeln wieder auf Betriebstemperatur gebracht. Die Aufsicht führt ein untersetzter Mann mit einem rundlichen Gesicht – U Tuon Shein, der Lokomotivführer, der den Zug in Maymyo übernimmt. U Myint Thein Pe stellt ihn vor, worauf der quirlige Bahnführer uns zum Besuch des Fahrerstandes einlädt. U Tuon Shein spricht leidlich Englisch, kann es aber nur schwer verstehen. Er ist sechzig Jahre alt und hat schon unter den Briten Kohle in den Rachen der Dampfmaschine geschaufelt. Ungeachtet seiner Leibesfülle und seines Alters, klettert er flink zum Führerhaus hoch, wirft die Motoren an und betätigt das Pfeifsignal. Wir eilen zu unserem Waggon zurück und werden U Tuon Shein später nochmals besuchen.

Für die Menschen auf der Ebene zwischen den Shan-Bergen ist die Zugverbindung von großer Be-

12 Lokomotivführer U Tuon Shein hat schon vor 45 Jahren unter den Engländern Kohlen in den Rachen der Dampflok geschaufelt.

deutung, selbst wenn sie nur von einem Ort zum anderen wollen. Denn auf der einzigen Asphaltstraße fährt kein öffentliches Verkehrsmittel, sie ist den Militärs vorbehalten, und die wenigen privaten Fahrzeuge, die es überhaupt gibt, benötigen eine Ausnahmegenehmigung. Abends und nachts ist die Straße gesperrt. Kein Wunder, daß sich die Dörfer entlang der Eisenbahnlinie angesiedelt haben.

Der Zug ist so ziemlich die einzige Errungenschaft des 20. Jahrhunderts, die den Shan und den anderen Bewohnern der Hochebene nach dem Abzug der Briten geblieben ist. Alle andere Technik, auch der Ausbau einer ergiebigen Land- und Forstwirtschaft, sind schnell der Wirkung der staatlich verordneten Selbstisolation zum Opfer gefallen. Die Abgeschiedenheit von allen äußeren Einflüssen unterband den Handel mit anderen Staaten, stoppte Ersatzteillieferungen und sperrte jedweden industriellen Fortschritt aus. Den Shan blieb nur die Rückbesinnung auf ihre überlieferten Werte und Fähigkeiten. Sie gaben die Hoffnung auf eine materiell bessere Zukunft auf und wandten sich einer vom Staat unabhängigen Selbstversorgung zu. Was sollten sie mit dem Tee aus den riesigen Plantagen auch anfangen, wenn ihn niemand kaufen konnte? Was nutzten ihnen die vielen Rinder der Farmen, wenn die Regierung sie ohne zu bezahlen abholte? Also bestellten sie wieder den eigenen Acker, bauten eigene Kuh- und Hühnerställe und züchteten eigene Wasserbüffel.

Ihr fruchtbares Land bot aber auch Angehörigen anderer Stämme und Rassen Zuflucht und Auskommen, zum Beispiel chinesischen und indischen

Händlern, die der burmesische Weg des Sozialismus als »Kapitalisten« aus der Wirtschaft gedrängt und aus den größeren Städten vertrieben hatte. Hinzu kamen Menschen der ehemals kriegerischen *Wa*, die im Kampf um den lukrativen Anbau und Handel von Schlafmohn, also Opium, geschlagen und aus ihrem Stammesgebiet, dem *Goldenen Dreieck* im Grenzland zwischen Burma, Laos und Thailand, vertrieben worden waren. Auch *Gurkhas*, die legendären nepalesischen Elitesoldaten der Briten, schlugen sich bis auf die Hochebene durch. All diese Flüchtlinge bilden heute keine ethnisch geschlossenen Gruppen mehr, sondern haben sich unter dem gemeinsamen Dach des Buddhismus längst mit den Shan vermischt. Dies gilt jedoch nicht für die stolzen Burmanen, die von der Regierung in den »Northern Shan State« geschickt wurden und hier in den Parteibüros sitzen, die Verwaltungen führen, Garnisonen befehligen oder einfach für den Betrieb der Eisenbahn verantwortlich zeichnen.

Die Shan stellen aber weiterhin die Bevölkerungsmehrheit und erheben Anspruch auf einen unabhängigen Staat. Sie nennen sich selbst *T'ai* und stammen usprünglich aus China, wo sie ihre Eigenständigkeit nie der kulturellen Entwicklung des Landes unterwarfen und deshalb von den Chinesen zu »Barbaren« abgestempelt wurden. In der Mitte des siebten Jahrhunderts gründeten sie ihr erstes, aber zugleich auch einziges Königreich auf chinesischer Erde. Es konnte sich jedoch nicht lange behaupten, und mit seinem Untergang setzte eine über Jahrhunderte dauernde Verfolgung des T'ai-Volkes ein. Auf ihrer

Flucht spalteten sich die Shan, einige fanden im Südosten Chinas eine Bleibe, andere siedelten in Siam, dem heutigen Staat Thailand, oder eben in Burma, entlang der chinesischen Grenze bis hoch in den mittleren Osten.

Die T'ai beziehungsweise Shan machten sich in Burma nie Freunde, ihre Stammesführer mischten im Poker um die Macht stets mit blutigen Händen mit. So wurden die T'ai nach und nach in ihre Siedlungsgebiete zurückgedrängt, in die heutigen »Southern« und »Northern Shan States«, über die nicht sie bestimmen, sondern die Regierung in Rangun. Doch ihren Traum von der Selbstbestimmung haben sie noch immer nicht ausgeträumt.

Den Weg der »Shan Liberation Army« wollen indes nur wenige gehen, zu sehr ist die »Freiheitsarmee« in den Ruf geraten, sich mehr um das Rauschgiftgeschäft als um die Interessen ihres Volkes zu kümmern. In den Wochen vor unserer Anreise detonierten zweimal Bomben im Zug nach Lashio; dabei wurden 18 Insassen getötet, unter ihnen viele Shan.

Wir werden schon am ersten Tag unserer Bahnreise indirekt Opfer eines Attentats: Der Gegenzug ist auf eine Mine gefahren, die Strecke ist auf halbem Wege nach Lashio gesperrt.

Der Funkspruch erreicht uns kurz vor dem baulichen Höhepunkt der Bahnreise, der Gokteik-Brücke, die Nachricht hat auch unter den Soldaten Verwirrung und Sorgen ausgelöst; der Zug bleibt vorerst auf einer kleinen Station vor der berühmten Brücke stehen.

Während unser Sicherheitsoffizier in den Liegewagen zur Funkstation eilt, um dort Näheres zu erfahren und sich mit dem Kommandanten der Soldaten zu beraten, quellen die Reisenden förmlich aus den Waggons hervor – die Nachricht scheint sie keineswegs zu beunruhigen. Aus den einfachen Holzhütten, die an der Bahnstation stehen, kommen Kinder und Frauen gelaufen und bieten Wasser, Gemüse oder Obst feil. Das Geschäft mit dem Wasser ist den Kindern überlassen, die Ware wiegt zwar schwer, bringt aber wenig ein. Wir staunen, mit welchen Kräften die Kleinen die Kannen am Schnabel packen und vom Kopf heben, um den Kunden entweder die Plastikbecher zu füllen oder ihnen das Wasser über die Hände zu schütten. Trinkwasser kostet umgerechnet einen knappen Pfennig, Waschwasser das Doppelte. Kaum hat der Händlernachwuchs das Geld eingesteckt und noch nicht einmal die Kanne wieder auf den Kopf gestellt, da schreit er schon wieder: »jejameh« – »billiges Wasser zu verkaufen.«

Mittlerweile ist der Zug entvölkert, und die Gleise und Weichen der Bahnstation lassen sich unter den bunten Beinkleidern nicht mehr ausmachen. Über die Köpfe der Menschenmenge hinweg wandern wie von Geisterhand getragen große, flache Blechschüsseln mit Ananas, grünen Mandarinen, Bananen, Kirschen oder kandierten Aprikosen und Zwetschgen. Die Händlerinnen bahnen ihren Waren so den Weg zum Kunden.

Die Lokomotive pfeift, das Sicherheitsproblem scheint gelöst, und die Menschenmenge drängelt sich wieder in die Waggons. Als U Tuon Shein zum zweiten Mal pfeift, hat jeder einen Platz oder zumindest einen Griff gefunden, an dem er sich festhalten kann. Wie Trauben um den Stiel hängen sich die Menschen an die Wagen, die Fahrkartenkontrolle ist für die Schaffner, die es tatsächlich gibt, ein hoffnungsloser Fall. Die »first class«, die es gleichfalls gibt, ist einen Hauch weniger überfüllt als die »ordinary class«, die zweite Klasse. Außerdem gibt es noch die dritte, die kostenlose Klasse: die der Schwarzfahrer, die sich wie Freiluftakrobaten mit allem begnügen, was einen Halt bietet.

Der Zug fährt zur *Gokteik-Brücke*, die 750 Meter lang ist und unter der eine fast 300 Meter tiefe Schlucht gähnt. Kurz vor dem schwindelhohen Viadukt, das auf einer verwirrenden Konstruktion von eisernen Stelzen und Verstrebungen steht, bringt der Lokführer U Tuon Shein den Zug an einer Weiche zum Stehen, ein vorgeschriebener Test der Bremsen. Sollten sie einmal versagen, dann führe die Bahn über ein Nebengleis den Berg hoch, bis sie von selbst zum Halten käme. Das Manöver ist wegen der Altersschwäche der Brücke notwendig, sie darf nur im Tempo von fünf Stundenkilometern befahren werden. Bereits 1901 wurde sie in den Dienst gestellt.

Erst nach dem erfolgreichen Bremstest stellt ein Wärter die Weiche um und gibt den Weg in das Abenteuer frei. U Tuon Shein faltet dreimal die Hände zu einem Gebet, dann fährt er los: Die Spannung steht ihm ins Gesicht geschrieben, auf seiner Stirn – kleine Schweißperlen; obwohl er die Brücke wohl schon Hunderte von Malen überquert hat, ist jeder neue

13

14

13 Der Abstieg in die oft ungesicherten, über 100 Meter tiefen Smaragdgruben ist eine gefährliche Kletterei. Sprengmeister Edoardo erreicht die über 100 Meter tiefe Stollensohle über einen glitschigen Felsen.

14 Der Einstieg in den notdürftig gesicherten Querstollen ist für Franz Tartarotti nicht gerade ermutigend.

15

16

18

19

15 Odalicio, von fünf Frauen hat er 36 Kinder. Das »Garimpeiro«-Leben ist ihm in das Gesicht geschrieben.

16 Ein guter Smaragdfund ist selten. Je weniger Einschlüsse und je durchscheinender, umso wertvoller ist der Edelstein.

17 Der Schachtbesitzer, Demilvao, ist auf eine ergiebige Smaragdader gestoßen, die Schale füllt sich mit wertvollen Rohsmaragden.

18 Die einzige Wasserstelle Socrotos ist der Dorfbrunnen, und die einzige ständige Verbindung zum übrigen Brasilien knüpfen die Fernsehantennen.

19 Ein »Urubu«, ein »Geier«, wie die Aufkäufer genannt werden, hält Ausschau nach »Beute«.

20 (nachfolgende Seite) Campo d'Oro die Goldgrube nach einer Sprengung. Noch weiß niemand, ob goldhaltiges Gestein freigelegt worden ist.

DER ZUG NACH LASHIO

22

23

24

25

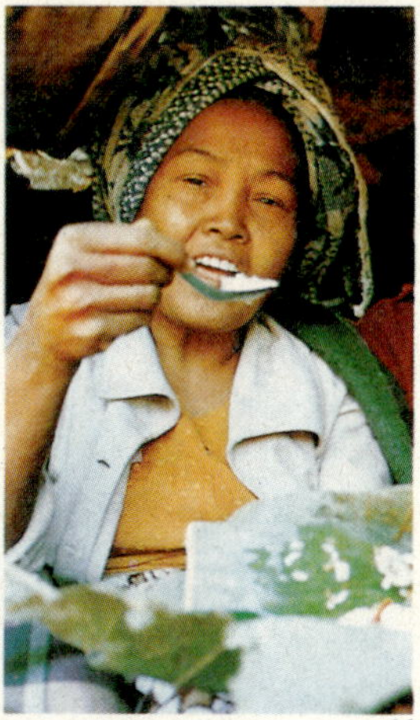

26

27

21 (vorletzte Seite)
Der Zug nach Lashio (Burma) überquert die Gokteik-Brücke; 1901 im Dschungel gebaut, 350 m hoch und über 700 m lang. Die »Garantie« des Bauwerks ist längst abgelaufen.

22–24 Der Zug mag noch so überfüllt sein, ein Plätzchen oder ein Griff zum Festhalten findet sich immer noch, wobei der gewöhnliche Einstieg für Reisegepäck und Passagiere die Fenster sind.

25 Die Bahnhofsgarküchen müssen sich stets an der chronischen Verspätung des Zuges orientieren, sonst bleiben sie auf dem Essen sitzen.

26 Die Passagiere werden auch am Fenster mit Speisen und Getränken versorgt.

27 Dieter Kronzucker in der »1. Klasse«, die höflichen Burmesen haben dem »European« einen Fensterplatz angeboten.

28

29

28 Buddhistische Mönche auf dem Wege zum Pagodenfest des Shan-Volkes.

29 Die goldene Shwe-Dagon-Pagode, das uralte Wahrzeichen Ranguns.

30 Das wichtigste Ereignis im Leben eines burmesischen Buddhisten ist eine erste Aufnahme als Kind im Kloster – und wenn sie nur ein paar Tage dauert.

30

Anlauf ein kleines Abenteuer. Der Viadukt ist ein Erstlingswerk der amerikanischen »Pennsylvania Railroad Construction«, im Auftrag der Briten entworfen und in nur acht Monaten Arbeit fertiggestellt. Hier, im tiefsten Burma, wagten sich die amerikanischen Ingenieure an eine neuartige Konstruktion heran – was hätte ihnen auch schon passieren sollen? Die Brücke ist im Krieg zweimal zerstört und wieder zusammengeflickt worden. Die Burmesen scheinen sich auch heute noch keine Sorgen wegen ihrer möglichen Baufälligkeit zu machen, schützen sie aber mit einem Minengürtel und einem Trupp von Soldaten gegen die drohende Gefahr der Sabotage durch Shan-Rebellen.

In Kyaukme (»Tschaumé« ausgesprochen), der ersten Stadt nach der Gokteik-Brücke, endet vorerst die Reise. Kurz hinter der Stadt muß die Mine den Gleiskörper zerstört und die Lokomotive des Gegenzuges umgeworfen haben, der Zugführer und sein Maschinist sind dabei schwer verletzt worden. Noch ist nicht abzusehen, wann die Strecke wieder befahrbar wird.

Wir fragen uns, wo die schätzungsweise 2000 Fahrgäste, die wir aus den sieben Wagen haben herausklettern sehen, einen Schlafplatz finden mögen – denn Hotels gibt es keine. Nach der Erfahrung von U Tuon Shein ist Kyaukme das Ziel von höchstens 500 Reisenden gewesen. Wo übernachten die übrigen? »Das ist ganz einfach«, klärt uns der wohlbeleibte Lokomotivführer auf, »irgendwie kommen sie ja zuerst vom Bahnhof weg. Sie sehen es ja selbst, wie die

13 Das Transportmittel der Shan – der Ochsenkarren. Mit ihm bringt ein Vater seine Kinder zum Pagodenfest von Bōtschō.

Leute in Fahrradrikschas steigen, auf die Ochsenkarren oder in die Kutschen. Und damit ist das Problem auch schon gelöst: Die Fahrer bringen sie einfach bei sich zu Hause oder bei der Verwandtschaft unter, und dafür verlangen sie nichts. Sie verdienen ja noch einmal, wenn sie die Leute zum Bahnhof zurückbringen.«

U Tuon Shein wird bei einem pensionierten Kollegen schlafen, der ihn vor 45 Jahren als Heizergehilfen zur Eisenbahn gebracht hat. Und wir haben ja unsere eigenen Betten mitgebracht. Aber aus der Übernachtung in den Waggons wird nichts: Der Anschlag auf den Gegenzug hat eine neue Situation geschaffen, die Sicherheitsvorkehrungen müssen verschärft werden. Der Liege- und der Salonwagen werden abgekoppelt, auf ein Nebengleis geschoben und von einem Trupp Soldaten bewacht; und uns bringen die Militärs in ihre Garnison.

Kyaukme, die größte Stadt des oberen Shan-Landes, liegt wunderschön von Hügeln und Bergen eingebettet, von deren Hängen und Höhen zahlreiche weiß gekalkte Klöster auf die Stadt herabblicken. Kyaukme zählt über 100000 Einwohner und hat seit zwei Jahren keinen Strom mehr. Als wir U Soemyind, den Kommandanten der Garnison, darauf ansprechen, tut er sich mit einer Antwort schwer. Erst schiebt er den Jammer auf die Verzögerungen beim Bau eines Elektrizitätswerkes. Doch woher kam dann der Strom bis vor zwei Jahren? »Aus Dieselaggregaten«, meint U Soemyind, »aber das ist zu teuer geworden.« Die Garnison ist von dieser Misere natürlich nicht betroffen, sie besitzt ein eigenes Kraftwerk.

Am nächsten Morgen erfahren wir eher zufällig, daß die Shan im etwa 40 Kilometer entfernten Botschó ihr größtes Pagodenfest ausrichten. Unser spontaner Entschluß, das Fest zu sehen und zu filmen, läßt sich freilich nicht ohne weiteres verwirklichen: Die Militärs benötigen erst einmal einen Tag, um die notwendigen Sicherheitsvorkehrungen zu treffen. Die Wartezeit nutzen wir, um uns Kyaukme anzusehen.

Das Stadtbild zeigt deutlich die Handschrift der Kolonialherren, die Kyaukme zur Metropole des Teehandels machten. Die Straßen sind großzügig angelegt, gesäumt von breiten Bürgersteigen und meist schmucklosen Häusern, mit hölzernen Giebeln und Balkonen, die da und dort mit geschnitzten Symbolen aus der reichen mythischen Fabelwelt der Burmesen verziert sind.

Das Geschäftsleben spielt sich auf den Gehwegen

ab. Zwischen Garküchen, Fruchtsaftständen, Fahrradwerkstätten oder den Tischen, hinter denen Karten- oder Handleser, Astrologen und andere Wahrsager hocken, breiten die Händler ihre Waren auf den Ladeflächen hölzerner Karren aus. Die Straßen teilen sich Radfahrer, Rikschas, Fuhrwerke, Pferdekutschen und Militärautos. Die Stadt lebt freilich nur zwischen Sonnenauf- und Sonnenuntergang, danach zieht sich alles mit Kerzen oder Gaslampen in die Häuser zurück.

U Soemyind zeigt uns die ehemalige Teebörse der Engländer. Der ergraute viktorianische Bau steht in Sichtweite des Bahnhofs und dient heute als Parteizentrale. Unweit davon findet sich das Auktionshaus, in dem früher täglich Tonnen von Tabak versteigert wurden, die dann mit dem Zug über Mandalay und Rangun den Weg zu europäischen Märkten fanden. Heute hocken in den Räumen Frauen und Kinder, die mit behender Fertigkeit *Tscheruts* drehen, die Nationalzigarette burmesischer Raucher. Die Tscheruts sehen aus wie graugrüne Zigarren, schmecken aber eher wie Zigaretten; auch sie sind aus der Not heraus wiedergeboren worden – wie so vieles in Burma – und stehen als Symbol für alles, worauf die Burmesen verzichten müssen: Tabak gibt es nämlich zur Genüge, doch es fehlt dem Land an Zigarettenpapier.

Am Nachmittag fahren uns die Soldaten zum Friedhof der Christen und Chinesen. Er breitet sich auf dem Rücken eines mächtigen Hügels aus, auf dessen Spitze das Kloster *Sender Muni Shandajá* thront –

14 Eine Marktfrau raucht eine Tscherut – die nationale Zigarettenmarke der Burmesen. Sie sieht aus wie eine Zigarre, schmeckt aber wie eine Zigarette.

»Buddhas Haus der Erkenntnis«. Der Friedhofshang besteht aus einem Feld von Grabsteinen, Gruften und steinernen Kreuzen. Weshalb hier Angehörige unterschiedlichen Glaubens begraben liegen, läßt sich nicht klären: Vielleicht liegen die Ursachen dieses überraschenden Phänomens in der früheren Toleranz oder einem längere Zeit gemeinsam getragenen Schicksal begründet.

Gleich vorweggenommen: Das wichtigste und größte Shan-Fest der Region wird zu einer Enttäuschung, an der wir nicht unschuldig sind. Die Militärs, um unsere Sicherheit bemüht, haben das um die Pagode der »Vier Goldenen Buddhas« feiernde Volk vertrieben und dafür ihnen vertraute Familien zur Staffage für unsere Filmaufnahmen hergebracht. Auch für ein folkloristisches Ensemble haben sie gesorgt: Die unter Klängen von Zimbeln und Bambustrommeln vorgetragenen Tänze stimmen heiter und schlagen die Zuschauer tatsächlich in ihren Bann.

Zuerst erzählt ein als Schmetterling verkleidetes Mädchen von seiner Wiedergeburt als farbenprächtiger Falter, der spielerisch flatternd und tänzelnd die Menschen eines Dorfes erfreut und sich damit schon zu Beginn seines neuen Daseins ein Verdienst für das nächste Leben erwirbt.

Danach erscheint, vorsichtig um sich blickend, ein Fabelwesen, in dem sich der Ochse, die Kuh, der Wasserbüffel und der Rehbock wiederfinden können. Diese Tiere sind allesamt positive Lebenssymbole der Shan: Der Ochse zieht den Pflug und Karren, die Kuh versorgt die Familie mit Milch, der Wasserbüffel zieht die Furchen im Reisfeld, der Rehbock steht für eine Freiheit, die ihm nur der Tod nehmen kann – und alle gemeinsam liefern den Dung für die Felder und die wärmende Feuer- oder Kochstelle. Jetzt wird dieses Fabelwesen von bösen Geistern bedroht. Der Angriff erinnert daran, wie nahe sich

Glück und Unglück stehen und daß das Leben eine ständige Abwehr gegen dämonisches Unheil bedeutet. Ein tapferer, Säbel schwingender Tänzer springt in die Arena und rettet mit klirrenden Klingen das Fabelwesen – das Unheil ist abgewendet. Ein hörbares Aufatmen erfaßt die Zuschauer, und das ist gewiß nicht von den Militärs arrangiert worden.

Kaum haben wir die Filmarbeiten abgeschlossen, drängen die Soldaten zur Rückfahrt. Aus Gründen der Sicherheit müssen wir noch vor Einbruch der Dunkelheit in Kyaukme ankommen. Für die 40 Kilometer von Botschó zur Garnison benötigt die Fahrzeugkolonne über eine Stunde, die Straße ist mit Schlaglöchern geradezu übersät.

Nach dem Abendessen erfahren wir eine Neuigkeit: Der Kommandant hat dem Drängen der Mönche nachgegeben und wird dem Kloster für einen Tag und eine Nacht Strom liefern, damit das jährliche Vollmondfest ausgerichtet werden kann. Die Offiziere, mit denen wir zusammensitzen, kennen den Ablauf der Shan-Feierlichkeiten nicht – sie sind Burmanen. Deshalb wollen wir am nächsten Morgen frühzeitig zur Pagodenanlage hochfahren.

Um das Kloster führt ein breiter Rundgang. Er ist mit Natursteinplatten ausgelegt und von weiß gekalkten Mauern umgeben, unterbrochen von mehreren Stufengängen. Aus dem Inneren der Pagode dringt leises, flinkes Hämmern. Wir beobachten Gläubige, wie sie voller Ehrfurcht eine hockende Buddha-Figur mit hauchdünnen Goldplättchen beschlagen. Am Eingang steht der Verkäufer des Edelmetalls. In demütiger Haltung erwerben die Gläubigen fast durchschimmernde Blattgoldstückchen und warten dann geduldig vor dem hockenden Buddha, bis sie an der Reihe sind. Dieser Brauch ist Jahrtausende alt, und ihm verdanken unzählige Buddhafiguren ihr zentnerschweres, massivgoldenes Kleid.

Nach der Lehre Gautamas muß sich der Schenker für die Annahme seines Präsents bedanken, nicht der Empfänger. Schenken und auch Helfen geschehen aber nicht aus Nächstenliebe, sondern der Gebende erwirbt sich ein Verdienst für sein nächstes, besseres Leben. Wer nicht lernt, das Göttliche in sich zu finden, wird vom Zyklus der ewigen Wiedergeburt nie befreit werden und kann nie als Erleuchteter in das Nirwana eingehen.

Um elf Uhr wird der Eingang zum hockenden Buddha vor einem regelrechten Ansturm der Gläubigen geschlossen. Das Vollmondfest der Shan beginnt. In einer Prozession steigen Hunderte von kahl geschorenen Mönchen in ihren orangefarbenen Gewändern die schier endlosen Stufen zum Klosterhügel hoch. Der Treppenaufgang ist von einer Menschenkette gesäumt, die sich ehrfurchtsvoll vor den Glaubensträgern des Buddhismus verbeugt. Am Ende der Prozession folgen, noch etwas unsicher in ihren Bewegungen, die Novizen. Die Jungen sind allenfalls zehn Jahre alt und werden von ihren Eltern begleitet, die in ihre besten Gewänder geschlüpft sind. Die Aufnahme der Söhne in das Kloster gehört zu den Höhepunkten im Leben eines Buddhisten – ein stolzer Augenblick für Väter und Mütter.

Jeder Buddhist, der in der Gemeinschaft später

einmal respektiert und anerkannt werden will, muß in seinen jungen Jahren in das Kloster eintreten, und sei es auch nur für einige wenige Tage. Bevor die Kinder männlichen Geschlechts mit der Prozession zum Kloster ziehen, werden sie in einer feierlichen Versammlung der Großfamilie kahlgeschoren. Ihr Haar wird den Eltern übergeben und so lange aufbewahrt, bis der Novize aus dem Kloster zurückkehrt. Die nächsten Verwandten baden und waschen dann den Jungen, damit er in aller Reinheit und Unschuld in die orangefarbene Mönchskutte gekleidet werden kann. Mit feuchten Augen und Erfüllung im Herzen bringen die Eltern nach der Zeremonie den Sohn in das Kloster oder, wie hier bei den Shan, zur Prozession.

Der Novize wird jeweils fünf Geboten des Lebens und fünf Regeln der Mönchsordnung unterworfen. Beide finden sich zum Teil auch in christlichen Geboten wieder: nicht zu töten (auch keine Tiere), nicht zu stehlen, nicht zu lügen, gegen das Gesetz des Glaubens nicht zu verstoßen und keine berauschenden Getränke zu sich zu nehmen – das sind die Gebote des Lebens. Die Mönchsregeln lauten: nicht zu tanzen, zu singen oder zu musizieren, nur einmal vormittags zu essen, sich nicht zu zieren (das heißt, sich nicht zu schminken), weder Gold noch Silber anzufassen und dem Erhaben-Sein zu entsagen. Der Sinn des Aufenthaltes im Kloster ist vor allem die meditative Selbstfindung, nicht das Leben in der Gemeinschaft; die Mönche sollen sich ausschließlich um die Probleme des eigenen Ich kümmern, nicht um Sorgen und Nöte anderer.

Noch vor der Aufnahme der Novizen in das Klosterleben wird der hockende, goldschwere Buddha auf eine Sänfte gehoben und von den *Phoongyi*, den Mönchen auf Lebenszeit, in einem spiralenförmigen Rundgang zwischen der dichtgedrängten Menschenmenge um die Pagode getragen, begleitet von monoton ekstatischen Trommelschlägen. Jüngere Mönche tragen silberne Bettelschüsseln herum, in die die Gläubigen ihr Scherflein legen: Münzen und Geldscheine, Reis und Zucker, Kerzen und Streichhölzer, Teeblätter und gedörrtes Obst.

Der religiöse Teil der Feier endet mit der Überführung des kostbaren Buddha in das heilige Gemach und der Aufnahme der *Thamanay*, der Novizen. Anschließend geht das Ereignis in ein fröhliches Kirmesfest über: An Verkaufsständen werden Imbisse und scharfe Suppen angeboten, Luftballons oder Tierfiguren aus aufblasbarer Gummihaut verkauft – Kinderhände bringen sie zum Krähen, zum Zwitschern oder zum Quietschen, oder man dreht Zuckerrohr durch Zahnräder, fängt den Saft in Plastikbechern auf und verkauft ihn. Die »Kirmes« geht bis in die Nacht hinein – bis die Militärs »Buddhas Haus der Erkenntnis« das Licht abdrehen.

Die Strecke zwischen Kyaukme und Lashio ist mittlerweile zwar wieder befahrbar, aber so ganz wohl ist uns dennoch nicht: Denn der Garnisonskommandant U Soemyind berichtet von einem neuerlichen Gefecht der Soldaten mit Rebellen, von denen acht getötet und 23 samt ihren Waffen gefangen genommen seien. Kein Wunder, daß vor die Lokomotive un-

15 Ab Kyaukme wird vor die Lokomotive ein »Minenputzer« gekoppelt, auf dem sich Soldaten postieren; denn auf der Strecke nach Lashio droht die »Shan Liberation Army« mit Bombenattentaten und Überfällen.

seres Zuges ein flacher Wagen gespannt wird, auf den mehrere Lagen von Gleisschienen gestapelt sind – der »Minesweeper«, wie ihn die Soldaten nennen, frei übersetzt der »Minenputzer«. Der tonnenschwere Wagen soll die Wirkung einer möglichen Mine abfangen, damit die Lokomotive verschont und das Leben des Zugführers und Maschinisten gesichert werden. In Kyaukme wartet die Bahn aus Mandalay nun auf den Gegenzug aus Lashio. Auch er schiebt einen »Minesweeper« vor sich her.

Es hat sich zufällig ergeben, daß wiederum U Tuon Shein unseren Zug führt. Er ist ein wenig besorgter als noch vor ein paar Tagen, ihm ist bewußt, was auf seinen Zug zukommen könnte: »Der ›Minesweeper‹ ist ja in Ordnung«, bemerkt er, »aber warum müssen darauf die Soldaten sitzen! Wenn der Wagen auf eine Mine fährt, fliegen sie doch mit ihm in die Luft!«

U Tuon Shein schützt sich vor der Abfahrt mit der Anrufung seiner *Nats,* seiner Schutzgeister. Der Glaube an sie ist weit älter als der Buddhismus und besitzt noch heute einen großen Stellenwert.

Während U Tuon Shein seine Gebete spricht und bevor der Zug losfährt, haben sich sechs bewaffnete Soldaten auf dem »Minesweeper« postiert. Hinter Kyaukme hält der Zug immer häufiger, auf jeder kleinen Station steigt eine Handvoll Menschen zu oder aus. Als wir Botschó diesmal auf dem Schienenweg erreichen, wo das Fest der Shan nach unserem Abzug wieder voll in Gang gekommen ist, verlassen Hunderte von Fahrgästen die Waggons. Der Bummelzug bleibt dennoch hoffnungslos überfüllt.

Die nächste Station ist Hsipaw, eine mittelgroße Stadt, von der aus Straßen zur Silbermine von Namtu im Norden und zu den Blei- und Zinnbergwerken führen. Hsipaw ist die letzte Stadt vor unserem Ziel, und auch U Tuon Shein scheint es eilig zu haben, noch vor Einbruch der Dunkelheit in Lashio anzukommen. Er durchfährt die wenigen Stationen, die noch auf der Strecke liegen, im Schrittempo, was das Aus- und Einsteigen beschleunigt. Dennoch bemächtigt sich eine halbe Stunde vor Lashio die Nacht des Shan-Hochlandes. Um den Rebellen einen Überfall auf den Zug zu erschweren, dreht U Tuon Shein den

Waggons das Licht aus, auch unsere beiden Wagen sind davon betroffen. Soldaten setzen sich auf die Trittbretter, die Gewehre im Anschlag, und unser Sicherheitsoffizier läßt die Aluminiumjalousien der Fenster herunter. Den Rebellen soll der Blick in die Waggons hinein versperrt werden.

In dieser absoluten Dunkelheit entsteht eine gespenstische Stimmung, die von dem monotonen Rat-

16 Bewaffnete Soldaten begleiten den Zug. Hinter jedem Busch könnte ein Heckenschütze stecken…

tern des Zuges und den Schlägen, die das ausgeleierte Gleis den Wagenrädern versetzt, untermalt wird. Als die Lichter im Zug wieder angehen, fahren wir bereits im Bahnhof von Lashio ein.

Unser Endziel ist eine Grenz- und Garnisonstadt, das machen schon die vielen Uniformierten deutlich, die auf den Bahnsteig gekommen sind, um Kollegen, Verwandte oder Bekannte abzuholen. Wie schon in Kyaukme, empfängt uns auch hier der Kommandant der Garnison, und mit einem noch höheren Sicherheitsaufwand als dort fahren wir in einer Militärkolonne in »unser« Quartier – das Camp der Armee.

Am nächsten Tag lüftet sich dann das Geheimnis, weshalb so viele Fahrgäste die Strapazen und das Risiko der langen Fahrt mit dem Bummelzug auf sich genommen haben – denn daß ihr Reisegrund die nicht unbedeutenden Sehenswürdigkeiten der Stadt sein sollten, erschien uns unwahrscheinlich: Abgesehen von den »Offiziellen«, sind alle übrigen Passagiere Händler, die sich in der letzten Stadt vor der chinesischen Grenze mit Waren eindecken, die sie zu den »Nightmarkets«, den Schwarzmärkten, in die großen Städte Burmas bringen.

Die legendäre *Burma-Road,* das Straßenstück zwischen Lashio und der Provinz Hunan in China, ist zwar offiziell gesperrt, doch der Schmuggel wird dadurch eher gefördert als behindert. Der Markt in Lashio bietet alles feil, was das wirtschaftlich emanzipierte China herstellt: Stoffe aus Seide, Baumwolle und Polyester, T-Shirts oder Jeans, billige Quarzuhren, Taschenlampen und Batterien, Thermoskannen, Kochtöpfe, Gaskocher, preiswertes Porzellangeschirr und noch preiswerteres aus Plastik, Nähmaschinen, Radios – und, vor allem anderen, fünf verschiedene Biersorten. Was im Land rar ist, trinken die Burmesen offensichtlich am liebsten, da spielt es auch keine Rolle, daß ihnen Buddha den Genuß berauschender Getränke untersagt hat. Auch in das Camp der Soldaten finden chinesische Bierdosen ihren Weg. Im Grunde wird der Schmuggel aus China toleriert, denn er ist eine Art Schattenwirtschaft, die den burmesischen Alltag mit ein paar Lichtstrahlen versieht.

Trotz der Entfernung von der Hauptstadt und der erdrückenden Präsenz des Militärs erscheint uns Lashio vital und vielfältig. Neben den Tempeln und Pagoden gibt es schmucke katholische und protestantische Kirchen und sogar eine prächtige Moschee. Die Straßen tragen viel Verkehr, Jeeps von der Kriegsmarke ›Willys‹ und Taxis, die noch aus den vierziger Jahren stammen und so manchen Liebhaber bei uns begeistern würden. Sogar einen Tennisclub hat Lashio aus englischer Zeit. Die beiden Hartplätze sind zwar von Rissen und Moos überzogen, dennoch wagen wir ein Doppel gegen den Chef des Zolls und einen Leutnant. Dem Spiel schauen die Einheimischen in wachsender Zahl zu und feuern ›ihre‹ Leute an. Danach läßt der Zollchef ein wenig konfiszierte Ware auftragen: chinesisches Bier und US-Konserven. Dies alles kam über die Burma-Road.

Ursprünglich war diese von den Briten gebaut worden, um einen Handelsweg in die Schatzkammer Chinas zu führen. Doch letztlich und in erster Linie diente sie ihnen dazu, den von ihnen unterstützten

General Chiang Kaisheck (Tschiang Kai-scheck) mit Truppen und Kriegsgerät zu versorgen, also die Nationalchinesen im Kampf gegen Mao Zedong (Mao Tse Tung) unter die Arme zu greifen. Über die Burma-Road gelangte später auch der amerikanische Nachschub, der von Indien aus, quer durch Burma, über die Ledo-Dschungelstraße ankam, den Weg zu Chiang Kaishecks Truppen. Diese nur 130 Kilometer lange Straße hat im Zweiten Weltkrieg eine der blutigsten Geschichten überhaupt durchgemacht, auf ihr und ihrem Umfeld tobte eine grausame Schlacht zwischen der Allianz von Briten, Amerikanern, Kachin- und Shan-Truppen gegen die Japaner und die burmesische Freiheitsarmee; nach ihrem Frontwechsel schloß sich die Freiheitsarmee gleichfalls dem Kampf gegen die japanischen Invasoren an. Die Schlachten entlang der Burma-Road haben über 100000 Menschenleben gefordert, doch das Ziel der britisch-amerikanischen Politik wurde dennoch verfehlt: Am Ende siegten im Reich der Mitte Mao Zedong und sein Kommunismus, in Burma die Unabhängigkeit und der Sozialismus – in beiden Fällen blieb jedoch die Freiheit auf der Strecke.

Auf unserer Rückreise erfahren wir, daß Rebellen in Botschó, just eine Stunde, nachdem wir an dem Pagodenfest vorbeigefahren sind, Handgranaten in die Menschenmenge geworfen und dabei 16 Menschen getötet haben. In Mandalay fällt uns erstmals wieder eine Zeitung in die Hände, in der wir nachlesen, daß in Rangun, angeführt von jungen Mönchen und Studenten, seit drei Tagen Massendemonstrationen stattfinden, die bereits zur Verhängung einer Ausgangssperre geführt haben. Unsere Begleiter schwiegen darüber.

Nach einer Übernachtung in Mandalay fliegen wir tags darauf – das Ausgehverbot ist gerade wieder aufgehoben worden – nach Rangun. Dort sehen wir die Zeugnisse des Aufruhrs: ausgebrannte Busse, zerstörte Parteibüros und Verkehrsampeln. In der Stadt herrscht bedrohliche Stille.

In den ersten Fernsehnachrichten, die wir nach unserer Rückkehr in Deutschland sehen, wird über einen Großbrand berichtet, der einen Großteil der Stadt Lashio einäscherte. Es ist nicht zu erfahren, wer das Feuer legte. Wenige Tage später »brennt« ganz Burma, Millionen Menschen gehen auf die Straße und fordern Freiheit und Demokratie.

Der Aufruhr erhält bald den Namen »Mönchsaufstand« und wird letztendlich – so wie ein Jahr später die Demonstration der Studenten in China – blutig niedergeschlagen. Ein angeblicher Militärputsch, der alte Gesichter auf neue Posten bringt, erweist sich als eine politische Kosmetik, die verschleiern soll, daß General Ne Win und die greisen Revolutionäre aus der Unabhängigkeitsbewegung der Kriegsjahre immer noch die Fäden fest in der Hand halten.

Die Indianer Russlands

Das Thermometer zeigt 20 Grad unter Null – nichts Besonderes für Ende März, am Ende eines langen Winters im Osten Sibiriens. Der Himmel ist heute strahlend blau, und wenn das Licht schon einmal durch die Wolkendecke bricht, dann ergreift es hier, in der Nähe des Polarkreises, jeden Gegenstand besonders klar, zeichnet ihn unserer Kamera gewissermaßen graphisch vor.

Aus der Unendlichkeit der öden Ebene, die an das Flugfeld von Chandyga grenzt, kommt ein beißender Wind, fast geräuschlos und so schwach, daß er nicht einmal die Kleidungsstücke, die wir in großer Zahl übereinander tragen, zum Flattern bringt. Dennoch ist er scharf wie ein Messer, bringt die Augen zum Tränen und frißt sich in die Nasenschleimhäute.

Unser Flugzeug, ein Doppeldecker der Fluglinie Aeroflot, mutet uns zunächst wie ein Museumsstück an, wir wollen kaum glauben, daß wir uns mit dieser Maschine auf den Weg in das Landesinnere, in die Tiefe der Taiga begeben sollen – zur Sowchose Tompon. Im übrigen ist dies bereits unser zweiter Startversuch, am Morgen mußten wir wegen schwerer Schneestürme in den Bergen wieder umkehren.

Das Flugfeld von Chandyga liegt auf einem Hochplateau, gut 300 Kilometer entfernt von der Stadt Jakutsk, dem letzten Außenposten der Zivilisation vor der endlosen Weite Ostsibiriens. Gebaut wurde dieses Flugfeld im Zweiten Weltkrieg von den Amerikanern, deren Luftwaffe über Alaska Hilfslieferungen für die Rote Armee einflog und hier zwischenlandete.

Jakutien ist mit einer Fläche von gut drei Millionen Quadratkilometern die größte der sechzehn autonomen Republiken (ASSR) Sowjetrußlands (SFSR), mit nur einer Million Einwohner zugleich aber auch die am dünnsten besiedelte. Von der Hauptstadt Jakutsk bis nach Moskau ist es so weit wie von Frankfurt nach New York, und wenn auch diese Strecke in der Sowjetunion heute meist geflogen wird, braucht es dennoch seine Zeit, um von einem Ort zum anderen zu gelangen. Die Aeroflot ist zwar die größte Fluggesellschaft der Welt, aber die Maschinen sind immer randvoll ausgebucht – und das lange im voraus. In unserem Fall kommt erschwerend hinzu, daß wir eine umfangreiche Ausrüstung mit uns führen – immerhin wollen wir das Gebiet mit den größten Temperaturschwankungen der Erde aufsuchen. Im Jahresverlauf mißt man hier Temperaturunterschiede bis zu 100 Grad Celsius: In den Wintermonaten herrscht Frost bis minus 60 Grad, meterhoher Schnee begräbt für etliche Monate die *Taiga* – die nördliche Nadelwaldzone – und die *Tundra* – die Vegetationszone nördlich der Waldgrenze. Und in den Monaten Juni bis September erstickt die Landschaft unter Staub und Moskitowolken, steigen die Temperaturen bis auf 40 Grad Wärme.

Verständlicherweise sorgen wir uns um unsere Film- und Tongeräte, denn wir wissen nicht, ob sie diese Belastungen ohne Schaden verkraften. Und auch von den Mitgliedern unseres Teams hat noch niemand bei solch eisiger Kälte im Zelt geschlafen. Immerhin sind wir gut ausgerüstet: Thermounterwäsche, Daunenjacken, Overalls und Sonnenbrillen mit seitlichem Schutz, damit uns bei starkem Wind nicht das Augenwasser einfriert, haben wir ebenso dabei wie besondere Gesichtsmasken, die unsere Haut schützen sollen. Unsere Marschverpflegung reicht vom Müsliriegel bis zu diversen Getränken. In voller Montur gleichen wir eher der Dressmengruppe eines Reiseausstatters als einem Fernsehteam, das arbeiten soll. Entsprechend verwundert schauen uns die Mitreisenden an, die nur mit kleinen Einkaufstaschen bepackt mit uns in Chandyga in den Doppeldecker steigen.

Wir nehmen in Segeltuchsitzen Platz, mit dem Rücken zur Außenwand. Unsere 15 Koffer haben wir im Mittelgang abstellen müssen, denn einen Gepäckraum gibt es in diesem Flugzeug nicht. Wer von den übrigen sieben Passagieren noch Beine frei hat, muß diese ebenfalls zum Festhalten unserer Koffer hergeben, und die Tür zum Cockpit bleibt wegen der drangvollen Enge gleich ganz offen.

Obwohl wir unsere Mitreisenden in ihrer Bewegungsfreiheit stark einschränken, lächeln sie uns mit asiatischer Höflichkeit zu. Wie wir erfahren, sind sie allesamt Einheimische, keine *Sibirjaken*, wie die Nachfahren der russischen Einwanderer heißen. Von ihnen trifft man in Jakutsk noch viele, aber hier, in dem kleinen Doppeldecker, schauen uns ausschließlich Gesichter Asiens an.

Zehntausend Kilometer von Deutschland entfernt, überfliegen wir die Wälder Sibiriens – auf dem Weg zu den »Indianern Rußlands«. Wir haben nämlich gehört, daß auf dem Gebiet der Sowjetunion noch Völker und Stämme leben, die in Aussehen und Lebensweise an die Indianer Amerikas erinnern. Geschichtlich ist es wohl so gewesen, daß in der grauen Vorzeit der Völkerwanderungen nicht etwa Indianer nach Rußland vorgedrungen sind, sondern umgekehrt Menschen den Weg von Eurasien nach Amerika gefunden haben, zu einer Zeit, als diese beiden Landmassen – wohl durch die Eiszeit – noch nicht durch eine Wasserstraße getrennt waren.

Die Bezeichnung Indianer ist bekanntlich ohnehin eine europäische Erfindung, die auf Christoph Kolumbus zurückgeht, der vor rund 500 Jahren einen neuen Seeweg nach Indien gefunden zu haben glaubte. Die nordamerikanischen Indianer verstehen sich vielmehr als Athapasken, Dene, Han oder Eskimos.

Auf der Suche nach ihrer eigenen Vergangenheit sind die Indianer oder, wie sie sich selbst heute auch nennen, die »Native Americans«, auf die enge Verwandtschaft alter Völker innerhalb des arktischen Wendekreises gestoßen. Diese Verwandtschaft zeigt sich nicht zuletzt in ähnlichen Mythen und Legenden weit voneinander entfernt lebender Völker und Stämme. Bei einem »Story Teller«-Festival, einem Festival von Sagen- und Geschichtenerzählern, am Yukon-Fluß in Alaska trafen wir Erzähler aus Finnland, Grönland und Island – und eben auch aus Sibirien. Sie alle sahen und sehen ihre Urheimat irgendwo zwischen dem Kältepol der Erde, auf dem Gebiet des heutigen Jakutien, und dem Norden Chinas.

Diesen Legenden nachzuspüren oder doch zumindest einen Einblick in die heutige Lebensweise der Einheimischen zu gewinnen, ist das Ziel unserer Expedition.

In 3000 Metern Höhe, die Temperatur im Flugzeug ist merklich gesunken, sehen wir unter uns im Abendlicht eine schneebedeckte, hügelige Winterlandschaft, die immer wieder von Tälern und zugefrorenen Flußläufen durchbrochen wird, jedoch weit und breit kein Haus, keine Ansiedlung, keine Menschenseele. Die Natur scheint hier noch gänzlich unberührt. Unzählige kahle Bäume, die sibirischen Lärchen, ragen in den Himmel.

Nach einer Stunde Flugzeit erreichen wir ein ausgedehntes Tal und erkennen deutlich den zugefrorenen Fluß Tompon; in der Sprache der Einheimischen bedeutet dies »der Faden«. Dicht daneben findet sich die Siedlung Topolino (auch: Topolinoje), »der Platz, wo die Pappel wächst« – mit seinen 1300 Einwohnern der Hauptort und zugleich das Verwaltungszentrum der Sowchose Tompon. Der staatliche Landwirtschaftsbetrieb, einer der erfolgreichsten in der gesamten Sowjetunion, hat mindestens die Größe der Bundesrepublik Deutschland. Hier leben 18 verschiedene Völkergruppen, allerdings mit nur rund 20000 Menschen.

Auf der tiefverschneiten Landebahn begrüßt uns Herr Wassili Kladkin, ein kleiner rundlicher Mann, in einen Fellmantel gehüllt und die Pelzmütze tief ins Gesicht gezogen. Er ist der Chef der Sowchose und hat sie 1971 auch gegründet. Kladkin gehört zum Volk der *Jakuten*, das einst weiter im Süden lebte und von den Mongolen unter Dschingis-Khan im 13. Jahrhundert in den Norden abgedrängt wurde. Die Begrüßung ist kurz, unser Erscheinen in seinem Reich scheint Kladkin nicht sonderlich zu begeistern.

Kladkin ist der unbestrittene Chef der Sowchose, seine Anweisungen werden unverzüglich und ohne jede Nachfrage ausgeführt. Auf seine Anordnung hin werden wir samt unserem Gepäck in zwei bereitstehende Geländewagen verladen und zu unserer Unterkunft verfrachtet. Autos sind normalerweise in der Sowjetunion teuer und knapp, doch diese Sowchose ist reich, sie verfügt über 30 Autos und 13 Traktoren; die Motoren werden frühmorgens in einem langwierigen Ringen mit der Kälte gestartet, dann läßt man sie den ganzen Tag hindurch laufen.

Über eine zehn Meter breite Schneepiste gelangen wir in das Dorf, den ganzen Weg entlang ziehen sich dick isolierte Rohre, denn wegen des ständig gefrorenen Bodens müssen auch die Kanalisationsrohre überirdisch verlegt werden. Das Dorfbild von Topolino wird beherrscht von buntbemalten Holzhäusern, allesamt zwei Stockwerke hoch und hellblau angestrichen. Die vorfabrizierten Einheitsbauten, die man aus so vielen anderen Siedlungen in der UdSSR kennt, fehlen hier. Dafür suchen wir aber auch vergebens nach den *Jurten*, den Zelten aus Birkenrinde und Tierhaut, die so sehr an die Wigwams der nordamerikanischen Indianer erinnern. Sie findet man höchstens noch in Oimjakon, dem kältesten Dorf der Welt, ein paar hundert Kilometer weiter nördlich. In Oimjakon mißt man im Januar bis zu 72 Grad Kälte, dort gefriert, wie die Jakuten sagen, die Spucke, ehe sie den Boden erreicht.

Wegen des ständig gefrorenen Bodens stehen die Häuser in Topolino auf Stelzen aus Holz oder Beton. Diese Pfahlbauweise soll verhindern, daß die etwas erwärmten Fundamente der bewohnten Gebäude den Boden auftauen und ihn erweichen, bis er nachgibt und schließlich die Häuser mit ihm gemeinsam einsinken.

Dauerfrostboden umfaßt annähernd 46 Prozent des gesamten Gebietes der UdSSR, das Studium der Kälte gehört deshalb zu den staatlich geförderten Forschungsaufgaben. Das Permafrost-Institut in Jakutsk hat die Kälte sozusagen vom Feind zum Freund gemacht: Im Forschungsinstitut werden Eisblöcke in Schraubstöcken auf ihre Dauerhaftigkeit und Widerstandsfähigkeit geprüft, und je nach Stärke des Eises kann man sogar Riesenkraftwerke auf dem gefrorenen Erdreich errichten, wenn man den Baugrund nur sorgfältig genug vor Wärme schützt.

Die Monteure arbeiten dabei mit sogenannten Eiskochern, das sind elektrische Drähte, die in die Erde eingebohrt werden und den Boden auftauen. In den rasch entstehenden Schlamm werden sofort Beton- oder Holzpfeiler getrieben, die schnell vereisen. Erst einen halben Meter über dem Boden entsteht dann das Gebäude, der Luftzwischenraum dient zur

Isolation. Ganz Topolino wurde auf diese Weise errichtet, auch das neue Gästehaus, in dem wir untergebracht werden. Durch eine Kälteschleuse betreten wir unser Wohnzimmer, einen gemütlichen Raum mit Sitz- und Eßgelegenheit, Fernsehen und Telefon. Die Fenster sind doppelt verglast, die Ritzen zusätzlich noch mit einer Art Watte abgedichtet, öffnen läßt sich nur ein ganz kleiner Ausschnitt für die Luftzufuhr – die »Fortochka«.

Für unser leibliches Wohl ist Dunja zuständig, eine Angehörige des Stammes der *Ewenen*, der schon vor den Jakuten hier siedelte; beide miteinander verfeindeten Stämme haben sich im Mittelalter heftige Kämpfe geliefert, ehe sie gemeinsam im 17. Jahrhundert von den Russen »kolonisiert« wurden. Russische Zaren und kommunistische Diktatoren haben die »Kolonie« weitgehend mit Sträflingen bestückt und »Sibirien« zu einem Schreckwort für grausame Strafe in grimmiger Kälte gemacht. Pünktlich um acht Uhr kommt der Sowchosenchef zum Abendessen. Die von Dunja bereitete Mahlzeit erscheint uns nicht zuletzt deshalb so köstlich, weil wir eher kärgliche Nahrung erwartet haben: Es gibt Fisch mit Gemüsesalat als Vorspeise, dann Rentierzunge als Hauptgericht und zum Abschluß Waldbeeren mit Joghurt, halbgefroren. Dunja erzählt, daß diese Nachspeise eine lange Tradition habe: Die Früchte der Taiga, besonders die Faulbeere, werden mit Rentiermilch im Herbst einfach in dem natürlichen Kälteverließ des Bodens gelagert und gelten bei den Kindern der Ewenen seit jeher schon als Delikatesse. Der Fisch aus der Lena und ihren Seitenflüssen wiederum wird ausgenommen und über Birkenholz geräuchert, das Wildfleisch hingegen in Streifen geschnitten und im Sommer an der Luft getrocknet. Auf dieselbe Art und Weise konservieren auch die Eskimos und Indianer in Nordamerika das Fleisch.

Kladkin erzählt während des Essens von einer Reise in die Vereinigten Staaten, die er im vergangenen Jahr unternahm, um Verwandte zu besuchen. Seit die Grenzen der Sowjetunion durchlässiger geworden sind, hat auch der Reiseverkehr zwischen Sibirien sowie Alaska und dem Norden Kanadas zugenommen. Das konnten wir selbst anläßlich einer Reise im Frühsommer 1989 in die USA feststellen: In Anchorage in Alaska sahen wir eine Jazz-Gruppe aus Irkutsk in Sibirien, und in Dawson City in Kanada besuchten wir eine Kunstausstellung mit sibirischen Malern. Im Juli 1989 konnten erstmals seit mehr als vierzig Jahren wieder sibirische Teilnehmer zu einer gemeinsamen Konferenz arktischer Eskimos aus Kanada, Grönland und den USA ausreisen.

Außer dem Chef ist jedoch noch kein Mitglied der Sowchose über die Grenzen der Sowjetunion hinausgelangt, ja es war kaum einer von ihnen je in Moskau. »Die Zentrale ist weit und der Himmel hoch oben«, heißt ein Sprichwort in Jakutien, das die eigenständige Entwicklung in dieser einsamen und abgeschiedenen Sowjetrepublik deutlich zum Ausdruck bringt. In der Vergangenheit hat auch die Kollektivwirtschaft des Sowjetsystems unter den Stämmen Jakutiens nur langsam Fuß gefaßt – und sie war wohl überhaupt nur dadurch durchzusetzen, daß man sie vergleichsweise behutsam anging.

Heute leben die meisten Jakuten und Ewenen in Landwirtschafts- oder Industriewirtschaftsgemeinden, in genossenschaftlich geleiteten *Kolchosen* oder eben in staatlichen *Sowchosen* wie hier in Tompon, wo Land und Inventar auch offiziell dem Staat gehören und die Beschäftigten gegen Entlohnung arbeiten. Ein Teil der Ureinwohner Jakutiens ist jedoch bis heute dem Nomadenleben treu geblieben und durchstreift noch immer mit den Rentierherden die Weiten von Taiga und Tundra. Sie aufzusuchen, haben wir uns für die nächsten Tage vorgenommen.

Um weitere Reisetage einzusparen, bitten wir Kladkin um einen Hubschrauber für unseren Weitertransport in ein Lager der Ewenen. Der Chef der Sowchose reagiert überraschend schnell. Schon am Tag nach unserer Ankunft in Topolino soll es weitergehen. Im einzigen Laden des Ortes kaufen wir ein: Blechteller und Blechtassen, Bestecke, Tee, Zucker, Brot, Würste, Butter, Äpfel, Schokolade. Dunja kocht noch zusätzlich Rentierfleisch, und für den schlimmsten Fall haben wir die Müsliriegel aus Deutschland dabei. Um elf Uhr morgens hören wir das Geknatter eines Hubschraubers, unsere Sorge, ob er uns alle mit dem Gepäck aufnehmen könne, ist verschwunden, sobald wir das Monstrum am Himmel sehen: Es hätte mehrere Fernsehteams gleichzeitig transportieren können. Außer der dreiköpfigen Besatzung und uns sind noch zwei Ewenen mit drei Rentierschlitten an Bord; sie wollen ebenfalls in ein Camp.

Wir überfliegen ein geschlossenes Nadelwaldgebiet der Taiga, das zur größten Waldfläche der nörd-

17 und 18 Leichtere Erkrankungen – wie hier ein Geschwür am Fuß eines Rens – werden von den Hirten selbst behandelt.

lichen Halbkugel überhaupt gehört – der Sauerstofffabrik der Alten Welt. Noch weiter im Norden, in der Tundra, ist der Boden bis zu 1500 Meter tief gefroren, die Landschaft ist rauh, baumlos und dreiviertel des Jahres anscheinend ohne Flora und Fauna. Wo die Tundra jedoch in die Taiga übergeht, beispielsweise am Polarkreis, zeigt die Sonne ihre Wirkung: Der Sommer dauert zwar nur gut zwei Monate, aber es bleibt bis zu 24 Stunden lang hell. Die Strahlen der Sonne bringen die Oberfläche der Erde zum Aufweichen, doch weil der Boden fest gefroren bleibt, können weder Regenwasser noch Tau abfließen. Dies ist gewissermaßen überhaupt erst die Voraussetzung für das Wachstum der riesigen Wälder mit den flach wurzelnden Bäumen, denen schon ein kräftiger Sturmstoß den Halt rauben kann. Aber im Winter ist die Taiga meist windstill, und deshalb empfinden wir auch die Kälte weniger unangenehm als eigentlich befürchtet. Erst jenseits der Baumgrenze in der Tundra stürmt gelegentlich die gefürchtete *Purga*, die den vereinzelten Jäger oder Fallensteller häufig zwingt, tagelang an Ort und Stelle auszuharren, nur von Fellen und Planen geschützt.

Wir landen auf einer kleinen Lichtung zwischen Lärchen und Birken, und die großen Rotorblätter des landenden Hubschraubers vermitteln uns für Augenblicke den Eindruck eines heftigen Schneesturms. Nachdem sich die Flocken wieder gelegt haben, sehen wir nur 100 Meter entfernt zwei Zelte unauffällig unter den Bäumen aufgestellt – das Zuhause von Gabrillo und Wassili, die beide aus einer alten Ewenen-Familie stammen und hier mit ihren Frauen

Stepanida und Alexandra leben. Wie wir bald schon erfahren, haben sie ihre Vornamen aus dem Russischen übernommen. Untereinander aber sprechen sie ewenisch und nennen sich auch mit anderen Namen. Dann wird Gabrillo, auf deutsch Gabriel, zu Ganindzka und Wassili zu Bogalay. Unterstützt von fünf Hunden, hüten sie eine Herde von 800 Rentieren. Obwohl ihre Zelte nicht aus Fellen, sondern aus Segeltuch und ihre Kleider aus Stoff sind, schlägt uns dennoch der Zauber des Fremdartigen in Bann.

Spätestens nach dem Abflug des Hubschraubers stellt sich ein Gefühl ein für die Entfernung von der uns vertrauten Welt und die Wahrnehmung einer neuen, völlig andersgearteten Lebensweise. Jede Bewegung im Unterholz läßt Schneekristalle auffliegen, die wegen der Kälte so fest wie Sandkörner sind und das Licht der fahlen Sonne tausendfach brechen. Nur das Läuten der Glöckchen, das von den Leittieren der Herde herrührt, und das gelegentliche Rufen der Hirten durchbricht die absolute Stille. Von dem schneebedeckten Boden, der bisweilen bläulich schimmert, heben sich als bunte Farbtupfer allein das Zaumzeug und die Halsbänder jener Rentiere ab, die zum Reiten benutzt werden.

Die Verzierungen stammen von Stepanida und Alexandra, die in den langen Winternächten sticken und stricken, wie ihre Vorfahren das vor Jahrhunderten schon gemacht haben. Die beiden Frauen selber tragen nichts, was auch nur entfernt folkloristisch anmuten könnte: Mokassin und Lederwams, Häuptlingsschmuck und bemalte Keramik finden sich in Sibirien – wie auch in den Indianerreservaten

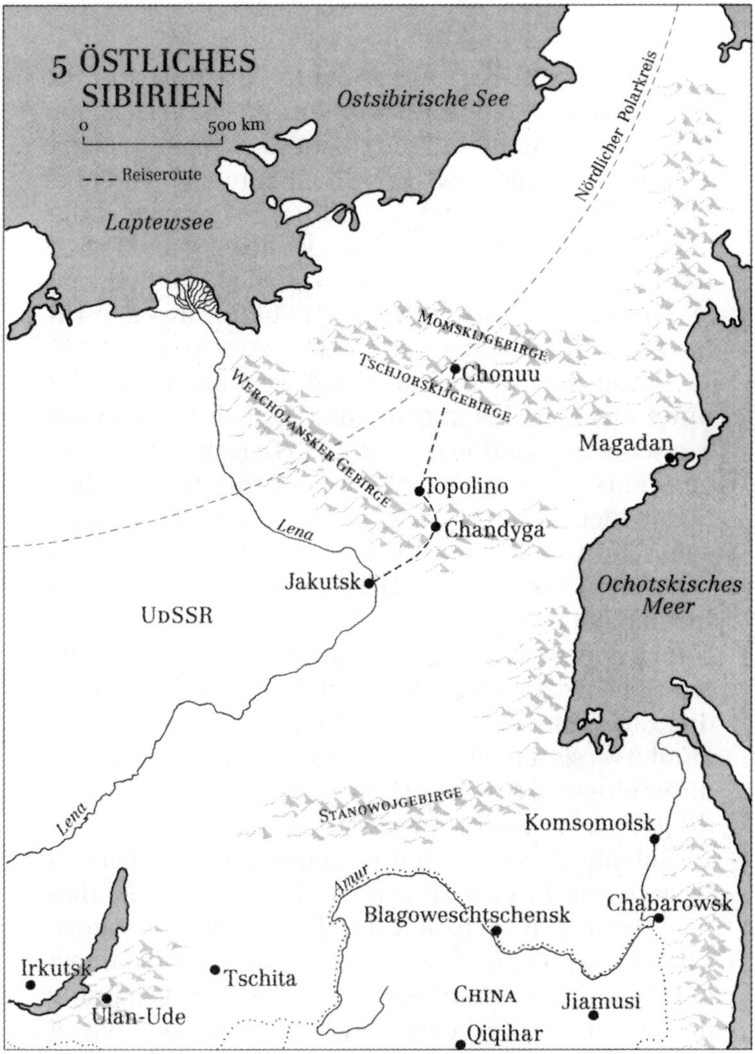
5 ÖSTLICHES SIBIRIEN
0
500 km
Reiseroute
Ostsibirische See
Laptewsee
Nördlicher Polarkreis
Momskijgebirge
Tschjorskijgebirge
Werchojansker Gebirge
Chonuu
Magadan
Topolino
Chandyga
Lena
Jakutsk
Ochotskisches Meer
UdSSR
Stanowojgebirge
Komsomolsk
Lena
Amur
Blagoweschtschensk
Chabarowsk
Irkutsk
Tschita
China
Jiamusi
Ulan-Ude
Qiqihar

Nordamerikas – fast nur mehr in den Museen. Und statt sich auf den Medizinmann zu verlassen, der hier *Schamane* heißt, vertrauen die Hirten doch lieber einer Notapotheke. »Die Medikamente sind aber überflüssig«, bemerkt Wassili, »hier in der Taiga wird niemand krank, die Luft ist absolut bakterienfrei.« Ihre Tiere allerdings verarzten sie täglich, operieren mit geschärften Messern Splitter aus den Hufen und auch schon mal ein vereitertes Auge.

Schon am Nachmittag wird es dunkel, Gabrillo bittet uns zum Tee in sein Zelt. Danach gibt es klare Fleischbrühe und erneut Rentierfleisch. Wir haben eine Flasche Wodka mitgebracht, mit der die Ewenen jedoch äußerst vorsichtig umgehen. Vor dem Essen schüttet Gabrillo nach ewenischer Sitte einen Eßlöffel Wodka in den Ofen, eine umfunktionierte Blechkiste. Es zischt, der Alkohol verbrennt mit bläulich-rötlicher Stichflamme, und Gabrillo wirft ein Stück Rentierfleisch nach. Ein scharfer Geruch zieht durch das Zelt. Aus der Flamme, die sich an beidem entzündet, ersehen unsere Gastgeber, daß unser Besuch unter einem glücklichen Stern steht. Sie tun das allerdings mit einem aufgeklärten Augenzwinkern.

Bei einem der vier entdecken wir ein Amulett am Hals, einen letzten Hinweis auf den alten Glauben der Ewenen an den Gott der Taiga und der Tundra. Einst hatten die nordasiatischen und die nordamerikanischen Völker eine einheitliche Weltanschauung, die sich unter anderem in magischem Zauber, Bärenkult und ritueller Beachtung der Tierknochen ausdrückte. Der Jäger erblickte im Tier eine ihm verwandte Erscheinung des Lebendigen, in seiner Glaubenswelt war das Tier eine Art Ahne des Menschen. Ihren eigentümlichsten Ausdruck hat diese religiöse Überlieferung im Schamanentum gefunden, das jedoch im heutigen Sibirien so selten ausgeübt wird wie der Medizinmannkult bei den Indianern in Nordamerika.

Unser Hinweis auf Amerika und die Indianer löst bei Gabrillo und Wassili keine nennenswerte Reaktion aus, aber sie wissen immerhin zu erzählen, daß ihre Vorfahren einst auf der Jagd nach dem Ren, dem Elch oder dem Bären, später dem Zobel und dem Hermelin, über die Beringstraße hinaus bis zur Inselkette der Aleuten und nach Alaska vorgedrungen sind. Wir fragen sie, wieviele Ewenen es noch gebe. »An die 12000«, meint Wassili, und diese Zahl entspricht in etwa den Informationen, die wir uns vorher angelesen haben. Sie leben versprengt im Osten, aber ihr Stammland ist das Gebiet von Tompon. Mit der Frage, ob sie sich eher als Russen oder als Asiaten fühlen, können sie sehr wenig anfangen. Es kann allerdings auch sein, daß unser russischer Dolmetscher, den uns die staatliche Nachrichtenagentur Nowosti mitgegeben hat, unsere Frage oder die Antwort der Ewenen nicht richtig verstanden hat.

Nach dem, was wir zuvor aus alten und neuen Büchern an Informationen zusammengetragen haben, ist das Geschick der Ewenen eng verbunden mit der Geschichte der Eroberung Sibiriens durch die Russen und deren Drang nach Amerika hinüber. Wenige Jahre, nachdem noch unter der Herrschaft des Zaren Boris Godunow Westsibirien von den Russen erobert

19 und 20 Wohnhäuser aus dem früheren Ostrog von Jakutsk. Im 17. Jahrhundert – während der Eroberung Sibiriens durch die Russen – entstanden diese Kosakendörfer. Sie sind vergleichbar mit den Forts im Wilden Westen Amerikas und waren vorgeschobene Posten im Kampf gegen die Einheimischen.

worden war, drang im Jahre 1609 erste Kunde von den Tungusen und Ewenen nach Moskau. Sie wurden als wahre Monster geschildert – mit einem übergroßen Kopf auf dem Halse und von schauderhaftem Aussehen; wenn sie redeten, so gliche das dem Gegluckse der Truthühner. Im übrigen aber wurden sie als überaus freundliche und leutselige Menschen geschildert, vor allem, nachdem sie sich »überreden« ließen, die russische Oberhoheit anzuerkennen. Dieses »Überreden« ist freilich recht handfest vor sich gegangen: Die Russen haben die Ureinwohner von Taiga und Tundra als Wilde behandelt und sind ähnlich mit ihnen verfahren wie die Amerikaner bei der Unterjochung der Indianer – mit dem Unterschied al-

lerdings, daß Jakuten und Ewenen nicht bis an die Grenze zur Vernichtung dezimiert, sondern in die Ausbeutung Sibiriens eingespannt wurden.

Die ersten russischen Eindringlinge in das Land am großen Lena-Fluß waren Pelztierjäger, die bereits Anfang des 16. Jahrhunderts die Großfürsten mit Hunderttausenden von Raubtierfellen, insbesondere des Zobel und des Hermelin, versorgten. Dann folgten die Eroberer mit Kreuz und Schwert, die Kirchen, befestigte Militärlager und Palisadendörfer, die auf russisch *Ostrogs* heißen, gründeten. Auch Jakutsk entstand im frühen 17. Jahrhundert als ein solcher Ostrog.

Mit der Eroberung Sibiriens wurde Rußland von einem europäischen zu einem eurasischen Land. Auch diese neue Welt hatte ihren Christoph Kolumbus, den Kosaken Vasilij Pojarkow. Die Kosaken waren eigentlich kein Volksstamm, sondern eine wilde Truppe aus entlaufenen Leibeigenen, desertierten Soldaten, geflohenen Verbrechern und entwurzelten Bauern. Sie zogen einen Eroberungs- oder Plünderungszug nach Sibirien allemal einer Rückkehr in die Fron, die Knechtschaft oder gar ins Gefängnis vor und dienten dem Zaren als Landsknechte. Mit den Kosaken haben es auch die Ewenen zu tun bekommen, denn der wilde Vasilij Pojarkow hat auf seiner Suche nach dem Land inmitten der Eiswüste, in dem Milch und Honig fließen sollten, die Ewenen und Jakuten brutal und rücksichtslos niedergekämpft.

Der Abenteurer Semjon Deschnew wiederum nahm Ewenen als Führer zu den Grenzen Sibiriens und darüber hinaus in seine Dienste. 1639 erreichte Deschnew die Wasserstraße von Alaska, und als er auf der anderen Seite der Meerenge hohe Berge sah, taufte er sie nach dem Schutzheiligen des Tages »Sankt-Elias-Berge«. Diesen Namen trägt heute die höchste Bergkette Nordamerikas, allerdings etwas weiter im Landesinneren von Alaska, das bei den Russen *Alashka* hieß und in der Eskimosprache soviel wie »großes Land« bedeutet. Seine Aufzeichnungen übergab Semjon Deschnew dem Gouverneur von Jakutsk, der sie jedoch als unglaubhaft verschwinden ließ. Sie wurden in den sibirischen Archiven erst 1736 wiederentdeckt, als längst ein anderer für sich in Anspruch genommen hatte, die Passage zwischen Eurasien und Amerika gefunden zu haben: der Däne Vitus Bering.

Tatsächlich aber muß es eine Querverbindung

über die Beringstraße schon vor etwa 30000 Jahren gegeben haben, als klimatische Bedingungen der Eiszeit den Übergang möglich machten. Jedenfalls wurden vor kurzem in Sibirien Pfeilspitzen gefunden, die 28000 Jahre alt sein sollen, zweischneidig bearbeitet und aus Hornstein gefertigt. Die Bearbeitung ist fast identisch mit Jagdutensilien, die am Yukon gefunden wurden und wahrscheinlich 27000 Jahre alt sind.

Berings Expedition an die Grenzen Asiens im Jahr 1728 war im großen Stil vom Zarenhof ausgerüstet, organisiert und finanziert worden. Noch auf seinem Totenbett unterzeichnete Peter der Große im Januar 1725 den Befehl, herauszufinden, ob Asien und Amerika durch Land verbunden seien, den Weg nach Amerika zu suchen und zu erkunden, ob sich an der amerikanischen Küste bereits europäische Städte befänden. Der Traum von einer neuen, reichen Welt in Amerika beflügelte nicht nur Engländer und Franzosen, sondern auch die Herrscher in Moskau und St. Petersburg. Da die Atlantikroute schon von Briten und Spaniern beherrscht wurde, versuchte der Zar sein Glück auf dem langen und beschwerlichen Weg quer durch Sibirien und über die später so benannte Beringstraße nach Alaska hinüber.

Das politische Konzept der Zaren, Amerika von der Arktis her zu nehmen, traf sich mit den Interessen der russischen Pelztierhändler, der Kosaken, Jäger, Fallensteller und Abenteurer. Eine russisch-amerikanische Handelsgesellschaft drang um 1800 über den Yukon-Fluß gar bis zu den Grenzen Kaliforniens vor, ihre »amerikanische« Hauptstadt war No-

21 Die Lena ist mit 4400 Kilometern einer der längsten Flüsse der Erde. Die bizarren Felsformationen werden die »Säulen der Lena« genannt.

woarchangelsk, später Sitka genannt, und ihr vorgeschobener Ostrog war das Palisadendorf Fort Russ bei San Francisco – heute Fort Ross. Dieses Fort erwarb 1840 der gebürtige Deutsch-Schweizer John Sutter, der sich »König von Kalifornien« nannte.

1867 kauften dann die USA das russische Amerika dem weniger ehrgeizigen Zaren Alexander II. für runde sieben Millionen Dollar ab. Die Aufgabe ihres Amerika-Abenteuers hatte nicht zuletzt mit den hohen Verlusten zu tun, die die Russen im Osten ihres Reiches erleiden mußten: Nicht nur die Eskimos und die Indianer Nordamerikas setzten den Kosaken unablässig zu, sondern auch die Jakuten, die Ewenen und die Tungusen, die allesamt in ihrer Kampftaktik gegen die Russen ganz ähnlich vorgingen. Die Leute von Tompon, aber auch ewenische Jäger, die wir trafen, erzählten von grausigen Funden der Archäologen und Geologen bei deren eigentlicher Suche nach früheren Kulturen und Mineralien. So lag etwa unter einer gefrorenen Böschung des Lena-Flusses ein ganzer Trupp russischer Soldaten begraben, zum Teil noch mit ihren Patronengurten, die Körper von Pfeilen gespickt. Ähnlich den Indianern im Wilden Westen, mußten sich auch die Einwohner im fernen Osten gegen die überlegene Feuerkraft der Europäer mit List und Tücke durchsetzen, gehörten Hinterhalt und plötzlicher, unerwarteter Überfall zu ihren bevorzugten Mitteln. Lange Zeit über war deshalb Jakutsk der am weitesten vorgeschobene russische Stützpunkt im Osten geblieben. Wer sich darüber hinaus wagen wollte, wurde wie ein Todeskandidat verabschiedet.

Wegen ihres freiwilligen Rückzuges aus Amerika haben die Russen den Goldrausch am Yukon und Klondike, das wahre El Dorado, nicht mehr erlebt. Erst 1923 fand der sowjetische Bürger Tarabukin die reichen Goldfelder an Lena und Aldan in Jakutien, und 1925 strömten 13 000 Goldsucher nach Jakutien, bereicherten jedoch nicht sich selber, sondern füllten die Tresore in Moskau. Heute arbeiten auch viele Ewenen in der Goldförderung, aber ebenso viele ziehen weiterhin mit ihren Herden durch die Weiten von Taiga und Tundra.

Die Lebensweise der Hirten muß sich weitgehend den Gewohnheiten der Herden anpassen: Im Winter werden die Lagerplätze alle zehn Tage gewechselt, da die Tiere dann ihre schneebedeckten Weideplätze leergefressen haben. Grundbestandteil ihrer Nahrung ist das Rentiermoos oder das Yagel, eine Mischung aus Gras, Moos und Flechten. Es wächst auf dem Dauerfrostboden, zwei bis vier Millimeter pro Jahr, und wird von den Tieren mit den Vorderläufen freigescharrt.

Gabrillo und Wassili brechen beim ersten Sonnenlicht auf, um die Rentierherde zu sammeln. Da die Tiere frei durch die Wälder ziehen, ist dies allmorgendlich ein mühseliges Geschäft. Der Großteil der Herde hält sich zwar im Umkreis von zwei Kilometern des Lagers auf, doch da die Tiere sich 20 bis 30 Kilometer pro Tag bewegen müssen, brechen immer wieder einzelne von ihnen aus der Herde aus; sie wiederzufinden, ist eine der wichtigsten und schwierigsten Aufgaben der Hirten.

Wir können den beiden nicht folgen, denn schon bei der Suche nach dem ersten Kamerastandort bekommen wir einen Vorgeschmack auf das, was uns in den nächsten Tagen ständig passieren wird: Wir brechen bis zur Hüfte in den Schnee ein. Was beim ersten Mal noch lustig ist, wird schnell lästig: Es ist völlig ausgeschlossen, die gewohnte Geschwindigkeit beim Wechseln der Kamerastandorte einzuhalten. Zum Warten verdammt, hören wir erst nach Stunden aus der Ferne Glöckchen klingen, ehe wir Gabrillo, auf einem Rentier sitzend, an der Spitze der Herde einen zugefrorenen Flußlauf entlang reiten sehen. Am Ende folgt Wassili, ebenfalls auf einem Rentier, mit Zigarette im Mund, sein Lasso verwegen in der Luft schwingend. Wir bringen unsere Filmkamera in Position: Durch den im Gegenlicht glitzernden Schnee bewegt sich eine klingende und dampfende Herde das Tal herauf. Die Kälte läßt den Atem der Tiere sofort zu einer Wolke von Schneekristallen gefrieren. Es scheint, als bewege sich ein riesiges Heer auf unsere Kamera zu, die zu Skeletten abgemagerten Lärchen verstärken zusätzlich die trist-schaurige Stimmung dieser Szenerie.

Am Lagerplatz füllt Gabrillo einen auf Pflöcken liegenden, etwa vier Meter langen und ausgehöhlten Baumstamm mit Salz, das die Verdauung der Tiere fördern und ihren Mineralhaushalt regeln soll. Alle 800 Tiere rennen zum Trog, und sofort beginnt eine große Keilerei um den besten Platz. Durch das Gedränge geraten die Geweihe ständig ineinander, keines der Tiere kann mehr den Kopf senken, um an das Salz zu gelangen. Dann kehrt wie auf Kommando Ruhe ein, langsam und würdevoll schreiten die Leittiere durch die Herde, denen der Weg zum Salz widerstandslos freigegeben wird. In gebührender Entfernung wartet die Herde, bis auch sie wieder an den Trog zurückkehren und ihren Salzbedarf decken kann.

Gabrillo, Stepanida, Alexandra und Wassili bereiten inzwischen die Rentierschlitten für unser aller Abfahrt vor. Die Gefährte sind ausnahmslos im Eigenbau entstanden: Dünne, gebogene Lärchen- und Birkenstämme werden durch Lederriemen zusammengehalten und mit Holzdübeln zusätzlich fixiert; keine Schraube, kein Nagel. Als Sitzfläche sind dünne Holzbretter angebracht, obendrauf findet sich ein mit Fellresten gefüllter Sack als Sitzkissen, hinten schließlich dient ein dünner, gebogener Baumstamm als Lehne. Insgesamt benötigen wir zehn Schlitten, um unsere Filmkoffer sowie die für den neuen Lagerplatz vorgesehene Ausrüstung zu transportieren. Vor jeden Schlitten werden zwei Rentiere gespannt, die gleichzeitig über Lederriemen mit dem Vorderschlitten verbunden sind. Für eventuelle Ausfälle während der Fahrt werden als Ersatz zwei Tiere hinter dem letzten Schlitten angeleint. Stepanida und Alexandra schmücken die beiden Leittiere: blaurote Bänder aus gegerbtem Rentierfell um den Kopf, breite Bänder mit rotem Rand und weißem Innenteil um den Hals; hinzu kommt die unvermeidliche Glocke.

Nach zwei Stunden setzt sich unsere »Karawane« in Bewegung, beladen mit Filmgeräten, Öfen, Zelten und Äxten. Die fünf Lagerhunde begleiten uns, und Wassili hat zwei Gewehre dabei, falls wir unterwegs unerwarteten und unerwünschten Besuch von Bären oder Wölfen bekommen sollten. Diese Art, Schlitten zu fahren, ist nicht gerade die bequemste – das Rückgrat wird stark strapaziert, da die Tiere ein gewaltiges Tempo vorlegen, über jeden umgestürzten Baum hinwegrennen und auch vor Biegungen oder Böschungen nicht abbremsen. Wir haben wenig Zeit, die Landschaft zu genießen: Entweder filmen wir vom Schlitten aus, oder wir stampfen durch den meterhohen Schnee, wobei sich jeder von uns krampfhaft an seinem Schlitten festhält, um das Gleichgewicht nicht zu verlieren. Wassili und Gabrillo thronen lässig, halb sitzend auf ihren Schlitten und gleichen mit ihren Beinen federnd jede Unebenheit aus. Da wir diese Kunst nicht beherrschen, verlieren wir mit fortschreitender Zeit immer häufiger das Gleichgewicht, und jeder landet nicht nur einmal im Schnee. Der eisige Fahrtwind läßt unsere Hände klamm werden, das Metallgehäuse der Kamera wird kalt wie ein Eisklotz und die Kabel zwischen Batterie und Kamera sind innerhalb weniger Minuten derart steif gefroren, daß sie zu brechen drohen. Das Tongerät funktioniert nur, weil Tontechniker Felix es unter seiner Kleidung am warmen Körper trägt. Unser Wunsch, gute Aufnahmen von dieser wilden Fahrt zu machen, wird immerfort begleitet von der Sorge, ob die Geräte das auch aushalten. Doch am Ende der Reise wird das Filmmaterial glücklicherweise keinerlei Fehler aufweisen.

Die Tiere rennen, als ginge es um ihr Leben, die langen Zungen hängen ihnen seitlich aus den Mäulern. Immer wieder verfangen sich die Rentiere in ihren Leinen. Wir meinen, sie stünden kurz vor dem Zusammenbruch, und bitten unsere zwei Ewenen, das Schlittenrennen doch einzustellen. Doch Wassili erklärt uns lachend, dies sei völlig normal, Rentiere schwitzten nicht über die Haut, sondern wie Hunde über die Zunge. Deshalb seien die Tiere besonders geeignet für das Leben im arktischen Norden, denn sie erlitten auf diese Weise nur geringfügige Verluste an Körperwärme.

Nach schier endlosen Stunden zeigt Gabrillo auf eine Lichtung in der Ferne: unser Tagesziel. Als ob die Tiere das Ende der Reise erahnten, legen sie noch einmal so an Tempo zu, daß uns Hören und Sehen vergehen. An Aufnahmen ist nicht mehr zu denken, die Lärchen sausen links und rechts vorbei, ähnlich wie bei einer Skiabfahrt in den Alpen. Endlich sind wir da.

Im Nu haben Gabrillo und Wassili den neuen Lagerplatz für die Übernachtung hergerichtet. Alexandra heizt den Kanisterofen an und schmilzt Eisblöcke aus dem nahegelegenen Fluß – und bald gibt es heiß dampfenden Tee. Eine Holzkiste an der Zeltwand dient als Eßtisch, ein Transistorradio, ein Wecker, zwei Bücher und eine ältere Ausgabe der »Prawda« sorgen für eine heimelige Stimmung.

Unsere vier Ewenen können natürlich lesen, und besonders die Frauen schätzen die Errungenschaften der Zivilisation, die aus Moskau kommen. Ärztlicher Beistand bei Entbindungen, Aluminiumkochtöpfe und Schulunterricht: Das alles ist hier draußen in Tundra und Taiga nicht zu haben. Aber wenn die vier von ihrem harten Hirtendienst abgelöst werden, freuen sie sich auf die Genüsse, die Topolino ihnen bieten wird. Im Sommer, zur Ferienzeit, ziehen die Kinder mit in die Taiga. Wassili und Alexandra haben zwei Töchter und zwei Söhne. Einer geht zur Armee, der andere wird eines Tages die Herde übernehmen. Bei einer zweiten Reise im Juli werden wir die ganze Familie kennenlernen, werden mit Sohn Fedya fischen gehen und uns von Tochter Olya, einer angehenden Ärztin, Lieder vom Fluß Lena auf der Gitarre vorspielen lassen. Heute sind die Ewenen eine respektierte Minderheit. Sie wissen, daß die Sowchose ihren Reichtum vor allem den Leistungen der Hirten verdankt – nur wenn die Rentiere gedeihen, läßt sich auch das Fleisch gut verkaufen. Aus den Fellen der Tiere wiederum werden in Topolino Jacken, Mützen und Schuhe gefertigt, und gar mancher verdient sich einen zusätzlichen Rubel mit Schnitzereien aus Knochen und Elfenbein. Immer noch finden die Jäger und Hirten gelegentlich Zähne des ausgestorbenen Mammut, jenes Verwandten der Elefanten in der Taiga, der einst Sibirien bevölkerte. Seit Januar 1989 – im Zuge der Reformen Gorbatschows – dürfen die Hirten Nebenverdienste haben, und es gehört ihnen ein Teil der Herde selbst. Der Chef der Sowchose wiederum darf Erzeugnisse der Tundra direkt ans Ausland weiterverkaufen. Begehrt sind Mammutzähne und Rentiergeweihe, die in der Medizin als Hormonmittel Verwendung finden. Die 326 Rentierzüchter von Tompon haben 1988 3,9 Millionen Rubel erwirtschaftet, und Sowchosenchef Kladkin will sich davon eine Fleischfabrik bauen lassen, wenn möglich, von der Bundesrepublik Deutschland.

Wassili verdient etwa 300 Rubel im Monat und will von uns wissen, wie hoch unsere Gehälter sind. Daß die Bundesrepublik Deutschland gerade so groß ist wie die Sowchose Tompon, aber 60 Millionen Einwohner hat, glauben unsere Gastgeber uns nicht, und auf die Frage, ob wir in Deutschland auch Wälder hätten, können wir ihnen nur schwer die Größe, den Zustand und die Pflege unserer Wälder verständlich machen. Für Wassili scheint Deutschland die Größe einer Musterfarm zu haben.

Gegen 22 Uhr bedanken wir uns bei unseren Gastgebern und gehen durch die kalte Nacht zu unserem 50 Meter entfernt stehenden Zelt. Bei sternenklarem

22 Trotz einfachster Küchengeräte zaubert Stipanida bei unserem Wiedersehen im Sommer köstliches Ölgebäck.

Himmel kommen einige Rentiere auf uns zu, voller Neugier beäugen sie uns, und wir haben Mühe, sie am Eingang unseres Zeltes davon abzuhalten, mit uns einzutreten. Überhaupt verfolgen uns einige dieser großen, aber gutmütigen Tiere auf Schritt und Tritt. Muß einer von uns die Notdurft verrichten, sind sie schnell zur Stelle.

Überhaupt die Notdurft – bei 40 Grad Kälte wird sie zu einem nicht unerheblichen Problem: Wenn einer schon unbedingt nach draußen muß, fühlt er sich hinterher verpflichtet, das Feuer neu zu entfachen; es hält wenigstens so lange warm, bis der Thermoschlafsack endlich wieder die schlotternden Knochen beruhigt.

Während dieser Tage der langen, einsamen Wanderungen durch die Taiga empfinden wir eigentlich nie Angst. Zu dem Gefühl der Sicherheit trägt vor allem ein Funkgerät bei, mit dem einer der Hirten allabendlich der Sowchose unseren Standort bekanntgibt. Tompon hat übrigens als erste Landwirtschaftseinheit in der Sowjetunion Computer eingeführt, mit deren Hilfe die Weideplätze der Herden genau festgelegt werden. Schon früher, 1942, hat ein russischer Tierarzt einen neuen Wanderrhythmus bei den Ewenen eingeführt. Er dient einer optimalen Ausnutzung der Weideflächen bei gleichzeitiger Schonfrist für die Rentierflechte Yagel. Mit 22000 Tieren hat Tompon jedoch inzwischen die höchstmögliche Auslastung erreicht.

Die Rentiere haben von ihren wilden Vorgängern den Drang zur saisonbedingten Wanderung geerbt, und so ziehen die Hirtenbrigaden mit ihren Herden im Sommer in die kühlen, höher gelegenen Bergregionen, um vor der Mückenplage zu fliehen und neue Weideplätze zu suchen. Mit dem Sommerbeginn im Juni verwandelt sich nämlich die erstarrte Eislandschaft auf wundersame Weise: Eine Sonne, die um diese Jahreszeit nie untergeht, lockt Hunderte von Pflanzen aus der dünnen, freigeschmolzenen Oberschicht des Bodens, unvermittelt sind Blumen in allen Farben zu sehen und Zugvögel in vielen Arten bevölkern den Himmel. Das Kontinentalklima bewirkt, daß Jakutien nicht nur arktische Kälte, sondern auch tropische Hitze erlebt, und mehr noch als in der von

23 Nachdem wir schon im Winter bei den Hirten waren, gab es im Sommer ein Wiedersehensfest.

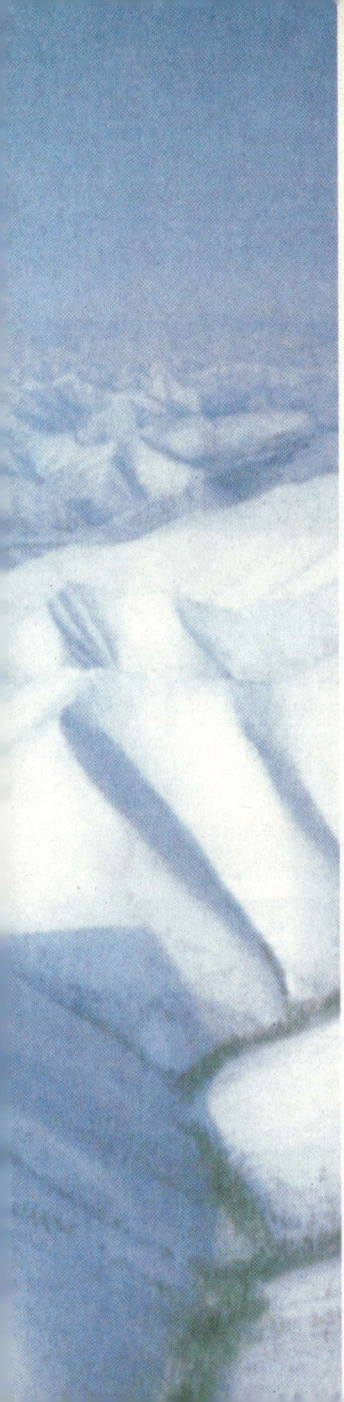

33

34

32 Tief verschneite Gebirgszüge an einem der kältesten Punkte der Erde: das Tschjorskij-Gebirge.

33 Aeroflot, die größte Fluglinie der Welt, befördert nicht nur Passagiere. Zur Teilnahme an der Spartakiade der nordischen Völker Sibiriens werden Schlitten und Rentiere mit dem Doppeldecker transportiert.

34 Die Taiga bedeckt zwei Drittel Sibiriens und ist der größte Wald der nördlichen Halbkugel, die Lunge der Alten Welt.

35

36

35–37 Kinder in ihrer warmen Rentierkleidung, die oftmals durch Seerobben- und Polarfuchsfelle verziert ist.

38 Deutlich sichtbar sind die asiatischen Gesichtszüge sibirischer Nomaden. Das rastlose Nomadenleben trieb die Ureinwohner Sibiriens vermutlich über die Behring-Straße nach Alaska und Kanada.

39 Ein Lager der Ewenen in der Sowchose Tompon.

40 Alexandra, unsere ewenische Bekannte, bereitet im Zelt das Abendessen zu.

41 (nachfolgende Doppelseite) Die Teilnehmer an der Spartakiade in Chonuu sammeln sich.

37

38

39

40

42

43

44

42 Schlittenrennen mit Rentieren!

43 Das Leittier mit seinem Stirnschmuck.

44 Im weißgrauen Winter Sibiriens strahlen die farbenprächtigen Geschirre der Rentiere Lebensfreunde aus.

Wäldern bedeckten Taiga, entfaltet sich in der Tundra geradezu explosionsartig eine bunte Farbenpracht.

Jetzt beginnt die Zeit der Feste, und gelegentlich können die Jakuten und Ewenen auch schon einmal dem Müßiggang frönen. Das größte Ereignis des Jahres ist für die Hirten ein Wettkampf, an dem sich 18 Völker und Stämme beteiligen und der stark an das Rodeo oder das »round up« der Cowboys in Nordamerika erinnert. Nur messen sich die Hirten nicht in den Sommer-, sondern in den Winterdisziplinen: Schlittenrennen stehen an erster Stelle, dazu das Schneeschuhlaufen, wobei die langen Stöcke mit den Felltellern deutlich machen, daß die Völker am Polarkreis einst den Skistock erfunden haben. Weitere Wettbewerbe sind der Ringkampf auf glattgetretenem Schneeboden, das Beil- und Messerwerfen, das Springen über eine Reihe von Schlitten sowie schließlich das Reiten der Rentiere.

1988 haben die Leute aus Tompon in vielen Disziplinen gewonnen. Im April 1989 findet diese Spartakiade der Einheimischen im Momskij-Gebirge, auch Moma-Gebirge genannt, statt, das im Berg Pebeda über 3000 Meter Höhe erreicht; Hauptort ist Chonuu mit 3000 Einwohnern. Auch unsere Ewenen fliegen zu diesen Wettkämpfen – und wir begleiten sie.

Bei allem Respekt vor der Wurfgenauigkeit der *Tungusen* und *Ewenen, Ewenken* und *Tschuktschen, Jakuten* und *Burjatmongolen* – für unsere Kamera erweisen sich doch die Wettbewerbe um das Rentier am spektakulärsten. Die Hirten schwingen das Lasso, wie es die Vaqueros in Südamerika oder die

Cowboys in Nordamerika sicher auch nicht besser könnten.

Vor dem Haupthaus stehen die Holzsäulen, die uns an die Totempfähle Nordamerikas erinnern. Eine trägt ein Rentier als Zeichen der Zunft, eine andere eine Flamme als Zeichen des Lebens und eine dritte zeigt eine Schale als Symbol der Gastfreundschaft. Wir haben diese Gastfreundschaft sehr genossen, auch wenn wir Westeuropäer glauben, auf Dauer ein so karges Leben nicht aushalten zu können.

Die Enkel der Kopfjäger

Im Geschäft riecht es nach Plastik und Staub, ein Durcheinander von Einkaufs- und Reisetaschen, von Seesäcken und Koffern steht auf dem Boden, liegt in Regalen oder hängt unter dem Wellblechdach. Zwischen dem höchstens achtzehnjährigen Verkäufer und seinem Kunden, einem alten Mann mit ausgezehrten Gesichtszügen und Säbelbeinen, liegen gleich mehrere Generationen. Der Verkäufer scheint der Verzweiflung nahe, denn er versteht weder die Worte noch die Gesten seines Kunden, der immer ungeduldiger mit der Hand nach oben zeigt, wo zahlreiche Taschen an Schnüren hängen. Ein Dutzend dieser Plastiktaschen hat der junge Mann schon mit einem Stock heruntergeangelt, doch jedesmal schüttelte der sonderbare Kunde seinen Kopf. Schließlich nimmt der Alte den Stock selbst in die Hand und holt sich seine Wunschtasche von der Decke – das farbenprächtigste Reiseutensil, das am höchsten hängt und die dickste Staubschicht trägt.

Noch während der Mann im durchlöcherten T-Shirt feilscht, läßt er sich einen Lappen reichen und beginnt, die Tasche so liebevoll zu putzen, als ob der Ladenhüter eine wertvolle Errungenschaft wäre, ein

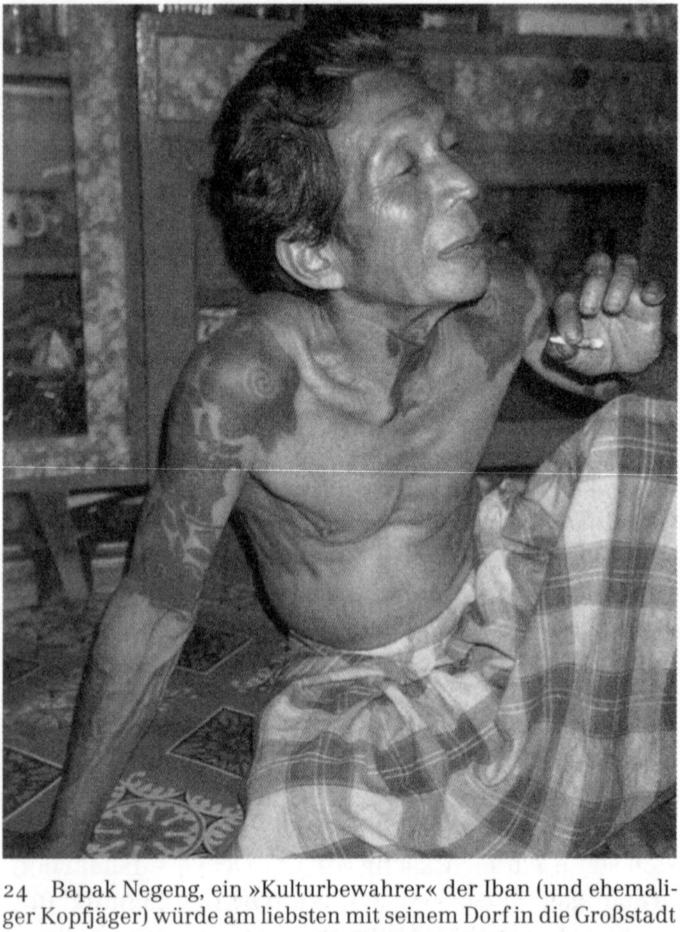

24 Bapak Negeng, ein »Kulturbewahrer« der Iban (und ehemaliger Kopfjäger) würde am liebsten mit seinem Dorf in die Großstadt Pontianak mit ihrer modernen Zivilisation umziehen.

Kleinod, ein Stück Wunschtraum seines Lebens. Unter der dicken Schmutzschicht kommt allmählich ein leuchtend blaues Nylongewebe mit grellroten und gelben Streifen zum Vorschein. Wir bewundern den alten Mann, seinen scheinbar kindlichen Geschmack und die Ausdauer, mit der er den Preis zuletzt auf umgerechnet sechs Mark herunterhandelt.

Eigentlich sind wir in den Laden gekommen, um einige Seesäcke für unsere Bootsreise in das Landesinnere *Kalimantans* zu besorgen, des indonesischen Teiles der Insel *Borneo*. Bei den dort lebenden Stämmen der *Dajak* – unter diesem Sammelnamen werden zahlreiche Stämme auf Borneo zusammengefaßt – wollen wir herausfinden, was aus den ehemaligen Kopfjägern geworden ist, wie deren Enkel mit der Bürde der Vergangenheit umgehen und mit ihrer Gegenwart zurechtkommen. Und der alte Mann in dem durchlöcherten T-Shirt und den Jeans, die seine Säbelbeine nicht verbergen können, muß ein Dajak sein – seine Unterarme sind kunstvoll tätowiert, und er ist der indonesischen Sprache nicht mächtig. Woher sonst sollte er kommen als aus dem Dschungel, aus dem Land der früheren Kopfjäger? Auf unsere Frage nennt er seinen Namen: Bapak Negeng.

Albrecht Küper, unser Redakteur und Völkerkundler (beziehungsweise Ethnologe), der während seiner Studienzeit im malayischen Teil Borneos bei den Dajak gelebt hat, kann sich mit dem alten Mann in einer Mischung aus Indonesisch und Iban verständigen. Am Ende der Unterhaltung laden wir Bapak Negeng, der dem Stamm der *Iban* angehört, zum Eistee in unser Hotel ein. Bapak bedeutet »Vater« im Sinne einer verehrungswürdigen Respektsperson.

Nach dem Ausweis, den eine katholische Mission Bapak Negeng ausgestellt hat, ist er 1926 in einem Urwalddorf namens Tangit geboren, also zur Zeit unseres Besuches 63 Jahre alt. Doch über diese Eintragung kann er nur lächeln, er schätzt sich selber auf mindestens 75 Jahre: »Ich kann ja nicht schreiben«, meint er, »aber ich kann mich noch an meinen Großvater erinnern. Den haben wir begraben, noch bevor die ersten Weißen kamen, um uns die Kopfjagd auszureden. Und das passierte, so hat man mir erzählt, zur Zeit des Ersten Weltkrieges.«

Bapak Negeng hat sich vor zehn Jahren taufen und den Ausweis ausstellen lassen. Damit erwarb er sich den Anspruch, als zivilisierter Bürger und nicht mehr als verachteter Wilder zu gelten. Der indonesische Staat versucht, den 350 Stämmen auf seinen mehr als 13000 Inseln den angestammten Glauben und die Geisterwelt auszutreiben, und bietet als Ersatz den Eintritt in Weltreligionen mit nur einem Gott an, zum Beispiel den Islam oder das Christentum. Doch für Bapak Negeng ist die neue Religion nur ein Schutzschild, hinter dem er – wie die meisten Dajak – in Ruhe und ungestört seine traditionellen Geister weiter verehren und beschwören kann.

Bapak Negeng ist in seiner Eigenschaft als *Kepala Adat*, als »Kulturbewahrer«, von einigen Dörfern in die Großstadt Pontianak am südchinesischen Meer gesandt worden. In dieser wichtigsten Stadt Westkalimantans soll er herausfinden, welche fremden Einflüsse auf die Iban noch zukommen werden, ob und wie man sie in die eigene Tradition aufnehmen kann, was eine Bereicherung sein und was eine Gefahr darstellen könnte. Darüber hinaus soll er den Markt für Erzeugnisse erkunden, die in den Iban-Dörfern hergestellt oder gewonnen werden, wie beispielsweise Kautschuk, Rattan und Kampferharz.

Mit diesem Auftrag ist Bapak Negeng freilich völlig überfordert. Die Hafenstadt mit ihren rund 300000 Einwohnern, den vielen Autos und Motorrädern, den unzähligen Gummi- und Holzfabriken, den weitläufigen Bazarstraßen liegt jenseits der Aufnahmefähigkeit des Alten, der in dem Zweihundert-Seelen-Dorf Tangit lebt. Seine erste Reise aus dem Stammesgebiet heraus führte ihn gleich in eine fremde Welt, die ihm zunächst Furcht einflößte, völlig verwirrte und ihm den Schlaf raubte. Nach einigen Tagen siegten dann aber seine Neugierde und die Verlockungen des Warenangebotes, seine Scheu wich dem Interesse am Unbekannten: So wagte er sich heute erstmals auch in ein Geschäft, und jetzt ist er froh, mit uns den Eistee schlürfen und dabei seine Fragen stellen und Eindrücke schildern zu können.

Bald gesellt sich ein Gast vom Nebentisch zu uns, ein schlanker, etwa fünfzigjähriger Mann vom Stamm der *Punan*. Er heißt Sawing und ist ebenfalls ein Kepala Adat, ein »Kulturbewahrer«. Sein Dorf befindet sich in den Bergen, im Quellgebiet des Kapuas, etwa 450 Kilometer nordöstlich von Pontianak. Sawing ist schon zum vierten Mal in der Großstadt, und diesmal wird er für sein Dorf Wasserrohre aussuchen und bestellen.

Die Aufgabe eines *Kepala Adat* ist bei den Dajak so alt wie ihre Kultur selbst, und der Kepala Adat ist angesehener als der Dorfälteste oder gar der gewählte Bürgermeister; dieser ist eine recht neue Einrichtung, auf die der indonesische Staat besteht und mittels derer er glaubt, auch in entlegenen Ansiedlungen seinen Einfluß ausüben zu können. Tatsächlich aber kann ein Bürgermeister allenfalls äußerlich etwas verändern, vielleicht den elektrischen Strom einführen, eine gemeinsame Kautschukpresse oder einen Kompressor für die Goldsuche anschaffen – die spirituellen Werte der Dajak und ihre überlieferte Lebensweise bleiben davon weitgehend unberührt, mag der technische und wirtschaftliche Fortschritt auch noch so groß sein. Der Kepala Adat ist die wichtigste Person für das Weiterbestehen der Traditionen, er spielt bei Hochzeiten eine gewichtige Rolle, und außerdem nimmt er auch die Aufgaben eines Schlichters und Richters wahr.

Bapak Negeng erzählt, daß er schon bald den Kapuas-Fluß hochfahren wird, um seinem und anderen Dörfern vom Besuch in Pontianak zu berichten. Sawing wird denselben Weg einschlagen, und da auch wir von vornherein auf dieser Route zu den Enkeln der Kopfjäger reisen wollten, beschließen wir, zunächst gemeinsam mit Bapak Negeng Pontianak zu erkunden und ihn anschließend auf seinem Heimweg nach Tangit zu begleiten.

Unser Kepala Adat, jetzt eher als »Marktforscher« zu Holz- und Gummiaufkäufern, zu chinesischen Händlern und Schiffseignern unterwegs, staunt

25 Sawing, ein »Kulturbewahrer« der Punan, will die Zivilisation in sein Dorf holen.

nicht schlecht, als er die Preise erfährt, die in der Großstadt für die Rohstoffe bezahlt werden. Die Handelsspanne ist für unsere Maßstäbe nicht hoch, doch für Bapak Negeng liegen Welten zwischen den Preisen im Landesinnern und denen in der Hafenstadt. Für Rohkautschuk zum Beispiel zahlen chinesische Aufkäufer in Bapak Negengs Dorf umgerechnet sieben Mark je Kilogramm, in Pontianak hingegen würde er schon zehn Mark erhalten. »Da lohnt es sich, den Gummi selbst hierherzubringen«, rechnet er sich aus. »So vielleicht alle vier bis fünf Wochen könnten wir eine Bootsladung Kautschuk gezapft haben.«

Im Flußhafen handelt der alte Iban Frachtpreise aus und bittet Albrecht Küper, sie aufzuschreiben, denn er könne »so viele Zahlen« nicht »im Kopf behalten«. Mit dem »Geschäftsbesuch« bei den Schiffseignern sieht Bapak Negeng seine Aufgabe als erfüllt an, doch der Hafen mit den chinesischen Hausbooten, den Segelschiffen aus Holz, den Flößen aus Baumstämmen und den Hochseefrachtern in der tiefen Flußmitte fasziniert ihn so sehr, daß er uns zu einer Rundfahrt überredet – die freilich wir bezahlen. Stolz wie ein Weltreisender besteigt er das Boot, seine farbenfrohe Tasche fest im Griff. Hier, auf den Holzbänken des Schiffes, fühlt sich Bapak Negeng wohl und sicher, sie sind ihm vertraut, denn Boote sind im Land der Dajak das einzige Transportmittel.

Wo das Kapuas-Delta in das südchinesische Meer mündet, drangen – soweit es überliefert ist – bereits im zwölften Jahrhundert indische Händler in das Gebiet der Dajak vor, wurden aber mit giftigen Pfeilen aus Blasrohren zurückgeschlagen. Doch auf ihrer Flucht konnten sie noch Goldklumpen, Gestein mit Diamanteneinschlüssen, wohlriechende, unbekannte Blätter, Wurzeln und Späne des Kampferbaumes – einer begehrten Grundlage der chinesischen Medizin – an sich reißen.

Die indischen Händler ließen sich dort nieder, wo heute Pontianak steht, und begannen einen Tauschhandel mit den Dajak. Die wertvollen Waren, auch schon zu jener Zeit überaus kostbare Handelsgüter, fielen immer häufiger Seeräubern in die Hände. Im 13. Jahrhundert brachten dann Piraten ein indisches Handelsschiff auf und erfuhren durch dessen Besatzung, woher die Waren stammten. Daraufhin bemächtigten sie sich einer Bucht im Kapuas-Delta und bauten sie zu einem versteckten Stützpunkt aus. Auch sie »handelten« mit den Dajak, das heißt, sie überfielen deren Dörfer. Mit den eroberten Gütern wußten sie freilich wenig anzufangen, da niemand sie ihnen abkaufen oder sie eintauschen konnte. Mit der Zeit gerieten die Seeräuber zwischen mehrere Fronten: zum einen setzten ihnen die Bewohner Kalimantans zu, zum anderen tauchten indische Handelsschiffe mit chinesischer Verstärkung auf. Den Indern ging es nicht nur um die Reichtümer der Dajak, sondern auch um die Sicherung der Seefahrtsstraße entlang der Küste Borneos.

Doch die Ansiedlung am Kapuas-Delta sollte keinem der fremden Streithähne in die Hände fallen: Küstenbewohner erkannten die Bedeutung des Ortes und gründeten dort eine wehrhafte Stadt, die später,

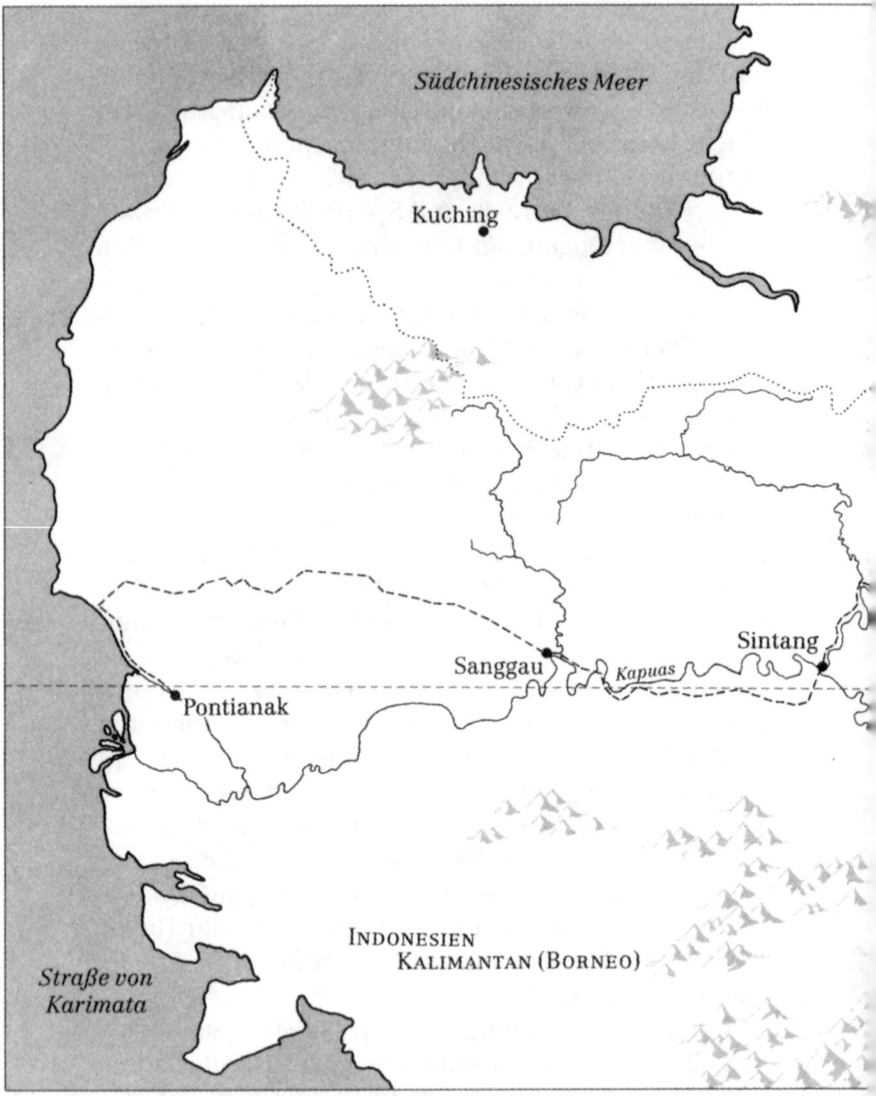
Südchinesisches Meer
Kuching
Sanggau
Kapuas
Sintang
Pontianak
Indonesien
Kalimantan (Borneo)
Straße von
Karimata

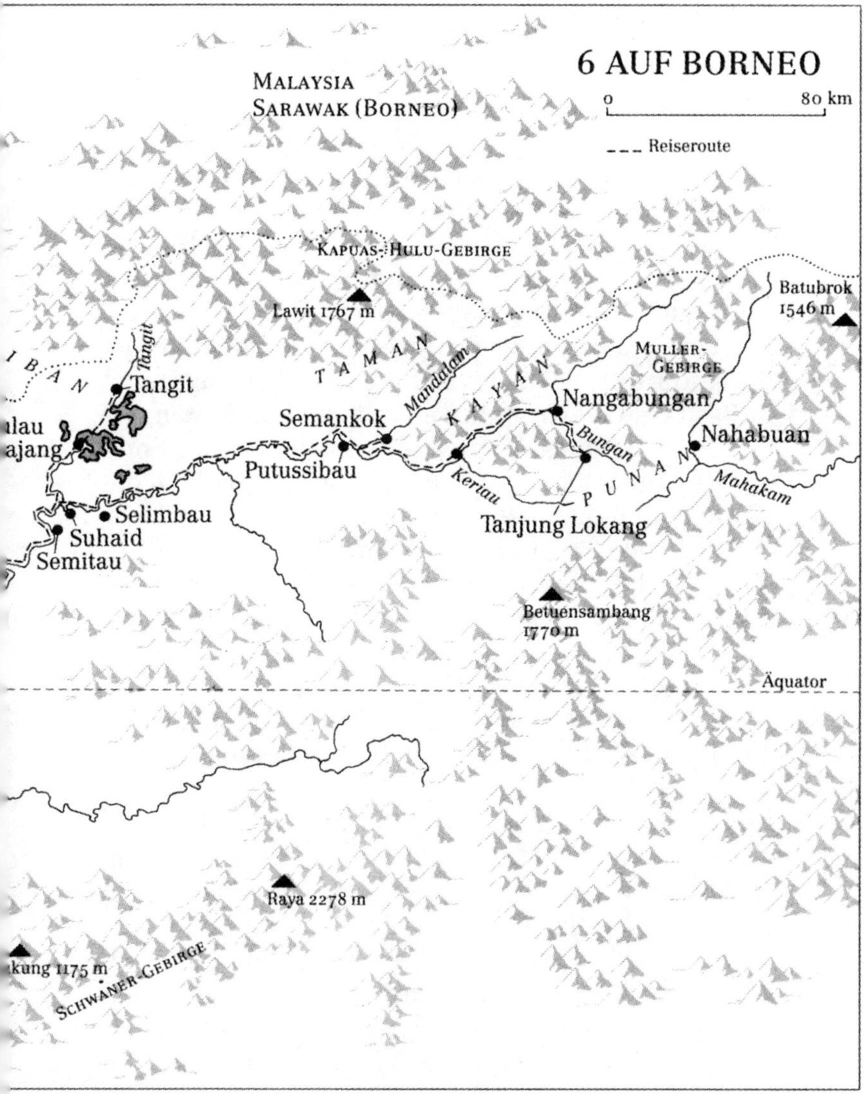
6 AUF BORNEO
0
80 km
Reiseroute
MALAYSIA
SARAWAK (BORNEO)
KAPUAS-HULU-GEBIRGE
Lawit 1767 m
Batubrok
1546 m
MULLER-
GEBIRGE
TAMAN
KAYAN
Mandalam
Tangit
Tangit
Semankok
Nangabungan
Nahabuan
Bungan
Putussibau
Keriau
PUNAN
Mahakam
Selimbau
Suhaid
Semitau
Tanjung Lokang
Betuensambang
1770 m
Äquator
Raya 2278 m
SCHWANER-GEBIRGE

ab dem 15. Jahrhundert, unter dem Einfluß islamischer Händler zu einem Sultanat wurde.

Europa erfuhr erstmals durch eine Beschreibung des portugiesischen Seefahrers Antonio Pigafetta zu Beginn des 16. Jahrhunderts von der drittgrößten Insel der Welt und ihrem exotischen Reichtum. Die holländische Flotte suchte nach der portugiesischen Beschreibung den Weg nach Borneo, doch wurde die Insel erst knapp 100 Jahre später auch von den Niederländern entdeckt. Sie nahmen sie allerdings nicht in Besitz, sondern schlossen mit den Sultanaten der Südküste Handelsverträge, die ihnen bis zum Ende des Ersten Weltkrieges den alleinigen Zugriff auf die Waren und Rohstoffe sichern sollten.

Unter den Holländern wurde Pontianak zur Handels- und Industriemetropole des südwestlichen Kalimantan ausgebaut. Während die nördliche Hälfte Borneos später von den Engländern besetzt und nach dem Zweiten Weltkrieg in den malaysischen Staatenverbund eingegliedert wurde, fiel das südliche Borneo, eben Kalimantan, den Indonesiern zu.

Am Abend, nach dem Essen, überrascht Bapak Negeng uns und auch Sawing im Hotel in festlicher Kriegerkleidung. Einst hat er in diesem Schmuck eine erfolgreiche Kopfjagd gefeiert, doch wie lange das her ist, will er nicht verraten. Auf den ersten Blick glauben wir, er trüge ein kunstvoll bemaltes Hemd, doch es sind sein nackter Oberkörper, seine Schultern und die Arme, deren lückenlose Tätowierungen uns beeindrucken. Um die Hüften hat er ein rotes Tuch gebunden, das wie ein kurzer Rock fällt und von einem

Gürtel aus Silber gehalten wird – den *Sarung*. Darin steckt ein *Parang*, ein etwa 70 Zentimeter langes Schwert, dessen Griff ein Bündel Menschenhaar ziert – Menschenhaar, das er mit eben diesem Schwert von abgetrennten Köpfen geschoren hat. Bapak Negeng ist stolz auf seine Waffe, die ihm die Männerwürde vergangener Zeit symbolisiert. Als er die messerscharfe Klinge aus der perlenverzierten Holzscheide zieht und den Schlag vorführt, der früher wohl einige Menschen den Kopf gekostet hat, scheint ihn die Erinnerung an den letzten einschlägigen Gebrauch dieser gefährlichen Waffe für einen Augenblick wieder einzuholen. Wir sind deshalb geradezu erleichtert, als er den Parang wieder in die Scheide steckt und die Strenge in seinem Gesicht jenem Lächeln weicht, das uns den alten Mann so sympathisch gemacht hat.

Am nächsten Morgen steht der von uns gecharterte Bus vor unserem Hotel. Um Zeit zu sparen, werden wir auf der einzigen Straße in das Landesinnere zu dem in Luftlinie etwa 250 Kilometer entfernten Provinzhauptstädtchen Sintang fahren, wo die Straße im übrigen auch endet. Zunächst wird die Straße am Meeresufer entlang und anschließend durch eine abwechslungsreiche Landschaft führen.

In unserer Begleitung befinden sich neben Bapak Negeng und Sawing auch noch zwei offizielle Vertreter des indonesischen Ministeriums für Information – Tschaka, ein aufgeblasener Wichtigtuer, und Monok, ein Absolvent der Fernsehschule in Djakarta, ein sympathischer und hilfsbereiter junger Mann. Dr.

Werner Weiglein, ein Arzt, der Kalimantan schon einmal von Osten nach Westen durchquert hat, ist gleichfalls mitgekommen, zusammen mit seinem langjährigen Freund Yoku, einem stämmigen und starken Indonesier. Dr. Weiglein hat uns im übrigen zuallererst auf die Spur der Enkel der Kopfjäger gesetzt.

Während wir noch beschäftigt sind, den großen Bus zu beladen, steigen ungebetene Gäste hinzu. Woher sie von den freien Sitzen in unserem Bus nach Sintang erfahren haben, erahnen wir schnell: Denn zwar haben wir das Fahrzeug ausschließlich für uns angemietet und dafür auch einen entsprechend hohen Preis gezahlt, aber wir bemerken doch, wie sich unser Fahrer von den Einsteigenden Geld zustecken läßt.

Die schmale Asphaltstraße entlang der Küste ist von Ölpalmgärten, Kokospalmen und Bananenstauden gesäumt. Die Dörfer aus Holzhäusern scheinen kein Ende nehmen zu wollen. Da und dort glitzert das blauschwarze Meer, doch meist bleibt es hinter dichtem Bewuchs verborgen. Die Land- und Forstwirtschaft betreiben hier die *Orang Malayu*, wie die Küstenbewohner von den Dajak genannt werden: die »Malaischen Menschen«.

Etwa zwei Stunden hinter Pontianak verlassen wir die Küste und fahren Richtung Osten, dem Herzen Borneos zu. Unsere Mitreisenden wie auch unsere beiden Kepala Adat, Sawing und Bapak Negeng, wenden ihre Neugierde mehr und mehr unserem Kameramann Peter Kerstan zu, der die vorbeiziehenden Landschaften vom Fenster aus filmt, auf dem Trittbrett des Busses hockend waghalsige Überholmanöver festhält oder die Fahrgäste selbst aufnimmt. Es sind allesamt Orang Malayu oder *Orang tiong-hoa*, Indonesier chinesischer Abstammung. Heute, am Samstag, nutzen viele die preisgünstige Reise, um übers Wochenende ihre Verwandtschaft in Sintang zu besuchen.

Die Straße schlängelt sich mittlerweile durch dichten, tropischen Wildwuchs, hinter dem sich aber kein Regenwald mehr erhebt – denn der ist längst schon abgeholzt und einer hügeligen Landschaft gewichen, die teils gerodet und mit Reisfeldern bebaut ist, teils nach dem Kahlschlag einfach brach liegen gelassen wurde. Der tropische Regenwald Borneos ist nicht weniger gefährdet als derjenige im Amazonasgebiet. Diese tropischen Waldflächen zusammen sind noch heute der größte Sauerstofflieferant unserer Erdatmosphäre, doch die fortschreitende Abholzung hat längst besorgniserregende Ausmaße angenommen und stellt die Sauerstoffversorgung für die Zukunft in Frage.

Die konzentrierte Ballung des Bewuchses nimmt ständig größte Mengen von Stickstoff und Kohlendioxid auf und gibt den lebensnotwendigen Sauerstoff ab. Doch einmal gerodet, benötigt ein Tropenwald Jahrhunderte, um wieder heranzuwachsen, denn der Boden, auf dem er steht, ist nur ein Standort und kein Nährstoffgeber. Die dünne Humusschicht eines Regenwaldes ist Bestandteil des Biotops und wird von ihm selbst erzeugt, nicht von der Erde. Abfallende Blätter, Zweige, Blüten und Kadaver von Tieren – und seien sie auch noch so klein – werden hier von Mikroorganismen und Insekten zu einem Nährboden verarbeitet, der den Dünger liefert und zum Geburtshelfer und zur Gebärmutter neuen Lebens wird. Der Bewuchs stützt sich selbst, das niedrige Buschwerk umklammert die Baumstämme, die Äste der Bäume geben Sträuchern Halt; selbst das flache Wurzelwerk der Baumriesen ist im Boden nur verankert und holt sich Mineralien und Dünger aus dem Humus des eigenen Versorgungssystems. Ist dieses erst einmal aus der Balance gebracht, stirbt der tropische Regenwald.

In Kalimantan wie auch im malaysischen Borneo, *Sarawak*, versucht man, der Abholzung durch die Aufforstung von Monokulturen zu begegnen. Meist sind es Öl- und Kokospalmen, die auf den riesigen Rodungsflächen gepflanzt werden – ein kläglicher Ersatz für das ökologische System, für die immense Artenvielfalt des Urwaldes, seien es Pflanzen oder Tiere. Die flächendeckenden Palmenplantagen bieten Tieren wie Affen, Raubkatzen, Riesenschlangen oder Wildschweinen keinen Lebensraum mehr. Um zum Beispiel den großen Menschenaffen *Orang Utan* vor dem Aussterben zu retten, den »Waldmenschen«, wie er wörtlich übersetzt heißt, mußte man in beiden Teilen Borneos Reservate einrichten.

Am späten Nachmittag geht die Asphaltstraße in eine Schotterpiste über. In weiter Ferne glitzert der Kapuas, an dieser Stelle ein breiter, träger Strom, den wir geradewegs ansteuern. Doch Sonnenlicht und der Blick aus der Entfernung haben ihm geschmeichelt, aus der Nähe betrachtet, scheint er sich nur im Schlamm ein Bett gegraben zu haben. Schlammig ist auch das Ufer, an dem die Autofähre gerade ankommt. Die Anlegestelle begrüßt uns mit einem Holzschild, auf dem »Kami Doakan« zu lesen ist – »wir beten für euch«.

Als Bapak Negeng die Fähre besteigen will, widerfährt ihm ein ungeheures Mißgeschick, er rutscht aus und seine Tasche landet im Schlamm. Die nächsten Stunden ist er nur damit beschäftigt, die Tasche sorgfältigst zu reinigen, und als ihre grellen Farben wieder leuchten, erreichen wir schon Sintang am Zusammenfluß von Kapuas und Melawi.

In der Herberge hoffen wir alle auf einen gesunden, erholsamen Schlaf, doch jetzt wird Bapak Negeng munter und hält uns mit seinen Geschichten in schlafraubender Spannung. Er erinnert sich, wie ihn sein Vater einst an die Kopfjagd heranführte, als er noch ein Kind war. Die Geschichte läßt uns bald die Haare zu Berge stehen, aber der sanfte Ton, in dem er sie erzählt, taucht die früheren, grausigen Rituale und Lebensregeln der Dajak in ein milderes Licht. Dennoch bleibt uns diese Welt fremd.

»Mein Großvater hatte von einer Kopfjagd auch zwei junge Sklavinnen mitgebracht«, erzählt Bapak Negeng, »die eine hat mich aufgezogen und mir wohl auch die Brust gegeben. Sie hat sich immer um mich gekümmert, und ich war ihr deshalb besonders zugetan. Im Langhaus arbeitete sie als Köchin. Noch heute kann ich mich an ihre Reiskuchen erinnern. Die Jahre vergingen, sie wurde älter und ich auch.

Als ich vielleicht so acht oder zehn Jahre alt war, meinte mein Vater, es sei an der Zeit, mich als Krieger abzuhärten. Mit dem Blasrohr und dem Parang wußte ich längst schon umzugehen, und ich hatte sogar schon einmal ein Wildschwein getroffen und mit dem Parang zerhackt. Allerdings habe ich es liegen lassen, weil es mir einfach zu schwer war.

Mein Vater nahm mich also mit. Ich wußte nicht, was er mit mir vorhatte, war aber froh, daß die Sklavin mitkam. Ich fühlte mich dadurch einfach sicherer, denn sie hatte ja schließlich immer auf mich aufgepaßt. Als wir im Wald waren, sagte mein Vater zu ihr: ›Stell dich an den Baum, du mußt jetzt etwas für meinen Sohn tun.‹ Dann hat er sie festgebunden und zu mir gesagt: ›Du mußt sie jetzt töten wie einen Feind, fang erst mit dem Blasrohr an, da spürt sie nicht so viel.‹«

Bapak Negeng hält inne, und Albrecht Küper, der die Erzählung übersetzt, stockt der Atem. Doch die Geschichte geht weiter: »Die Augen der Sklavin weiteten sich vor Entsetzen und sie schrie. Doch mein Vater sagte nur zu mir: ›Willst du nun ein Krieger werden oder nicht?‹ Ich wollte, aber ich wollte sie auch nicht töten. Doch irgendwie saß es in mir, und ich schoß auf sie. Wie schnell das Gift wirkte, weiß ich nicht mehr, aber ich weiß, daß sie noch lebte, als mein Vater sagte, ich solle jetzt zustechen. Da stach ich mit der Metallspitze des Blasrohres zu. Von da an fühlte ich mich als Krieger, mein Vater mußte mir nichts mehr sagen. Selbstverständlich zog ich meinen Parang und schlug ihr mit einigen Hieben den Kopf ab. Mein Vater war stolz auf mich und ich auch.«

Bapak Negeng erwartet eine Reaktion unsererseits, doch unsere Kehlen bleiben stumm. Selbst Sawing, der doch diesem Kulturkreis entstammt, sagt nichts. Bapak Negeng merkt wohl, daß unsere Gemüter seiner Geschichte nicht gewachsen sind, und hüllt sich in ein nachdenkliches Schweigen. In dieser Nacht geht jeder von uns schweren Schrittes in sein Zimmer, die Stimmung ist gedrückt, und doch versuchen wir, den Alten in Schutz zu nehmen: Als Kind folgte er nur den Gebräuchen seines Stammes. So, wie wir ihn kennengelernt haben, ist es für uns kaum vorstellbar, daß dieser ruhige, bedächtige und freundliche alte Mann eine so blutige Vergangenheit durchlebt haben soll.

Während wir nach Landesart frühstücken, das heißt, süßen, stark gebrannten Kaffee trinken und Reisfleisch essen, handelt Dr. Weiglein mit einem Longboat-Kapitän den Preis für die eintägige Fahrt nach Suhaid aus. Dort werden wir wahrscheinlich auf kleinere Boote umsteigen müssen, um zu den Iban zu gelangen.

Die Helfer des Schiffsführers schleppen unsere Ausrüstung zum Longboat, das am Ufer an einem schwimmenden Baumstamm angelegt hat. Die *Longboats*, lange, schmale Holzboote der Einheimischen, werden immer noch so gebaut wie ehedem, nur ersetzen heute Außenborder die Muskelkraft, um sie vorwärts zu bewegen. Der Kiel ist aus einem Baumriesen gefertigt, von dessen Stabilität die Qualität des Bootes abhängt, an das hier besondere Ansprüche gestellt wird; denn die Nebenflüsse am oberen Ka-

26 Nach dem Schlag werden Baumstämme zu Flößen zusammengebunden und erst auf die Reise geschickt, wenn sie manchmal bis zur Größe eines Fußballfeldes angewachsen sind.

puas sind voller Hindernisse, umgestürzte Bäume, Stromschnellen, Steine und Felsbrocken fordern Boote und Bootsführer ständig heraus. Und auf jeder Fahrt müssen die Longboats da und dort mühsam über Flußfelsen gezogen, geschoben oder getragen werden. Der Kiel dient dann als eine Art Kufe, ähnlich wie bei einem Schlitten.

Der Kapuas ist ein breiter Strom, auf dem sich viel Leben abspielt. Immer wieder begegnen uns Baumflöße, manchmal so groß wie ein Fußballfeld, die von je einem winzig erscheinenden Boot hinten geschoben und vorne geschleppt werden. Je nach Wasserstand benötigen diese riesigen Holzflöße Wochen bis Monate, ehe sie in Pontianak anlanden werden. Wenn der Fluß, wie im Augenblick, wenig Wasser führt, sind sie der übrigen Schiffahrt ein Hindernis – denn sie sind nicht manövrierfähig, stehen oft quer und blockieren die Fahrrinne. Unser Longboat kann ihnen ausweichen, doch die chinesischen Händler und ihre schwerbeladenen Frachter, die mit ihren Aufbauten wie schwimmende Häuser aussehen, müssen sich häufig auf gefährliche Ausweichmanöver einlassen, die zudem viel Zeit und Kraftstoff kosten. Die Frachter transportieren in ihren runden Schiffsbäuchen Rohkautschuk, Trockenfisch, Rattan-Lianen oder Kokosnüsse. Aus dem Fruchtfleisch der Kokosnüsse, zerkleinert und getrocknet *Kopra* genannt, wird Öl gewonnen, eine Grundlage für die Herstellung von Kunstharz. Aus dem raffinierten Öl gewinnt man Kokosfett, das in den Fabriken Pontianaks nicht nur zu Speiseöl weiterverarbeitet wird, sondern das auch ein wichtiger Grundstoff für die Herstellung von Kerzen, Seifen und Shampoos ist.

Am späten Nachmittag muß Kapitän Nembrod einem ersten treibenden Baumstamm ausweichen, und kaum ist das Boot wieder auf Kurs, da sieht er den zweiten, den dritten – und plötzlich schwimmt überall im Fluß Rundholz; eines der schwimmenden Fußballfelder muß wohl aus den Fugen geraten sein. Geistesgegenwärtig stellt Nembrod den Außenborder auf volle Kraft und steuert zurück zum Ufer, wo er sein Boot und seine Passagiere hinter einem in das Wasser gestürzten und mit seinen Wurzeln noch in der Böschung hängenden Baumriesen in Sicherheit bringt.

Nach unserer Ankunft in Suhaid, spät in der Nacht, wird sich Kapitän Nembrod für die unfreiwillige Wartezeit hinter dem Baumriesen, aber auch für die Weiterfahrt in der Dunkelheit zusätzlich honorieren lassen – nicht mit Lob, sondern mit Geld. Weil er uns am nächsten Tag zu den Seen der Iban bringen soll, gehen wir notgedrungen auf seine Forderungen ein.

So unverschämt hoch wie Kapitän Nembrods Preisaufschlag, so unverschämt schmutzig und ungastlich ist die Unterkunft, die er uns empfohlen hat – ein stickiger Bretterverschlag, dessen Boden vom Flußwasser umspült wird, was für die unzähligen fliegenden und kriechenden Insekten eine angenehme Umgebung sein mag, uns aber mit Gewißheit um einen ruhigen Schlaf bringen wird. Das Strohmattenlager entpuppt sich im Schein unserer Taschenlampe als Brutstätte allen möglichen Getiers, zu dem sich auch noch übelriechender Schimmelpilz gesellt. Wir ziehen es deshalb vor, auf der Holzplattform im Freien zu schlafen.

Am Morgen erleben wir ein Kontrastprogramm zu dieser nächtlichen Katastrophe. Die chinesische Besitzerin dieser schrecklichen Unterkunft, Frau Sungdiam, serviert frisch gekochte und schmackhaft gewürzte Flußkrebse – ein Frühstück wie in einem Fünfsterne-Restaurant. Trotz aller Widernisse fühlen wir uns ausgeruht, sind guter Dinge und geradezu unternehmungslustig; die nächste Nacht hoffen wir in Tangit, im Dorf Bapak Negengs, zu verbringen – in einem trockenen, sauberen Langhaus oder »Longhouse«. Doch es sollte alles ganz anders kommen.

Am späten Vormittag erreichen wir auf dem Fluß Tangit, einem Nebenfluß des Kapuas, die flachen

Seen vor dem Land des Iban-Stammes und legen an der Insel Majang an. In Majang, einem Fischerdorf, mieten wir drei kleinere Longboats und verabreden mit unserem Kapitän, daß er uns in vier Tagen hier wieder abholen soll.

Die Boote der Fischer sind nicht nur kleiner, sondern auch flacher gebaut – dem seichten Wasser angemessen, das nun vor uns liegt. Nachmittags aber geht es dann selbst mit diesen Booten nicht mehr weiter: Seit sechs Wochen ist kein Regentropfen mehr gefallen, viele Seen sind zu Sumpfwiesen geworden, und die Fahrrinne ist gerade noch hüfttief.

Bapak Negeng meint, bis zum Dorf Tangit seien es nur mehr drei Stunden Fußmarsch, doch übersieht er dabei, daß wir unsere schwere Ausrüstung unmöglich bis dorthin tragen können. Die Besitzer der Boote indes setzen uns einfach an einem Biwak-Platz ab und fahren zu ihrer Insel zurück. Schließlich macht sich Bapak Negeng mit Dr. Weiglein und Yoku auf den Weg und verspricht, Träger oder Boote zu schicken.

Wir schlagen auf dem Biwak-Platz unsere Zelte auf, verstauen die Ausrüstung, tragen Geäst zusammen und zünden ein Feuer an. Sawing entpuppt sich auch als »Koch« und bereitet uns Nudeln mit heißer Milch – die Teigwaren und das Milchpulver brüht er in trübem Flußwasser auf. Mittlerweile steht über uns ein sternenklarer Himmel. Ein Konzert von Zikaden ertönt, und die Schreie einer Eidechse deutet Sawing als Anzeichen für eine Nacht ohne Regen, so daß wir uns arglos in die Schlafsäcke verkriechen.

Kurz vor Mitternacht werden wir aus allen Träumen gerissen: Ohne sich mit Blitz und Donner anzukündigen, prasselt ein Tropenregen auf uns nieder, und ehe wir richtig wach sind, steht der Biwak-Platz bereits unter Wasser. Unsere Ausrüstung ist glücklicherweise in wasserfesten Kisten verpackt, doch wir sind in Kürze bis auf die Haut naß und beginnen zu frieren. Der sternenklare Himmel, die lange Trockenzeit und nicht zuletzt die selbstsichere Wettervorhersage von Sawing haben uns zum Leichtsinn verführt: Unsere wasserfeste Kleidung ist in den Kisten verpackt, die wir während des Platzregens nicht öffnen können, weil die Kleidung sofort naß wäre.

So zittern wir dem Ende des Wassergusses entgegen. Sawing hustet als erster, dann erwischt es auch Albrecht Küper. Der Regen hört schließlich genauso plötzlich auf, wie er über uns hergefallen ist. Sawing entfacht von neuem die Glut, und während wir uns die nassen Kleider vom Leib reißen und trockene anziehen, wärmt er sich lieber am Feuer. Aus Ästen basteln wir uns Wäscheständer und hängen Hosen und Hemden zum Trocknen auf. Sawing und Albrecht Küper frieren weiter, ihr Husten wird schlimmer, sie nehmen kampferhaltige Tabletten und hoffen, daß Dr. Weiglein bald zurückkehrt, denn Erkältungen, die einen so schnell überkommen, kündigen im Tropenklima meist eine Lungenentzündung an, wenn sie nicht sofort behandelt werden.

Gegen fünf Uhr bricht die Sonne durch, der Boden unseres Lagerplatzes beginnt zu dampfen, und das Flüßchen neben uns führt beinahe schon Hochwasser, so daß wir mit den Booten zu Bapak Negengs Dorf gelangen könnten. Wir müssen aber auf die Ankunft der versprochenen Träger warten und nehmen uns deshalb für unser Frühstück Zeit.

Das Thermometer klettert unaufhaltsam höher, bald ist es Mittag, doch von Bapak Negengs Leuten hören und sehen wir noch immer nichts. Ganz auf uns allein gestellt, auf Hilfe angewiesen, die nicht kommt, harren wir immer ungeduldiger aus. Sawing und Albrecht Küper geht es schlechter, Fieber setzt ein, beide sind in mehrere Schlafsäcke verpackt und frieren noch immer. Zu der Sorge um die beiden Kranken kommt mehr und mehr diejenige über unseren Voraustrupp hinzu: Sind Bapak Negeng, Dr. Weiglein und Yoku ebenfalls in das Unwetter geraten?

Mittlerweile ist es Nachmittag, unsere Nervosität steigt: Wo sind die Boote? Wo bleiben die Träger? Unsere Wasserflaschen sind leer, wir werden das trübe Wasser aus dem Fluß abkochen und trinken müssen. Sawing und Albrecht Küper haben sich etwas erholt, sie haben kein Fieber mehr, doch ihr Husten bleibt unüberhörbar. Sawing traut sich nicht zu, allein den Weg zu Bapak Negengs Dorf zu finden, denn der Regen habe die Spuren unserer Vorhut verwischt. Der Mann, der im Urwald großgeworden ist und immer noch in ihm lebt, weiß keine Hilfe: »Wir müssen warten«, sagt er, »wir können weder in den Dschungel noch über den Fluß zur Fischerinsel zurück. Notfalls müssen wir für das Abendessen ein paar Fische fangen.« Die Stimmung wird gereizt: Bapak Negeng, Dr. Weiglein und Yoku muß etwas passiert sein, denn seit ihrem Aufbruch sind mittlerweile 24 Stunden vergangen.

Als die Sonne gerade noch die Baumwipfel streift, hören wir aus weiter Ferne das Surren von Außenbordern – oder sind es Motorsägen? Erst als die Umrisse von drei Booten auftauchen, sind wir ganz sicher, daß Bapak Negengs Männer uns abholen kommen.

Sie überreichen uns ein Schreiben Dr. Weigleins, das Albrecht Küper, von seinen Hustenanfällen unterbrochen, laut vorliest: »Liebes Team! Nach einem absolut strapaziösen Marsch von zehn Stunden (!) sind wir vor wenigen Minuten angekommen. Nachts hatte sich Bapak Negeng total verirrt, wir sind sicher viele Stunden im Kreis gelaufen. Die Nacht verbrachten wir sitzend im Regen, an Baumstämme angelehnt. – War absolut stark! Mein Vorschlag: nur unbedingt notwendiges Gepäck mitnehmen! Mit dem übrigen sollten Sawing und der Mann von der Regierung zur Fischerinsel fahren und dort auf unsere Rückkehr warten. Falls das Wasser wieder sinkt und wir alle zurücklaufen müssen, könnt ihr euch auf einiges gefaßt machen! Hoffe, daß ihr wenigstens eine angenehme Nacht verbracht habt! Gruß Werner.«

Sieben Mann sind mit drei Booten angekommen – und sie sind hungrig. Unsere Kekse und Konserven wollen sie aber nicht essen, deshalb fährt ein Boot zur Insel, um Fische zu kaufen. In der Zwischenzeit sortieren wir das Gepäck nach Dr. Weigleins Vorschlag. An eine Abreise kurz vor Einbruch der Nacht ist nicht mehr zu denken.

Bislang haben uns die Moskitos verschont, aber nun fallen sie über uns her – der Regen und die anschließende Feuchtigkeit scheinen sie erst zum Leben erweckt zu haben. Malariagefahr! Wir bauen die Netze auf, ziehen uns lange Hosen und Hemden mit langen Ärmeln an und schmieren uns mit einem Mückenmittel ein, dessen Geruch die Moskitos verscheucht. Doch einen wirklichen Schutz vor Malaria, das zeigt unsere langjährige Erfahrung in den Tropen, gibt es auch heute noch nicht.

Die einzelnen Arten aus der Gattung der Anopheles-Mücke, des Krankheitsüberträgers, sind an jedem Ort andere: Der burmesische Moskito ließ sich vom Wirkstoff des Mückenmittels nur für kurze Zeit schrecken, am Amazonas hingegen hielt er die Stechmücken über Stunden ab. Ähnlich ist es mit der Prophylaxe, der medizinischen Vorbeugung, zum Beispiel durch die Einnahme von Medikamenten: Die Malaria-Erreger scheinen in vielen tropischen Ländern gegen Prophylaxe-Medikamente resistent geworden zu sein. Die Pharmaindustrie bringt zwar immer neue Anti-Malaria-Mittel auf den Markt, doch ihre Wirkung ist äußerst unterschiedlich und kaum berechenbar. Als wir anläßlich der Reportage »Wagnis am Rio Negro« mit einer tropenerfahrenen Expedition am Oberlauf des Rio Negro unterwegs waren, erkrankte ausgerechnet der Teilnehmer an Malaria, der die Medikamente vor, während und auch noch nach der Reise stets nach Vorschrift schluckte – und zwar drei Monate nach der Rückkehr. Für die Ärzte, die seine Krankheit erst einmal falsch behandelten – da er Prophylaxe-Mittel eingenommen hatte, mochten sie nicht an Malaria glauben –, war dies ein Rätsel. Sein Zustand wurde lebensbedrohend, deshalb flog man ihn mit dem Hubschrauber in ein Krankenhaus, wo endlich die richtige Diagnose gestellt wurde. Für einige Tage hing sein Leben am seidenen Faden, und während er in der Intensivstation auf Besserung harrte, starben in einem anderen Krankenhaus drei deutsche Afrika-Touristen an Malaria. Auch sie hatten die Prophylaxe-Mittel genommen, was die Ärzte zu einer Fehldiagnose verleitete – nur kam die Erkenntnis hier zu spät.

Um es vorwegzunehmen: Albrecht Küper wird eine Woche nach seiner Rückkehr in Deutschland von Schüttelfrost und Fieber gepackt, von Kopf- und Gelenkschmerzen, von Erbrechen und Durchfall heimgesucht werden: Malaria. Er nimmt sofort ein starkes Heilmittel, bekommt die Tropenkrankheit unter Kontrolle, sucht aber dennoch das Krankenhaus auf. Dort wird neben Malaria noch eine Blutvergiftung festgestellt, doch nach 14 Tagen ist er wieder auf den Beinen.

Wie es so ist: Wenn die Regenplanen gespannt sind und die wasserfesten Kleider griffbereit im Zelt hängen, bleibt der Himmel sternenklar, und der Morgen empfängt uns mit einem Pfeifkonzert der Vögel. Mit der Ausrüstung, die wir zurücklassen, fahren Sawing, der Regierungsbeamte und drei Bootsleute zur Fischerinsel. Der Steuermann und sein Maschinist, der für den Außenbordmotor verantwortlich ist, kehren nach zwei Stunden zurück, die anderen bleiben auf der Insel.

Vergleichsweise leicht beladen, werden die gerade fünf Meter langen Boote für die ungefähr 20 Kilometer lange Strecke bis zu Bapak Negengs Dorf sechs

Stunden unterwegs sein. Das kleine Flüßchen dient illegalen Holzfällern, die wir nie sehen, aber deren Sägen wir ständig hören, als Müllhalde, in die sie unbrauchbares Geäst, Wurzelstöcke und Rindenabfälle hineinwerfen.

Unsere Bootsleute verfluchen die illegalen Holzfäller, können sich ihrer aber nicht erwehren – auch nicht mit Hilfe der Regierungsbeamten, die sich um die Iban-Dörfer kümmern sollen. »Die Leute von der Regierung machen mit den Holzfällern dicke Geschäfte«, sagt uns ein Bootsmann, »sie verkaufen ihnen die für uns bestimmten Stromgeneratoren, Neonröhren und den Treibstoff. Bei uns landet nur selten etwas von der Entwicklungshilfe.«

Bapak Negeng, Dr. Weiglein, Yoku und ein Dutzend älterer Frauen erwarten uns an der Anlegestelle des Dorfes. Während wir unsere nächtlichen Erfahrungen ausschmücken und Werner Weiglein Küper verarztet, verstauen die Frauen unser Gepäck in ihren aus Rattan geflochtenen Tragekörben. Sie wollen auch Kamera und Tongerät schultern, doch dafür zeigt der Kameramann wenig Verständnis: Diese Gerätschaft vertrauen er und sein Assistent grundsätzlich niemandem an.

Bis zum *Rumah Panjang*, dem Langhaus unseres Kepala Adat, unseres »Kulturbewahrers«, benötigen wir nochmals eine Stunde. Der Weg führt durch Bananen- und Gummibaumpflanzungen, schlängelt sich durch mannshohen Farn und überquert auf bemoosten Baumstämmen kleinere Bäche. Wir hören eine Art Glockentöne, die um so lauter werden, je näher wir kommen. Eine Gruppe junger Frauen mit großen Strohhüten und feierlich geschminkten Gesichtern empfängt uns mit Gongschlägen – endlich ist unser erstes Ziel erreicht: Wir sind bei den Enkeln der Kopfjäger.

Die jungen Frauen drücken unsere Hände, berühren sie mit ihren rot geschminkten Lippen und heben sie an ihre Stirn. Ihre Gesichter sind weiß gepudert, um die Hüften haben sie den Sarung geschwungen, aus buntem, selbstgewebtem Stoff, verziert mit Silberstreifen und Goldmünzen. Vor wenigen Jahren noch hätten sie Fremde mit unverhüllter Brust empfangen, heute tragen sie stolz weiße Büstenhalter zur Schau – Missionare haben ihnen dieses Bekleidungsstück als Modeschrei der zivilisierten Welt eingeredet. Die Gongs, auf denen sie die Begrüßungstöne schlagen, sind aus Kupfer, allesamt alte Familienerbstücke, die über Generationen als Brautpreis weitergereicht werden. Die herausgeputzten Frauen führen uns nun zum Langhaus Bapak Negengs und schlagen bei jedem Schritt den Gong.

Das Rumah Panjang ist bei den Iban – wie bei allen Dajak – Dorf und Dorfplatz zugleich. Bapak Negengs Langhaus steht auf Holzstelzen, ist etwa 200 Meter lang und hat 36 Türen; das heißt, es leben hier 36 Familien. Vor den einzelnen Wohnungen liegt eine breite, überdachte Halle, so lang wie das Haus selber, gewissermaßen der Dorfplatz. Parallel dazu verläuft eine nicht überdachte Terrasse, die Dorfstraße. Die genaueren »Funktionen« der Räumlichkeiten sollten wir später noch kennenlernen.

Zunächst einmal werden wir in der Halle vor Bapak Negengs Wohnung an einen wackligen Metalltisch gebeten, den Entwicklungshelfer zurückgelassen haben. Ihnen diente er als Schreibtisch.

Frauen, die ihre Natürlichkeit nicht dem Modetick der Missionare unterworfen haben, servieren uns *Tuak*, ein alkoholisches Getränk, das entweder aus Reis- oder Palmwein ist. Es ist milchig trüb, schmeckt erfrischend süßsauer und zeigt bald schon seine Wirkung. Die Frauen beobachten unseren Zustand sehr genau, und wir begehen aus Höflichkeit den Fehler, jedes Glas gleich auszutrinken und den Geschmack zu loben, worauf sie gleich wieder nachschenken. Der Rausch läßt nicht lange auf sich warten, was uns sehr peinlich, ihnen aber ein Kompliment für ihre Kunst des Getränkebereitens ist. Zufrieden lächelnd überlassen sie uns einem Ausnüchterungsschlaf. Nach unserem Erwachen, vielleicht eine Stunde später, steigen wir mit etwas wackligen Beinen die Baumleiter hinunter und springen in den Fluß, um uns von unseren Brummschädeln zu befreien.

Auf der Terrasse hat sich mittlerweile das ganze Dorf versammelt. In Anwesenheit des *Dukun*, des Medizinmannes, sortiert der »Dorftätowierer« sein primitives Werkzeug und legt auf den Brettern der »Dorfstraße« einen etwa fünfundzwanzigjährigen Mann für seine Prozedur zurecht. Der junge Mann liegt auf der Seite, den Kopf auf einem weißen Kissen. Über die Bedeutung der *Tatu*, der Tätowierungen, bei den Dajak sind viele Bücher geschrieben worden, und Albrecht Küper kennt eine stattliche Anzahl von Tätowierungssymbolen und deren jeweilige Aussage, doch hier im Dorf Bapak Negengs weicht auch sein Wissen purem Unverständnis.

Der *Tatu*, wie auch der Tätowierungskünstler genannt wird, rührt in einem kleinen Holzschälchen Asche, Ruß und Zucker mit Wasser an – den Farbstoff. Seine eigentlichen Werkzeuge sind ein Holzstückchen und ein hölzernes Hämmerchen mit einer feinen Spitze, die er in das Farbgemisch taucht. Die Spitze setzt er auf der Haut des jungen Mannes an und schlägt mit dem Holzstöckchen auf den Stiel des »Tätowierungshammers«. Bei jedem Schlag dringt die Spitze kurz in die Haut ein und hinterläßt einen Farbstich – eine gleichermaßen schmerzhafte wie langwierige Prozedur, da erst Tausende von Stichen das Symbol zeichnen.

Ehemals übten nur Frauen die Kunst des Tatu aus. Sie ließen sich mit Glasperlen, die teilweise noch aus den Zeiten der Handelsreisen Marco Polos stammen sollen, oder mit den Gongschüsseln aus Kupfer und chinesischen Tonvasen bezahlen, vor allem aber mit besonders wertvollen Parangs, den Schwertern. Für die Dajak zählen die so erworbenen Gegenstände zu den wertvollsten Erbgütern, von denen sie sich niemals trennen; kein Goldklumpen, und sei er auch noch so schwer, könnte je einen Parang aufwiegen. Mit dem Ende der Kopfjagd verloren die Tätowierungen an Bedeutung, und damit sank auch ihr materieller Gegenwert. Erst jetzt eigneten sich auch die Männer die Tätowierungskunst an – aber auch dies nur auf Druck der Kepala Adat hin. Der junge Mann muß eine halbe Stunde leiden, bis endlich – welche Enttäuschung – ein Anker seinen Oberarm ziert: Alles hatten wir erwartet, nur kein gewöhnliches Seemannssymbol.

Der frisch Tätowierte ist ein Sohn Bapak Negengs und arbeitet auf einer Baustelle im ölreichen Sultanat Brunei, im Norden Borneos; er hat auch all die kitschigen Plastikwaren mitgebracht, die nun den Wohnbereich seines Vaters schmücken. Das Langhaus, in dem wir uns befinden, liegt direkt an der Grenze zu Sarawak, das der junge Iban durchqueren muß, um an die Nordküste nach Brunei zu kommen. Einen Paß oder sonstige Papiere benötigt er dazu nicht, er kennt die verschlungensten Flußpfade und ist von den Einwohnern auf malaysischer Seite nicht zu unterscheiden. Auch dort leben Iban, die die gleiche Sprache sprechen und für ein paar Ringgits, die Währung Malaysias, ihre Stammesbrüder aus dem indonesischen Teil Borneos problemlos bis nach Brunei schiffen.

Weshalb Bapak Negengs Sohn sich ausgerechnet einen Anker hat tätowieren lassen, weiß er selber nicht zu sagen – vielleicht hat er in Brunei zu viele Seeleute gesehen. Sein Vater hingegen findet den Anker entwürdigend. Stolz zeigt er uns seinen lückenlos tätowierten Oberkörper und erklärt einige Symbole. Die Blumenmuster auf den Oberarmen waren die schmerzhafte Belohnung für seine bestandene Mutprobe an der gefesselten Sklavin, durch diese Tätowierung wurde er sichtbar in die Welt der Krieger aufgenommen. Die Schlangen auf den Unterarmen weisen ihn als Helfer einer erfolgreichen Kopfjagd aus. Die schwierigste und wohl seinerzeit schmerzhafteste Hautverzierung trägt er am Hals: Sie stellt einen Körper ohne Schädel dar und endet oberhalb des Kehlkopfes in Form eines Halses, es sieht so aus, als gäbe sie dem Kopf des Geschmückten erst einen Halt. Früher galt diese Tätowierung als Schutz gegen den Parang des Feindes, sie sollte verhindern, daß einem der eigene Kopf abgeschlagen würde. Welche Muster unser Kepala Adat nach seiner ersten erfolgreichen Jagd auf fremde Schädel erhalten hat, erzählt er uns nicht.

Abends wird dann die Geisterwelt des Dorfes in Bapak Negengs Erzählungen lebendig. Wiederum hokken alle Bewohner des Langhauses, es sind an die 200, beieinander, auch zwei Affen haben sich eingefunden, die den Frauen mit flinken Fingern die Haare lausen.

Bapak Negeng kommt auf die *Hantu* zu sprechen, die guten oder bösen Dorfgeister, die in übergroßer, menschlicher Gestalt im rechten Augenblick erscheinen, um Unheil zu stiften oder zu verhindern. Er will sie selbst schon gesehen haben, was von niemandem im Langhaus bezweifelt wird. In den Hantu stecken nach dem Glauben der Iban die Seelen Verstorbener. Wenn es ein guter Mensch war, so wird sein Geist verehrt und er ist stets willkommen, weil er nur Gutes über das Dorf bringen wird. Die Seele eines schlechten Menschen hingegen beschert nur Unglück und Mißgeschick und wird für jede Form von Unfrieden im Langhaus verantwortlich gemacht. Geschnitzte Köpfe am Ende der Baumstammtreppe, die zum Langhaus führt, sind zur Abwehr der bösen Geister bestimmt. Kommen sie trotzdem, so müssen sie besänftigt, müssen ihnen Blutopfer an das Grab gebracht werden. Heute sind die Opfergaben geschlachtete Hühner, früher waren es getötete Feinde oder Sklaven.

Auch für eine Heirat muß erst das Wohlwollen vieler Geister eingeholt werden, und solange in irgendeiner Form im Langhaus menschliches Blut fließt, sei es bei einer Tätowierung, sei es Nasenbluten oder auch eine Menstruation, darf eine Hochzeit ebensowenig bestellt werden wie ein Reisfeld.

Angeregt von den Erzählungen, holen einige Frauen und Männer ihre Gongs und längliche Holztrommeln heraus, andere schenken reihum Tuak aus. Die Instrumente werden geschlagen, ein Tänzer springt in den Kreis, den Parang am Gürtel und in der Hand einen bemalten Holzschild in den Farben Blau, Rot und Gelb – den Farben von Bapak Negengs Tasche. Jetzt endlich geht uns ein Licht auf, und Bapak Negengs seltsame Beharrlichkeit beim Einkauf der Tasche in Pontianak wird uns klar. Allerdings kennen wir die wirkliche Bedeutung der Farben nicht und werden sie auch nicht erfahren. Das Hemd des Tänzers zeigt dieselben Farben, seinen Kopf ziert eine Strohkappe mit bunten Vogelfedern. Unter dem Jubel aller beginnt er zu den Klängen der Instrumente einen Freudentanz – wie früher nach einer siegreichen Kopfjagd.

Am nächsten Morgen, nach einer viel zu kurzen Nacht auf den Schlafmatten der »Dorfstraße«, erleben wir die Menschen Tangits bei der Arbeit. Frauen schütten den Inhalt schwerer Säcke auf der »Dorfstraßen«-Terrasse aus und verteilen die Reiskörner zum Trocknen. Männer mit Rattan-Lianen auf den

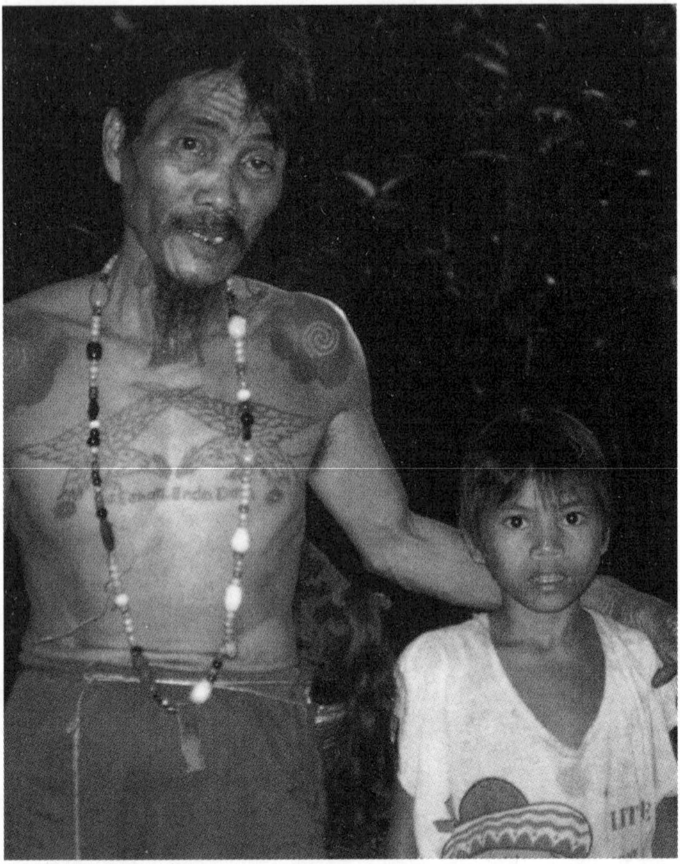

27 Malat, der Älteste aus Bapak Negengs Dorf, mit seinem Sohn, dem er die Bedeutung der früheren Kopfjagd erklärt.

Schultern kommen die Baumleiter hoch, laden ihr Gestrüpp ab, hocken sich hin und beginnen, Körbe, Netze und Reusen zu flechten. Zwischendurch verjagen sie junge, freche Hunde, die in die Lianen beißen und sie als Beute verschleppen wollen.

Am Ende der Dorfstraße warten vier junge Frauen mit langen Holzstangen in den Händen. Vor ihnen steht ein dickwandiges, rundes Gefäß, in das eine ältere Frau ihren Rattankorb entleert. Mit anmutigen Bewegungen beginnen die Frauen, mit den Stangen in den Mörser zu schlagen und den getrockneten Reis zu dreschen. Sie tun das so, als ob sie ein Musikinstrument schlagen würden, und so hören sich auch die Töne an – gleich einem rhythmischen Trommelwirbel.

Peter Kerstan ist von der scheinbar spielerischen Arbeit der vier begeistert und rückt ihnen mit der Kamera so nahe, daß er fast unter die schlagenden Holzstangen gerät.

Der nächste Aufnahmeplatz liegt eine halbe Gehstunde vom Dorf entfernt. Wir begleiten Malat, den Dorfältesten, und seinen elfjährigen Sohn zu dem Gelände, wo das frühere Langhaus stand, das man verließ, weil die Geister es so wollten. Zuerst wehrt der Dorfälteste uns ab, doch Küper überzeugt ihn schließlich davon, daß wir die Stätte nicht entweihen, sondern dort nur das filmen werden, was er uns erlaubt und als unbedenklich betrachtet.

Die wahre Sorge des Dorfältesten gilt aber wohl unserer möglichen Geschwätzigkeit: Er fürchtet, wir könnten über sein Vorhaben dem Regierungsbeamten berichten, der auf der Fischerinsel auf uns wartet. Und das könnte eine offizielle Einschränkung der Entwicklungshilfe nach sich ziehen – denn der Dorfälteste wird Schädel ausgraben, um seinem Sohn die Trophäen der Vergangenheit zu zeigen und ihm die Kopfjagdkultur der früheren Iban zu erklären. Für den Regierungsbeamten bedeutete dies einen schweren Rückfall in die geächtete »Zeit der Wilden«.

Nach einer Weile kommen wir an einem kleinen Bach vorbei, aus dem der Junge Wasser in ein mitgebrachtes Bambusrohr schöpft. Auf dem weiteren Fußmarsch achtet er sorgsam darauf, nichts zu verschütten. Wir durchqueren ein Gummibaumwäldchen – die Iban haben es noch zur Zeit der Holländer angepflanzt – und erreichen ein verwahrlostes Bananenfeld. Von hier an muß Malat den Pfad von wuchernden Sträuchern mit seinem Parang freihacken. Nichts deutet darauf hin, daß hier in der Gegend noch vor zehn Jahren ein intaktes Langhaus gestanden haben könnte. Zwischen Bäumen und Stauden sehen wir dann aber verwitterte Holzpfosten, einige sind von Schlingpflanzen bewachsen.

Malat sieht sich um, orientiert sich und geht dann geradewegs auf einen Platz zu, scharrt mit bloßen Füßen auf dem Boden, räumt Blätter und die lose Humusschicht beiseite und sticht schließlich mit einem spitzen Stock in die Erde. Es scheint die richtige Stelle zu sein, er legt den Stock zur Seite und gräbt mit den Händen weiter. Zuerst holt er chinesisch bemalte Tonscherben hervor, dann einige Glasperlen und schließlich einen Schädel. Er wäscht ihn mit dem Wasser aus dem Bambusrohr, wobei ihm sein

Sohn mit großen, wißbegierigen Augen zusieht. Was Malat nun seinem Sprößling erzählt, faßt Albrecht Küper später für uns zusammen.

»Das alte Langhaus haben sie nach der Taufe vor etwa zehn Jahren verlassen. Das war ein Opfer an ihre Geister, damit die den Dorfbewohnern das Überlaufen zum christlichen Glauben verzeihen würden. Die Attribute ihrer Kultur ließen sie aber zurück, sie wollten damit einen Missionar, der sie ›bekehrt‹ hatte, vor allem aber auch die Regierungsbeamten beruhigen. Sie wollten als gute Christen in den Genuß von Belohnungen kommen.«

»Was die Kopfjagd selbst anbetrifft«, fährt unser Übersetzer fort, »hat sich Malat stets auf Erzählungen seines Vaters berufen. Er wollte seinem Sohn sicher nicht sagen, daß er selbst noch ein Kopfjäger war. Den ausgegrabenen Schädel schrieb er als Beute sogar seinem Großvater zu. Er habe ihn abschlagen müssen, um sich und seinem Stamm mehr Kraft zu geben; auch die Kraft des Getöteten sei nötig gewesen, um die bösen Geister aus dem Dorf vertreiben zu können. Der Großvater glaubte noch, daß die Energien aller mit eigener Hand Getöteten auf ihn übertragen würden. Außerdem hätten die Mädchen damals nur Männer geheiratet, die ihren Mut mit einer Kopftrophäe beweisen konnten. So habe auch Malats Mutter seinem Vater klargemacht, daß sie ihn nur heiraten würde, wenn er den wertvollsten aller Köpfe vorzeigen könnte. Und der gehörte einem Europäer, wahrscheinlich einem Holländer. Das war auch gleichzeitig der höchste Mutbeweis und sicherte die allergrößte Manneswürde. Die Köpfe hängten sie vor die Tür, und je mehr es waren, um so mehr Ansehen, um so mehr Kräfte wurden dem Jäger zugeschrieben. Aber wenn sie zu lange hingen, verloren sie an Wirkung. Da mußte dann Malats Vater wieder in den Krieg ziehen.«

Am späten Nachmittag kehren wir zum Langhaus zurück. Bapak Negeng begrüßt uns gewichtig, er trägt eine sonderbare, für uns neue Würde in seinem Gesicht. Auch die Langhausbewohner scheinen wie ausgewechselt – es ist nicht mehr Neugierde, mit der sie uns begegnen, sondern eher eine sachliche Freundlichkeit, vermengt mit zurückhaltender Wißbegier, in der auch etwas Neid mitschwingt. Wir finden keine Erklärung für diese Veränderung ihres Verhaltens. Erst beim Abendessen kommen wir der Sache näher. Ein Mann mit einer dicken Hornbrille – er hat sie bei einem chinesischen Händler gegen einen Kautschukballen eingetauscht – will wissen, wie es denn sei, in einer Stadt zu wohnen, wo man einfach nur aus dem Haus gehe und alles einkaufen könne, was man brauche, wo man überall Arbeit finde und sogar ein Geschäft selbst betreiben könne. Wieder einmal werden wir über Dinge ausgefragt, die wir nicht zu beantworten vermögen, ohne sie in einen größeren Zusammenhang zu stellen. Wir ahnen, daß Bapak Negeng während unserer Abwesenheit seine Eindrücke aus Pontianak zum Besten gegeben haben muß. Die Fragen, die auf uns geradezu einstürzen, und das stolze, zufriedene und auch erwartungsvolle Gesicht Bapak Negengs lassen uns seine Schilderungen erahnen: Er muß über eine großartige, bequeme und lebenswerte Welt berichtet haben. Und dies so überzeugend, daß das gesamte Dorf bereits am nächsten Tag in die Großstadt ziehen würde, gäbe es da nicht noch einige ungeklärte Fragen.

»Ist da noch genügend Platz für uns?«, will der etwa vierzigjährige Hornbrillenträger weiter wissen. »Weshalb bekommt man dort für seine Arbeit mehr, als man zum Leben braucht? Stimmt es, daß für Rattan und Kautschuk soviel mehr bezahlt wird als von den chinesischen Aufkäufern hier?« Fragen über Fragen. In jedem Falle aber wollen sie alles mit in die Stadt nehmen, was sie besitzen und an was sie glauben, natürlich auch ihre Geister.

Natürlich haben sie von den Verlockungen der Zivilisation früher schon gehört, sind doch verschiedentlich schon junge Männer – wie beispielsweise Bapak Negengs Sohn – bereits zum Arbeiten in die Städte gezogen. Aber es macht doch einen gewaltigen Unterschied, ob diese jungen Leute dem Dorf über die fremde Welt berichten oder ob ein eigens ausgesandter Kepala Adat sich von den Vorzügen des Unbekannten überzeugen läßt. Dessen Ausschmükkungen haben einfach mehr Gewicht und sind allemal glaubwürdiger.

Freilich sind wir weit davon entfernt, Bapak Negengs Ausführungen zu untergraben – wir rücken sie ein wenig zurecht, aber mehr auch nicht. Alles andere brächte einen Autoritätsverlust des Alten mit sich und bedeutete einen Vertrauensbruch unsererseits. Irgendwie haben wir auch Verständnis dafür, daß er von Pontianak nur die positiven Seiten wahrgenommen hat, vielleicht auch nur sie wahrnehmen wollte. Statt dessen nehmen wir uns vor, ihm später auch die unliebsamen Seiten einer modernen Großstadt näherzubringen, die modernen Lebensbedingungen in ihren Zusammenhängen darzustellen, damit er sich dann ein vielleicht etwas wirklichkeitsnäheres Bild formen kann.

Die indonesischen Behörden versuchen, mittels umfassender Hilfsmaßnahmen, die auch in die entlegensten Gebiete vorstoßen, nur leider nicht immer an ihrem Bestimmungsort angelangen oder zumindest nicht in jedem Fall auch die erhofften Früchte tragen, der Landflucht entgegenzuwirken. Die Indonesier wollen die Dajak keineswegs in die Städte umsiedeln – eher im Gegenteil: Unter dem Zeichen von »Transmigrasi« – einem breit angelegten Umsiedlungsprogramm – schleusen sie seit mehr als 20 Jahren Familien aus der überbesiedelten Hauptinsel Java nach Sumatra, Neuguinea oder eben Kalimantan, dem indonesischen Teil Borneos. Auch im Land der Dajak sind dadurch Hunderte von neuen Siedlungen entstanden, die allesamt von der Forst- und Landwirtschaft oder der Viehzucht leben, den Dajak aber deren Lebensraum nicht streitig machen – jedenfalls bislang noch nicht.

Und die Enkel der Kopfjäger wiederum, mögen sie auch noch so sehr ihren Traditionen und ihrer Geisterwelt verbunden sein, haben gegen Dinge, die ihnen das Leben erleichtern, nur wenig einzuwenden. Die Zeiten, in denen sie dem Urwald mit Blasrohr und Lanze den Lebensunterhalt abringen mußten,

28 Auf dem Gebiet der Dayak, im brandgerodeten Urwald, siedelt die indonesische Regierung Familien aus der übervölkerten Hauptinsel Java an. Die Dörfer nehmen sich wie ein Fremdkörper aus.

sind nur mehr in äußerst unzugänglichen Gebieten gegenwärtig. So wie die Jäger in Bapak Negengs Langhaus schon mit Gewehren Wildschweine, Hirsche oder Bären erlegen, ziehen auch andere Stämme längst mit der Flinte auf die Jagd. Der Parang wird als Machete benutzt und meist aus rostigen Blattfedern verschrotteter Autos geschmiedet. Nicht nur die Iban, auch die *Taman*, die seßhaften unter den überwiegend nomadischen *Punan*, die *Kenyah* und die *Kayan* haben sich problemlos auf den zusätzlichen Anbau einer breiten Palette ihnen vorher unbekannter Pflanzen und Früchte eingestellt, die von den Missionaren mitgebracht wurden: Gummibäume, Kaffee, Mais, Zuckerrohr (statt der wenig ergiebigen, wild wachsenden Zuckerpalme), Ananas, Bohnen und Gurken. Entsprechend hat sich der Ernährungshaushalt der Dajak erweitert, verbessert und ihre Lebenserwartung erhöht.

Die Missionare haben selbst Schulen gebaut, Lehrer ausgebildet und die Medizin in die Dörfer gebracht. Freilich ist die Qualität des Unterrichts ebenso dürftig wie die ärztliche Versorgung. Die schulische Bildung hat einen geringen Stellenwert, oft bleiben die Kinder aus, oft kommen selbst die Lehrer nicht mehr in die Schulen, sondern werden zu Händlern, weil sie erkennen, daß damit mehr Materielles zu erstehen ist als mit dem Unterricht. Immerhin stellen diese ehemaligen Lehrer die ersten Händler der Dajak, eine ernste Konkurrenz für die chinesischen Aufkäufer, die mit ihren Booten die Langhäuser abklappern. Doch die früher so geschätzten exotischen Gewürze sind nicht mehr zu haben; die

Dajak pflanzen zwar noch Pfeffer, aber für alle anderen Gewürze dient ihnen heute die Zwiebel als Ersatz. Für den ausgefallenen chinesischen Geschmack haben sie nur mehr zwei Delikatessen anzubieten: Schwalbennester und den *Ikan Silat*, einen seltenen, forellengroßen und rot gepunkteten Fisch. Lebend verzehrt, soll er auch die müdesten Männer munter machen, und für die kurze Episode wieder erweckten Glücks zahlen sie einen unglaublichen Preis: Umgerechnet 2800 Mark bieten die chinesischen Aufkäufer für einen Ikan Silat. Was sie wiederum vom glücklichen, vielleicht auch glücklosen Endverbraucher erhalten, wagen wir uns nicht auszumalen.

Mit der eigentlichen Viehzucht mochten sich die Dajak bis heute nicht anfreunden. Solange es in ihren Wäldern genügend Wild und in den Flüssen ausreichende Fischbestände gibt, züchten sie auch ihre Hühner nicht für das tägliche Mahl, sondern für rituelle Feste und spirituelle Beschwörungen, an deren Ende erst das Federvieh verspeist wird.

Die monogame Gesellschaft der einstigen Kopfjäger kennt keine Existenzsorgen: Auch wenn Krankheiten weiterhin viele Tote fordern, sorgt doch die wenige Medizin, die erhältlich ist und auch eingenommen wird, eher noch für einen Bevölkerungszuwachs.

Alle Faktoren zusammen sind uns Grund genug, Bapak Negengs Umsiedlungstraum nach Möglichkeit zu Fall zu bringen. Das ist keine Anmaßung, und man muß auch kein Experte sein, um zu sehen, daß es für die Dajak einfach keine triftigen Gründe gibt, das

Langhaus zu verlassen und sich dem Existenzkampf einer Großstadt zu stellen.

Am Morgen verstauen hilfreiche Frauenhände unser Gepäck in ihren Rattankörben. Als wir den Weg einschlagen, den wir gekommen sind, winken unsere Gastgeber zum Abschied. Konnten wir auch längst nicht alle ihre Fragen beantworten, so scheinen wir doch einen angenehmen Eindruck hinterlassen zu haben. Eine Schar von Kindern stimmt einen Chor an, in dem nur ein Wort in allen Stimmlagen gesungen oder gerufen wird: »Bye, Bye«. Bapak Negeng unterhält sich noch bis zum letzten Augenblick mit Malat, dem Dorfältesten, dann eilt er uns auf seinen flinken Säbelbeinen nach und steigt zu uns ins Boot.

Das Wasser des Tangit-Flusses ist wieder gefallen. Wir hoffen, daß Dr. Weigleins briefliche Warnung nicht eintreffen wird, denn auf einen Fußmarsch wollen wir gerne verzichten. Am Anfang reicht der Schub unserer Außenbordmotoren noch aus, um die drei Boote über dicke Äste und dünnes Geäst hinwegzubringen. Bald hören wir wieder die Sägen der illegalen Holzfäller, die dem Tropenwald bis zum Beginn der Regensaison zu Leibe rücken und dann die gefällten Bäume über das Hochwasser des Tangit und der Seen bis zum Kapuas flößen werden. Irgendwo auf diesem Wasserweg schlägt ein bestochener Forstbeamter den Stämmen dann das offizielle Siegel ein, womit der verbotene Baumschlag im nachhinein legalisiert wird. Bis dahin verstopfen die Holzfäller die Fahrrinne des Tangit mit täglich neuem Abfall. Immer öfter müssen wir aussteigen und die Boote über

45

45 Den Weg auf den »Straßen« im Inneren Kalimantans (Borneos) müssen sich unsere Fahrzeuge gewissermaßen selbst suchen.

46 (nachfolgende Doppelseite) Nur mit den »Longboats« sind die Stromschnellen und Wassertücken der Dschungelflüsse zu überwinden.

47

47 Die tödliche Waffe der Dajaks sind auch heute noch Giftpfeile, aus Blasrohren geschossen.

48 Der Doppelhornvogel wird in Kalimantan (Borneo) vielerorts verehrt. Er gehört zur Gattung der Nashornvögel.

49 Die Kopfjäger der Dajaks haben sich gewandelt. Ihre rituellen Feste feiern sie nun mit Tierschädeln.

50 Das Gehen auf den schwankenden Bambusbrükken will geübt sein.

48

49

50

51

52

53

51 Die Stämme der Dajaks leben heute noch in den »Longhouses«, das ist sozusagen ein ganzes Dorf in einem Haus.

52 Schon früh müssen die Kinder der Dajaks schwere Lasten tragen – die sie sich meist über den Kopf binden.

53 Die Toten der Dajaks bleiben im Totenhaus, außerhalb des Dorfes, damit die Geister der bösen Verstorbenen die Gemeinschaft nicht behelligen.

54 Der Ohrschmuck ziert die Frauen nicht nur. Er gibt auch Auskunft über ihren Wohlstand.

54

55

55 Den Handel mit Städten wie Selimbau am Fluß Kapuas und den dort wohnenden Dajaks wickeln Chinesen mit ihren Hausbooten ab.

die Hindernisse hinwegziehen oder -schieben. Nur mühsam und langsam kommen wir noch voran, immer wieder bleiben die Schiffsschrauben im wirren Geäst stecken, heulen die Außenbordmotoren auf und schlucken dabei unnötig viel Benzin.

Als der Tangit breiter wird, sucht jeder unserer Bootsführer seine eigene Rinne, was dazu führt, daß wir uns bald aus den Augen verlieren. Die Seen erreichen wir – ebenso wie das eine Boot, das glücklicherweise irgendwo hinter uns geblieben ist – erst bei Dunkelheit. Plötzlich beginnt unser Motor zu stottern, ruckelt und stirbt ab: Wir haben kein Benzin mehr. Mit Taschenlampen und Trillerpfeifen versuchen wir, die anderen auf uns aufmerksam zu machen. Die Strömung treibt das Boot zwar weiter, aber dummerweise nicht in Richtung der Fischerinsel Majang, die noch etwa eine Fahrstunde vor uns liegt. Wir können nur hoffen, daß die Männer im Longboat hinter uns noch genügend Treibstoff für beide Boote haben und irgendwann einmal auch unsere Zeichen wahrnehmen werden. Etwa eine Stunde später sehen wir aus einer Richtung, weitab von unserer Position, Lichter aufblitzen und hören Rufe – unser drittes Boot, das uns zu Hilfe eilt und auch noch über genügend Benzin für den Weg bis zur Insel verfügt.

Nach 14 Stunden treffen wir dann endlich auf Majang ein. Das Schiff Nembrods sowie Sawing, der Regierungsbeamte und die Mannschaft des ersten Bootes erwarten uns mit einem Abendessen – wieder einmal Reis und Fisch –, das wir geradezu verschlingen. Müde und erschöpft rollen wir uns gleich darauf in die Schlafsäcke und träumen von den schmackhaften Flußkrebsen, die wir am nächsten Tag in Suhaid bei der Chinesin Sungdiam serviert bekommen werden.

Von Suhaid wollen wir den Kapuas hinauf bis zu den Grenzbergen fahren, wo Sawings Dorf liegt. Bapak Negeng kommt eigentlich nur mehr aus Neugierde mit, denn Sawing erzählte, er habe die Zivilisation in sein Dorf geholt, statt sie in einer Großstadt zu suchen. Bapak Negeng möchte sich deshalb das »zivilisierte« Dorf unbedingt ansehen.

In Suhaid verzögert sich die Weiterfahrt. Während wir die Krabben mit äußerstem Genuß verspeisen, ist Nembrods Besatzung zum Tanken weggefahren; der Kapitän selbst wird nicht mitkommen, weil im Hause eines Freundes ein Todesfall eingetreten ist. Nach zwei Stunden sind Nembrods Leute noch immer nicht zurück, und Dr. Weiglein begibt sich mit seinem Freund Yoku auf dem kleinen, aber schnellen Boot der Familie Sungdiam auf die Suche.

In der Zwischenzeit erfahren wir von dem chinesischen Wirtspaar, daß deren Familie schon seit fünf Generationen in Suhaid lebt, ursprünglich aber aus Hongkong stammt. Fasziniert sehen wir den beiden kleinen Töchtern zu, wie sie sich aus Zigarettenkartons ein Puppenhaus basteln, mit Holzstückchen Wände einziehen, Möbel fertigen und schließlich kleine Papierpüppchen auf den Holzbetten zum Schlafen legen. Als die Kinder ein chinesisches Wiegenlied summen, trifft endlich auch Nembrods Schiff ein. Die Besatzung erzählt, sie habe sich bei der Polizei in Selimbau, zwei Stunden flußabwärts, die Genehmigung

29 Für die schwerfälligen chinesischen Handelsboote, die aussehen wie schwimmende Häuser, sind die hölzernen »Fußballfelder« ein gefürchtetes Hindernis.

erkaufen müssen, Ausländer auf dem Kapuas fahren zu dürfen; natürlich fordern sie die stattlichen Kosten zurück. Da kommt Weiglein zurück und fällt mit einem wütenden Redeschwall über die Seeleute her. Die Gesichter der Beschimpften werden immer länger, sie stammeln Entschuldigungen und tragen schließlich beschämt unser Gepäck zum Boot. »Die Gauner«, schimpft Dr. Weiglein, »die waren am anderen Ende der Stadt bummeln und haben dem Tankstellenbesitzer aufgetragen, bei Nachfrage zu erzählen, sie seien zur Polizeistation nach Selimbau gefahren.«

Das mißlungene Gaunerstück hat uns immerhin einen halben Tag gekostet. Unser Arzt ist immer noch wütend und treibt die Bootsleute an, schneller zu fahren und die verbummelte Zeit wieder aufzuholen. Trotz voller Fahrt werden wir von einem Schnellboot eingeholt und angehalten. Der Mann, der auf unser Boot steigt, trägt eine verwaschene Uniform, so daß wir schon das Schlimmste befürchten. Erst als Sawing ihn herablassend begrüßt, legt sich die Spannung: Es ist nur ein für die Angelegenheiten der Dajak zuständiger Regierungsbeamter, der bittet, mitgenommen zu werden; er habe das Linienschiff nach Putussibau, der letzten größeren Stadt am Kapuas, verpaßt und dann glücklicherweise von unserem Boot erfahren. Ein schnelles Boot der Ikan Silat-Aufkäufer habe ihn deshalb zu uns gebracht. Sawing bietet dem Uniformierten einen Platz auf dem Holzbrett an und flüstert Albrecht Küper ins Ohr: »Seinen Job hat man meinem Bruder angeboten. Aber der wollte ihn nicht haben. Das ist nur unwichtige Schreibtischarbeit.«

Nach einer schier endlos langen Fahrt, vorbei an Selimbau, und einer ungemütlichen Nacht auf dem Fluß läuft das Boot in den Morgenstunden, einer Zeit hektischer Betriebsamkeit, in den Hafen von Putussibau ein.

Hier, in der letzten Stadt vor der Wildnis, wollen wir uns einen ersten Ruhetag gönnen. Wir hoffen auf ein vernünftiges Hotel mit einer funktionierenden Dusche und ordentlichen Betten, erwarten kühle Getränke und ein Essen, das ausnahmsweise einmal nicht aus Reis und Fisch besteht. Im Hafen wimmelt es geradezu von chinesischen Frachtbooten, Fischer landen mit ihrem Fang an, »Schlepper« locken und scheuchen mit lauten Rufen Fahrgäste zu »besonders günstigen Preisen« auf Passagierschiffe, und auf den wippenden Brettern zwischen Frachtern und Hafenstegen schleppt ein Heer von Trägern mit eilenden Schritten Säcke, Kisten und Kartons herum. Männer mit schweißnassen Oberkörpern schaufeln Kopra in Jutesäcke und schleppen diese in den Bauch eines Schiffes. Um an den Landesteg zu gelangen, müssen wir mehrere Boote überqueren und über Rundhölzer, die gleich Treppen im schlammigen Ufer nach oben führen, zur Gaststätte »Harapan Kita Bersama« – frei übersetzt: »Hotel zur guten Hoffnung« – hinaufklettern. Es entspricht unseren Erwartungen, nur steht statt der Brause ein Bottich im Raum, aus dem wir mit einer hölzernen Kelle Wasser schöpfen und es über den Körper gießen.

Nach dem Ruhetag ist ein legales Holzfällercamp unweit des Mandalam, eines Nebenflusses des Kapuas, unser nächstes Ziel. Normalerweise wollen sich die für den Holzschlag Verantwortlichen nicht in die Karten sehen lassen, schon gar nicht von einer Fernsehkamera. Sie fürchten, daß ihr ohnehin schon angeschlagenes Image weiter abnehmen könnte. Aber der Aufseher des Lagers läßt sich von unseren guten Absichten überzeugen und ist schließlich sogar stolz darauf, daß ein deutsches Fernsehteam der schweren Arbeit seiner Holzfäller so viel Interesse entgegenbringt.

Eine schmalspurige Lore, die von einer kleinen, aber zugkräftigen Diesellok geschoben wird, fährt uns durch eine schätzungsweise 20 Kilometer lange Schneise zu einer geräumigen Rodung, von der aus sternförmige Wege zu den wertvollen Baumriesen führen. Ein ohrenbetäubender Lärm unzähliger Motorsägen schlägt uns entgegen, und deren Auspuffgase hängen wie Nebelfetzen im Wald. Über den geschundenen Urwaldboden, gesäumt von Rinden und Asttrümmern, erreichen wir nach etwa 200 Metern die ersten Holzfäller. Sie müssen sich erst einen Weg durch die mannshohen Brettwurzeln sägen, um an die Baumriesen überhaupt heranzukommen. Die Arbeiter seien junge *Malayan* oder Chinesen, erzählt uns der Aufseher, »die Dajak«, so sagt er, »sind für diesen Job unbrauchbar. Sie werden zu schnell müde. Ausdauer zeigen die nur, wenn es um das Geld geht, das sie für das Holz aus ihrem Stammesgebiet bekommen. Selbst für die Wiederaufforstung, die wir ja auch bezahlen müssen, tun sie nichts.«

Die Bäume, an deren Stämme sich die Arbeiter jetzt heranmachen, nennt der Aufseher »Meranti«,

»Semayur« oder »Beliamgai«, und er wundert sich, daß uns diese Namen nichts sagen. »Wie heißen die denn in Deutschland?«, will er wissen. Wir schütteln die Köpfe und sagen, daß wir diese Hölzer höchstens als Bretter schon einmal gesehen haben mögen. Jetzt ist der freundliche Mann mit den goldbeschlagenen Zähnen wirklich enttäuscht.

Die Bäume sind etwa so dick, wie die Arbeiter groß sind, und ungeheuer hoch. Im Verhältnis dazu nehmen sich die schweißgebadeten, über und über mit Sägemehl bedeckten Holzfäller wie flinke Ameisen aus. Von allen Seiten gleichzeitig schneiden sie einen Stamm ein; und auf ein Kommando hin flüchten alle, auch wir, aus der angezeigten Fallrichtung. Allein der Vorarbeiter bleibt zurück und sägt noch einen Keil heraus, ehe auch er mit großen Schritten Reißaus nimmt. Der riesige Baum beginnt zu wanken, dreht sich auf dem durchschnittenen Wurzelstock, schlägt dann mit gewaltiger Wucht eine Schneise in das Geäst der Nachbarbäume, seine Äste brechen wie Streichhölzer, und krachend landet der Riese auf dem Boden. Die Arbeiter wagen sich erst wieder an ihn heran, wenn er sich nicht mehr bewegt. Dann werden die Äste abgesägt, was eine äußerst gefährliche Arbeit ist, denn der Stamm wird heftig ausschlagen, wenn die Aststumpfen, auf denen er liegt, nicht vorsichtig und Stück für Stück abgeschnitten werden.

Die gefällten und entästeten Bäume zur Schiene zu schleppen, ist eine fürchterliche Schinderei. Ungefähr 30 Männer legen sich dazu ein Geschirr an, dessen Seile am Stamm befestigt sind; dann ziehen, schieben, rollen und schleifen sie das Ungetüm Meter für Meter durch die Schneise. Der Aufseher kommt uns bald wie ein Sklaventreiber vor, obwohl er noch nicht einmal Kommandos gibt, sondern – wie auch wir – bloß zuschaut.

Wenn die Loren am späten Nachmittag beladen sind, was abermals eine höllische Schweißarbeit ist, werden sie von der Diesellok zum Flußufer zurückgezogen. Die Arbeiter sitzen dabei auf den Stämmen – völlig erschöpft. Am Fluß müssen die Hölzer von der Lore auf eine Rutsche rollen, die zum Wasser führt. Dort werden die Stämme nach und nach zu riesigen Flößen gebunden und geklammert, ehe man sie dann zu Beginn der Regensaison auf die Reise schickt.

Holzverarbeitung und Holzexport sind ein wichtiger Wirtschaftsfaktor für Indonesien, und so auch für Kalimantan. Anders als in Amazonien gibt es bei der Rodung der Wälder keine Interessengemeinschaft zwischen Holzindustrie und Landwirtschaft, sondern es herrscht eher Feindseligkeit. Zumindest die staatlich konzessionierten Holzfäller wollen den Tropenwald weitestgehend erhalten und aus ihm nur ausgewählte Edel- oder Verbrauchshölzer schlagen. Sie wehren sich gegen die Brandrodungen, mittels derer man Ackerböden oder Weideflächen zu gewinnen versucht. Dies aber gewiß nicht aus einem Umweltbewußtsein heraus, sondern aus purem Eigennutz: Denn beim Abbrennen des Waldes werden auch jüngere, noch nicht schlagreife Bäume vernichtet. Die Holzindustrie legt sich sogar mit den Dajak an, die alle fünf bis sechs Jahre, wenn ihre Ackerböden ausgelaugt sind und nichts mehr darauf wächst, brandroden müssen, um neue, fruchtbare Erde zu gewinnen.

Sawing, den der Husten wieder plagt, führt uns den Mandalam aufwärts nach Semankok, einem Dorf der Taman, in das sein Cousin, ein Punan wie er, hineingeheiratet hat. »Er hat sich die hübsche Tochter einer reichen Familie ausgesucht«, erzählt Sawing, »denn für die Taman bedeutet eine solche Verbindung den Zugang zu ihren Ahnen, die sie im Gebiet der Punan wähnen. Und das lassen sie sich etwas kosten.« Sawing erzählt uns auch, er habe von Suhaid aus seinem Cousin eine Botschaft zukommen lassen, in der er seinen und somit auch unseren Besuch ankündigte.

Hinter einer Flußbiegung rückt das mächtige Langhaus Semankoks näher. Es steht auf fast zehn Meter hohen Holzstelzen, umgeben von Kokospalmen und exotischen Obstbäumen, etwa den Rambutans, deren fleischige Stachelfrüchte so süß wie chinesische Lychees schmecken.

Die Bewohner bereiten uns einen festlichen Empfang. Zu Schlägen auf den Gongs und Schlitztrommeln tanzen junge Mädchen in farbenprächtigen Sarungs, Batikblusen und mit Goldfäden durchwirkten Turbanen. Junge Männer mit nacktem Oberkörper – ausgerüstet mit Parang und reich verziertem Holzschild – führen Kriegstänze auf. Neben Sawings Cousin, dem man ansieht, daß er körperliche Arbeit nicht nötig hat, schütteln uns der hochgewachsene Kepala Adat, der Dorfälteste und andere Honoratioren die Hände, die sie danach zu ihren Herzen führen.

Die Begrüßung spielt sich auf einem schmalen, aber langen Holzsteg ab, der zur steilen Baumleiter des Langhauses führt. Vor der Leiter haben die Taman den Aufgang mit einem armdicken Stock versperrt, den Sawing, Bapak Negeng und Dr. Weiglein, stellvertretend für uns Europäer, mit einem ihnen gereichten Parang durchtrennen müssen. Während sie die Hiebe vollziehen, reicht uns ein tanzender Mann Tuak aus Bambusröhrchen. Das Durchtrennen des Holzstockes ist ein Symbol für die Hindernisse, die wir auf dem Weg hierhin bewältigen mußten, und aus den Schnittflächen deuten die Taman die wahren Absichten der Besucher. Weist der geteilte Stock glatte Flächen auf, so sind die Fremden willkommen, sind sie zerfranst, so bringen die Gäste böse Hintergedanken mit. Sawing, Bapak Negeng und auch Dr. Weiglein sind diese Deutungen bekannt, sie mühen sich erfolgreich, den Stock glatt durchzuhacken; nun sind wir also willkommen.

Stolz legt uns der *Kepala Kampong*, der »Kopf des Dorfes«, ein in Leinen gebundenes gewichtiges Buch vor und bittet uns, darin unsere Namen einzutragen. Verwundert schlagen wir es auf und blättern: Es gleicht einem Meldebuch, in dem Australier, Holländer, Japaner und Amerikaner ihre Namen und Anschriften hinterlassen haben.

Ist Semankok ein Touristendorf? Über den Flugplatz von Putussibau, etwa eine Bootsstunde entfernt, ist das Langhaus immerhin für jeden bequem und einfach zu erreichen. Haben die Taman hier ein

Vorzeigedorf der Dajak für ausgefallene Touristensehnsüchte errichtet? Oder leben sie im Zwiespalt zwischen leicht verdientem Geld von Besuchern und den Wertvorstellungen ihrer Kultur? Wir wollen die Fragen klären, Sawing und Bapak Negeng werden uns dabei helfen.

Daß in der letzten Nacht ein alter Mann an Malaria gestorben und die meisten Familien mit seinem Leichnam unterwegs zum entfernten Totenhaus sind, wird uns von Sawing gesteckt. Wir wollen hinterhereilen und die Bestattung filmen, doch ein Mann, der uns gerade eben angeboten hat, uns gegen Entgelt einen holländischen Schädel zu zeigen, schüttelt mit versteinertem Gesichtsausdruck den Kopf: »Später«, sagt er, »wenn das Begräbnis zu Ende ist, könnt ihr dort filmen. Das kostet 100000 Rupiah.« Umgerechnet sind das etwa zehn Mark. Nachmittags werden wir die Summe bezahlen und mit den Booten zu den Totenhäusern fahren.

Die Taman von Semankok haben sich zwar ebenfalls taufen lassen, aber im Gegensatz zu den Iban und ihren eigenen Stammesbrüdern die Erdbestattung nicht übernommen. Sie legen ihre Toten in Holzsärge und bringen sie weit weg vom Dorf, damit die Seelen ungeliebter Verstorbener nicht in das Langhaus zurückkehren können.

Vor dem Totenhaus, in dem sich viele Särge stapeln, opfert der Kepala Adat Reiskuchen und Tuak und bittet dabei die Verschiedenen, die Ruhestörung zu verzeihen. *Hampadongs*, aus Holz geschnitzte menschliche Figuren vor den *Kulambus*, den Totenhäusern, verwehren bösen Seelen den Weg. Stangen,

Kreuze und Räder aus Holz weisen den guten Seelen den Weg in das Totenreich der Taman. Beigaben wie Nahrungsmittel, Geld und Tabak sollen die Reise so angenehm wie möglich machen.

Wir verlassen Semankok mit einem unangenehmen Beigeschmack: Die Menschen hier scheinen sich mit der Entscheidung zu plagen, ob sie ihre Kulturzeugnisse gegen bare Münze an den Mann bringen oder aber sie in traditioneller Bescheidenheit für sich bewahren sollen. Wir wagen eine Prophezeiung: Die Taman von Semankok werden dank der Touristen ihre Bräuche und ihre althergebrachten Lebensweisen, ihr Langhaus, ihre Totenhäuschen, die Heilungs- und Orakelzeremonien am Leben erhalten – doch nur der Dollars wegen. Ob die nächste Generation die wirkliche Bedeutung dieser Dinge noch verstehen wird, bezweifeln wir.

Drei Tagesreisen wird es noch dauern, bis wir die gefährlichen Stromschnellen des Bungan erreichen, eines Quellflusses des Kapuas, der dem Muller- beziehungsweise Müller-Gebirge entspringt. Der Bergzug, eine Wasserscheide zwischen West- und Ostkalimantan, trägt den Namen eines meuchlings ermordeten deutschen Offiziers der einstigen holländischen Kolonialmacht. Die Überlieferungen sind im Datum und auch im Vornamen des Unglücklichen nicht einer Stimme, doch der Auftraggeber des Mordes steht fest: der Sultan von Tenggarong an der Ostküste.

Holländische Offiziere waren gleichzeitig bevollmächtigte Handelsreisende. Der Sultan und Muller –

ob er nun Georg oder Karl hieß, ist unklar – schlossen ein Abkommen, das Land der Dajak im Muller-Gebirge für beide gewinnträchtig auszubeuten. Doch kaum hatte sich Muller von Seiner Hoheit verabschiedet und auf den Weg in die Berge gemacht, schickte ihm der Sultan das Todesurteil hinterher: einen schlangenförmigen Dolch mit goldenem Griff. Boten brachten die Mordwaffe von Dorf zu Dorf, doch zunächst kamen sie stets zu spät. Erst an der Wasserscheide, im Dorf Nahabuan, war der Dolch früher zur Stelle als das Opfer. Der Adjutant Mullers überlebte und berichtete den Chronisten: »In der Dämmerung stürzten die eigenen Kulis in das Zelt Mullers und zerrten ihn an einen Baum. Mit Rattan fesselten sie ihn, schlitzten seine Kleider, seine Arme und Beine auf. Im Anblick seines Blutes stießen sie Siegesschreie aus und schnitten ihm mit dem Dolch den Kopf ab, den sie sofort beerdigten. Dann verwandelten sie den Platz in einen lichterloh brennenden Ort, in dem sich keine Spuren Mullers wiederfinden sollten.«

Im Augenblick sind wir von der Wasserscheide des Muller-Gebirges genausoweit entfernt wie das Schicksalsdorf Nahabuan auf der anderen Seite. Acht Stromschnellen trennen uns noch von Sawings Heimatort, aber die haben es in sich. Während wir in Semankok weilten, hatte Sawing über das immer noch funktionierende »Buschtelefon« Boote und erfahrene Bootsführer bestellt. Wie das genau abläuft, vermögen wir nicht im Detail aufzuschlüsseln. Ein chinesischer Händler bringt die Nachricht zum nächsten Dorf, Goldwäscher übernehmen die Botschaft und geben sie der nächsten Bootsmannschaft weiter, die flußaufwärts fährt, und so weiter.

Dort, wo Kapitän Nembrods Boot aufgibt, erwarten uns Leute aus Tanjung Lokan, Sawings Dorf. Wir laden unser Gepäck aus und bringen es am Rande des wilden Flusses über glitschige Felsen und ausgefressene Uferböschungen hinter die ersten Stromschnellen. Dann müssen wir zurückkehren, auch unsere Muskelkraft wird benötigt, um die beiden Boote über ineinander übergehende Wasserfälle zu stemmen, zu heben, zu ziehen und zu schieben. Für die Punan gehört der Kampf gegen die Stromschnellen zum Alltag, doch nicht immer gewinnen sie ihn, wie zerschmetterte Boote belegen, die sich im Ufergeäst verfangen haben oder zerbrochen zwischen Felsen eingekeilt herumliegen. Um die wenigen Flußkilometer bis zu Sawings Dorf zu bewältigen, quälen wir uns einen ganzen Tag ab.

Bapak Negeng reißt die Augen auf, die Überraschung ist perfekt: So ein Dorf hat er noch nie gesehen. »Warum habt ihr das Langhaus auseinandergeschnitten«, fragt er Sawing, »und die Wohnungen mit Abstand zueinander einzeln wieder aufgebaut?« Da muß Sawing lachen – denn sein Dorf besteht aus einer Reihe von Einfamilienhäusern, die selbstverständlich nicht Teilstücke eines Langhauses sind. Es sind saubere und geräumige Hütten aus Holz und mit Giebeldächern, die mit Schindeln gedeckt sind.

Die Punan, einst durch die Wälder streifende Blasrohrjäger und Krieger, haben sich erst um 1960 im Quellgebiet des Kapuas niedergelassen. Sie nennen sich jetzt *Punan Nanga Bungan*, nach dem Fluß, an dem und von dem sie leben. Im sauerstoffreichen, klaren Quellwasser tummeln sich eine vielfältige Fischbeute und auch viele Schildkröten. Die Fische fangen die Punan jedoch nicht mit Netzen, Reusen, Angeln oder Speeren, sondern sie betäuben sie mit dem Gift der Tuba Ikan, einer Lianenwurzel. Die Lianenwurzeln schlagen sie auf Steinen flach und waschen sie im Wasser aus. Dabei löst sich eine milchige Flüssigkeit, die sich im Wasser wie eine Wolke verbreitet und die Fische betäubt. Man braucht sie dann einfach nur mit bloßen Händen oder in Eimern einzusammeln. Die Wirkung des Giftes hält nur kurze Zeit vor und hinterläßt keine ökologischen Schäden.

Tanjung Lokan, wo etwa 300 Punan wohnen, ist das entlegenste Dorf auf der Landkarte westlich des Muller-Gebirges, doch es besitzt eine Landepiste für kleine Flugzeuge. Ein amerikanischer Missionar lenkt mit seiner Frau seit 1976 die Geschicke des Ortes, spricht sich aber stets mit dem Kepala Adat und dem Dorfältesten ab. Das Ehepaar aus den Vereinigten Staaten unterrichtet Kinder und auch Erwachsene in deren Stammessprache, lehrt sie neben Schreiben und Rechnen auch andere Grundbedürfnisse befriedigen – etwa Gesundheitsvorsorge, hygienische Kenntnisse, aber auch das Wort Gottes. Das Dorf besitzt Strom, und der Missionar, Bapak Michel genannt, verfügt über einen Motorrasenmäher, mit dem er die Landepiste ebenso schert wie den Vorgarten seines Hauses. Alles, was die Bewohner essen, bauen sie auch selbst an.

Die Punan von Tanjung Lokan sprechen wie Sawing indonesisch, Bapak Michels Frau hat sie unterrichtet. Albrecht Küper kann sich deshalb bestens verständigen. Die Familien beteuern, sich in der Privatsphäre eines Einzelhauses sehr viel wohler zu fühlen als früher im Langhaus, wo man stets unter der direkten Kontrolle des Dorfältesten und des Kepala Adat stand, die das Leben wesentlich beeinflußten. Außerdem sei ein Einfamilienhaus leichter von Ungeziefer freizuhalten, und wenn es einmal brennen sollte, falle nicht gleich das ganze Langhaus den Flammen zum Opfer. Bapak Michel und Sawing werden bald jedem Häuschen sein eigenes Plumpsklo anbauen lassen – die Rohre dafür sind schon bestellt.

Tanjung Lokan trägt alle Zeichen eines behutsamen Fortschrittes, der die Punan offensichtlich nicht überfordert und ihre Traditionen nicht entwertet, doch den einen oder anderen Brauch überflüssig macht. Bapak Negeng ist begeistert, seine Großstadtträume hat er aufgegeben. Auch er will nun den Fortschritt in sein Dorf holen und ihn nicht woanders suchen. Sawing wird ihn nach Tangit zurückbegleiten und ihm dort mit Ratschlägen und Überzeugungsarbeit beistehen, die ersten Schritte auf dem Weg in eine vielleicht bessere und gesündere Zukunft zu beschreiten.

Schwarze Cowboys – schwarzer Westen

1983, in einem Ort namens Landover im nordamerikanischen Bundesstaat Maryland, eine gute Autostunde von Washington entfernt: US-Präsident Ronald Reagan und einige Kongreßabgeordnete besuchen ein *Rodeo*. Wir drehen gerade zu diesem Zeitpunkt ein Porträt des vierzigsten Präsidenten der USA – und natürlich liegt es nahe, daß wir ihn zu dieser ur-amerikanischen Veranstaltung begleiten, um ein paar Bilder mit unseren Fernsehkameras einzufangen.

Star des Rodeos ist ein gewisser Charly Sampson, der im Jahr zuvor die Weltmeisterschaft gewonnen hat. »Weltmeisterschaft« ist bei diesen sportlichen Wettkämpfen allerdings ein irreführender und hochtrabender Titel, denn das Rodeo ist bis heute eine nationale Angelegenheit geblieben. Seine Ursprünge und Geschichte liegen im dunklen. Weder kann man einen »Erfinder« des Rodeo benennen noch weiß man, an welchem Ort und in welchem Jahr es geboren wurde. Allem Anschein nach hat sich das Rodeo irgendwann einfach so ergeben, bei den Treffen von Cowboys aus verschiedenen Camps. Zum Zeitvertreib mögen sie begonnen haben, ihre Kräfte in Disziplinen zu messen, die zu ihrer täglichen Arbeit gehörten.

Freilich wurde das Rodeo schon früh zu einer kommerziellen Angelegenheit, spätestens, als die Bürger der Stadt Prescott im Bundesstaat Arizona 1888 erstmals Preisgelder aussetzten und von den Besuchern Eintrittsgelder nahmen. Heute feiern annähernd 500 amerikanische Gemeinden ihr eigenes Rodeo, an die 4500 Cowboys nehmen an den Wettkämpfen teil, und sage und schreibe 15 Millionen Amerikaner strömen jährlich in die Arenen, um sich diese Spektakel anzuschauen.

Die klassischen Disziplinen des Rodeo sind das Reiten des wilden, noch nicht gezähmten Mustangs, außerdem das Bullenreiten, dann das Niederringen des Stieres und schließlich das Einfangen des Kalbes – »Broncoriding«, »Bullriding«, »Bullwrestling« und »Calfroping«.

Beim *Broncoriding*, der wohl spektakulärsten Disziplin, gilt es, mindestens acht Sekunden auf dem ungesattelten Rücken eines Wildpferdes auszuhalten, das dem Anschein nach seinen Reiter abzuwerfen trachtet, sich in Wirklichkeit jedoch nur von einer Seilschlinge befreien will, die man dem Pferd kurz vor dem Start um den Hinterbauch gebunden hat.

Nur wenn der Reiter die geforderten acht Sekunden überstanden hat, bewertet nachher eine Jury seinen Ritt – wobei das Kriterium nicht der Reiter, sondern das Pferd ist: je wilder es sich gebärdet, desto höher ist die Wertung für den Cowboy.

Auch beim *Bullriding* werden Tricks angewendet, um die Tiere erst so richtig wild zu machen: Die Bullen tragen ebenfalls eine Seilschlinge um den Bauch, und zusätzlich erhalten sie noch einen leichten elektrischen Stoß verpaßt, wenn sich das Gatter zur Arena öffnet. Der Cowboy muß sich auch hier acht Sekunden lang halten, und seine besondere Kunstfertigkeit besteht im richtigen Zug an der Bauchschlinge des Tieres: Läßt er sie zu locker, wird er frühzeitig abgeworfen, hält er sie hingegen zu straff, kann er sich nach einem Abwurf nicht schnell genug befreien, wird endlos durch die Arena geschleift und sieht sich den gesenkten und angriffslustigen Hörnern des Tieres ausgesetzt. Im Notfall springt allerdings der Arena-Clown in die Bresche und lenkt den Bullen so lange ab, bis der gescheiterte Cowboy sich in Sicherheit gebracht hat.

Beim *Bullwrestling* dagegen werden dem Cowboy sowohl Kraft als auch Geschicklichkeit abverlangt. Auf sein Nicken hin wird der Stier in die Arena eingelassen, der Cowboy reitet auf einem Pferd im gestreckten Galopp längsseits, gleitet vom Pferd herab, packt den Stier bei den Hörnern und dreht ihm den Kopf zur Seite, bis das sich wild wehrende Tier auf dem Rücken liegt.

Das *Calfroping* schließlich ist in erster Linie eine Teamarbeit von Reiter und Pferd. Mit schwirrendem Lasso jagt der Cowboy dem fliehenden Kalb nach. Das bei einem gelungenen Wurf ruckartig gestraffte Seil hält das Tier auf und wirft es durch die Luft, ehe es, die Lassoschlinge um den Hals, am Boden liegenbleibt. Das andere Ende des Seils ist am Sattelknauf befestigt, und das Pferd hält es durch Rückwärtsbewegungen straff, bis sein Reiter endlich das Kalb zu

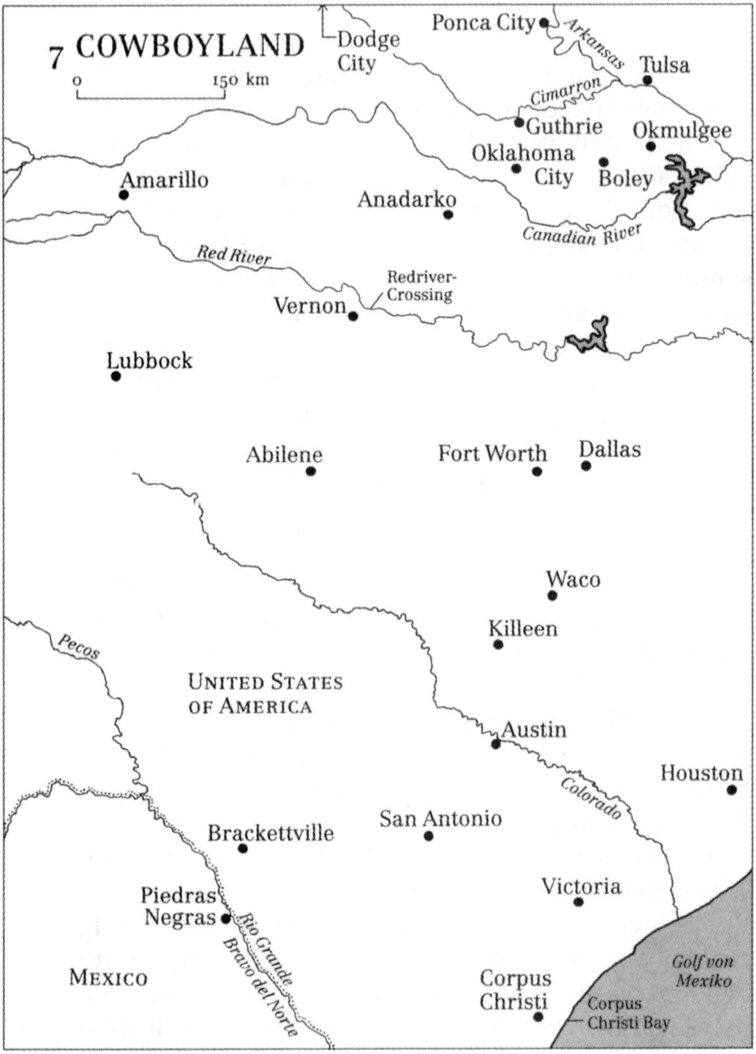

7 COWBOYLAND
0
150 km
Dodge City
Ponca City
Arkansas
Tulsa
Cimarron
Guthrie
Okmulgee
Oklahoma City
Boley
Amarillo
Anadarko
Canadian River
Red River
Redriver-Crossing
Vernon
Lubbock
Abilene
Fort Worth
Dallas
Waco
Killeen
Pecos
United States of America
Austin
Houston
Colorado
San Antonio
Brackettville
Victoria
Piedras Negras
Rio Grande
Bravo del Norte
Mexico
Corpus Christi
Golf von Mexiko
Corpus Christi Bay

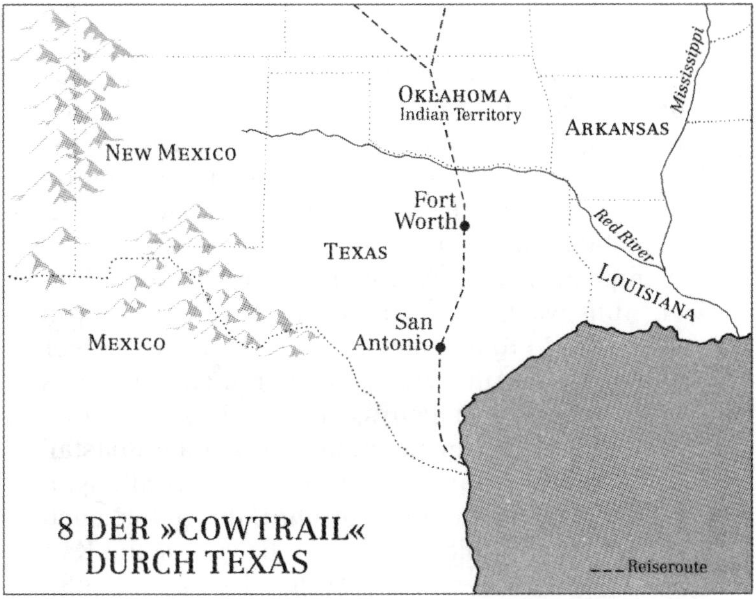

8 DER »COWTRAIL« DURCH TEXAS

fassen bekommt, auf den Rücken wirft und ihm mit einem bis dahin zwischen den Zähnen gehaltenen kurzen Seil die Beine bindet. Entscheidend für den Punktgewinn und die damit verbundene Siegprämie – und die steigt bisweilen auf ansehnliche Summen von ein paar Hundert amerikanischer Dollars – ist abermals die Schnelligkeit, mit der diese Aufgabe bewältigt wird.

Weltmeister Charly Sampson beherrscht all diese Disziplinen besonders gut, doch an diesem Tag in Landover gerät er an einen Stier mit dem schönen Namen »Kiss Me« (»Küss mich«), der Sampson in

Gegenwart seines Präsidenten abwirft, ihm ein paar Rippen bricht und das Kinn ausrenkt. Als wir Sampson wenig später hinter der Arena besuchen, grinst er uns schon wieder an und betont, ein paar gebrochene Knochen mehr oder weniger würden ihn nicht davon abhalten, weiter in den Ring zu gehen.

Sampson ist das elfte von insgesamt dreizehn Kindern, aufgewachsen in Watts, einem Stadtviertel von Los Angeles in Kalifornien. Wie er erzählt, schloß er sich bereits im Alter von zehn Jahren einem Zirkus an und hütete dort Ponys, ehe er sie auch reiten durfte. Später half er in einem vornehmen Reitstall aus, verkaufte während der Rodeoveranstaltungen Getränke und durfte mit dreizehn Jahren dort auch erstmals einen Bullen reiten. So begann seine Karriere: Bis zum Gewinn der Weltmeisterschaft 1982 trat er bei insgesamt 148 Rodeos auf und verdiente dabei 91 000 Dollar.

Sampsons Lebenslauf ergäbe an sich schon eine amerikanische Aufsteigergeschichte – sie erhält aber noch zusätzliche Würze durch seine Hautfarbe: Charly Sampson ist ein Schwarzer. Bis zum heutigen Tage haben wir das Rodeo, diesen typisch amerikanischen Sport, ausschließlich mit Weißen in Verbindung gebracht, eben mit Cowboys. Für uns waren die Helden und Bösewichte des Wilden Westens seit jeher entweder »Rothäute« oder »Bleichgesichter« – wie auch in den Spielen unserer Kindheit.

Natürlich sind unsere Vorstellungen von der Zeit der Besiedlung des nordamerikanischen Westens stark von den Erzählungen und Romanen James Fenimore Coopers und Karl Mays beeinflußt worden:

Old Shatterhand, Old Surehand, Old Firehand, vielleicht auch noch der böse Santer, der den edlen Indianerhäuptling Winnetou heimtückisch tötete – diese Fantasiegestalten haben über Jahrzehnte hin unser Bild von der amerikanischen Pionierzeit geprägt. Im Grunde genommen beginnen wir erst heute, im Angesicht des schwarzen Cowboys, zu fragen, wie wohl der Wilde Westen wirklich gewesen sein mag.

Noch im selben Jahr lernen wir den schwarzen Kartographen Cecil Williams kennen, der in seiner Freizeit gemeinsam mit seiner Frau, einer Lehrerin, durch den amerikanischen Westen tingelt und unter dem Namen Pan Handle Slim Balladen vorträgt, die ausnahmslos vom »Schwarzen Westen« handeln. Die beiden Williams besuchen Schulen mit überwiegend schwarzen Kindern und erzählen ihnen von den Leistungen ihrer Vorväter und deren Rolle bei der Eroberung des Wilden Westens. Pan Handle Slims Lieder handeln nur von dem unbesungenen Helden – »The unsung hero«.

Über Pan Handle Slim und seine selbstgewählte Mission drehen wir bald einen Film für die Sendereihe »Bilder aus Amerika« – und zu diesem Zeitpunkt fassen wir auch den Vorsatz, irgendwann einmal einen größeren Beitrag über die schwarzen Pioniere der USA zu erstellen. Die Reihe »Abenteuer und Legenden« hat uns nun, wenige Jahre später, hierzu Gelegenheit gegeben – endlich können wir diesen oft erstaunlichen Legenden einer längst vergangenen und doch noch gegenwärtigen Zeit nachspüren.

Die vorbereitende Suche nach Originalschauplätzen und möglichst noch lebenden Zeitzeugen wird für Juliane Stephan, unsere langjährige Kollegin, die heute als Frau eines deutschen Diplomaten in Washington lebt, zu einer regelrechten Schnitzeljagd.

Juliane reist kreuz und quer durch die Vereinigten Staaten, von Corpus Christi am Golf von Mexiko bis hoch in den Norden des Bundesstaates Montana, wo ehemals die großen Viehtriebe ihr Ende fanden. Ihre mühselige Suche ist von Erfolg gekrönt, sie trifft eine ganze Reihe von Personen, die ihr Geschichten über den Schwarzen Westen erzählen. In Victoria, südwestlich der texanischen Stadt San Antonio, treffen wir uns auf ihre Vermittlung hin mit vierzehn schwarzen Cowboys, die ihr Leben gewissermaßen im Sattel verbracht haben. Einige von ihnen sind bereits so alt, daß sie zu den Pferden geführt werden müssen – doch reiten können sie noch immer. Vor unserer Kamera treiben sie Rinder zusammen, die sie impfen und kastrieren – »working the cattle« heißt dies in ihrer Sprache. Später sitzen sie unter einer riesigen Eiche um den Küchenwagen zusammen und beschwören die guten alten Zeiten, in denen der Cowboy noch etwas galt und auch die Schwarzen ihren hervorgehobenen Platz in dieser Gesellschaft innehatten, sozusagen zum Cowboy-Adel gehörten.

Die meisten dieser alten Herren sind noch vor 1900 geboren, kaum einer von ihnen ist jünger als 90 – aber die Geschichten, die sie am Lagerfeuer, bei Salzfleisch, Bohnen und Zichorienkaffee erzählen, stammen dennoch größtenteils aus der mündlichen Überlieferung, sind also noch weit älter als sie selber.

Ihre Erzählungen fügen sich schließlich mit unseren Dokumenten zu einem Mosaik zusammen – zu einer vergleichsweise authentischen Geschichte des amerikanischen Westens und der Rolle, die die schwarzen Cowboys in dieser Geschichte spielten.

Beispielhaft für das Leben eines schwarzen Pioniers ist etwa die abenteuerliche Geschichte des früheren Sklaven Nat Love, der 1854 in Tennessee geboren wurde und seinen Namen von seinem Besitzer Robert Love erhielt. Nach der Sklavenbefreiung 1863 erhielt er, gerade zwölf Jahre alt, einen ersten Job als Kälberfänger in Missouri und begab sich 1869 in den Westen, zunächst nach Texas. 1870 in etwa wurde er bekannt – auf der Flucht vor feindlichen Indianern legte er auf einem ungesattelten Pferd 100 Meilen in gerade zwölf Stunden zurück. Später stahl er während eines Scharmützels mit US-Soldaten diesen eine Kanone – doch eigentlich berühmt wurde er erst durch seine Freundschaft mit dem berühmten Sheriff Bat Masterson. Bat Masterson gehört zu den legendären Gestalten des Wilden Westens, er »befriedete« einst die wilde Grenzstadt Dodge City in Kansas auf gewaltsame Weise. Nat Love hat mit Sicherheit so viele Abenteuer bestanden wie Masterson selber. Einmal soll Nat in einem mexikanischen Saloon zwei Getränke bestellt haben: eines für sich und eines für sein Pferd. Er war in unzählige Schlägereien verwickelt und wies im Alter von 30 Jahren bereits 14 Schußwunden auf. Pferde wurden unter ihm weggeschossen, Männer um ihn herum getötet, doch Nat Love selber kam stets mit dem Leben davon und genoß bald den Ruf der Unverwundbarkeit.

30 Nat Love war der einzige Schwarze, der wie die weißen Wildwesthelden in die Folklore einging. Als Deadwood Dick »ritt« er durch viele Heftchenromane.

1875 ging Nat ein paar hundert Kilometer weiter nach Norden in die »Black Hills« von South Dakota, verließ also die Grenzen von Kansas. In der neuen Westernstadt Deadwood gewann er ein Pistolenduell gegen die besten Scharfschützen des Bundesstaates und hieß seitdem »Deadwood Dick«. Sein Todesdatum ist nicht bekannt, aber als »Deadwood Dick« fand Nat Love als einer der wenigen schwarzen Cowboys selbst in den zeitgenössischen Heftchenromanen einen Heldenplatz – als der »Schwarze Reiter von den Black Hills« ging er in die Geschichte ein. Von seinem Ende hieß es nur: »Ein Mann muß seine Arbeit tun, und eines Mannes Leben muß gelebt werden. Und als er dem Tod gegenüberstand, ist er ihm auch wie ein Mann begegnet.«

Der erste Cowboy überhaupt, der in dem legendären Dodge City von Nat Loves Freund Bat Masterson getötet wurde, war überraschenderweise ebenfalls ein Schwarzer – wie auch der berüchtigte Cherokee Bill, ein wilder Bankräuber, der mit verschiedenen Gangs Banken überfiel. Als man ihn endlich gefangen hatte und zum Galgen führte, erwiderte er auf die Frage nach seinem letzten Wort lakonisch: »Ich bin nicht hier, um zu reden, sondern um zu sterben.«

Die meisten Geschichten aber, die wir von den alten schwarzen Cowboys hören, sind Charly Smith gewidmet, der erst 1979 starb, angeblich im Alter von 136 Jahren. Er kam als Kind mit einem der letzten Sklaventrecks aus Afrika, wurde in der texanischen Stadt Galveston bei einer Sklavenauktion verkauft und bereits als Halbwüchsiger in die Freiheit entlassen. Nachdem er sich auf den großen Viehtrecks bereits einen Namen gemacht hatte, wechselte Charly Smith in das Lager der Gesetzlosen und ritt an der Seite des berüchtigten Bankräubers Jesse James, der seinerseits mehr noch als Geschichte Filmgeschichte schrieb.

Charly Smith endete weniger grausig als sein Chef, er trat zur Buße einer schwarzen Baptistengemeinde bei. Dies alles erfahren wir von Reverend Burt, einem Priester, der das Erbe des schwarzen Cowboys hütet und mit den Erzählungen über dessen aufregendes Leben auch sein eigenes Honorar aufzubessern sucht. Bilder von Charly Smith zeigt er nur gegen Entgelt, und als wir ihn verlassen, mahnt er uns geradezu, einen Spielfilm über Charly zu drehen.

Erstaunlich ist es schon, daß diese und all die anderen Schwarzen, die durch den Westen ritten, weder in die Geschichte und Schulbücher noch gar in die Romane und Filme ihren Weg gefunden haben. Jesse James und Bat Masterson sind heute zumindest den filmbegeisterten Europäern bekannt, aber Nat Love und Charly Smith – wer wüßte von ihnen? Dabei haben die schwarzen Cowboys genauso die Rinder getrieben, das Lasso geschwungen oder den wilden Mustang geritten wie ihre weißen Kollegen, erfroren sie ebenso wie diese im Schnee oder ertranken in den Flüssen. Gegen die Indianer haben sie gekämpft, waren auf beiden Seiten im Bürgerkrieg aktiv und mischten auch unter den Gesetzlosen mit. Kurz und gut – sie trugen ihren Teil zur Geschichte des Wilden

Westens bei, nicht anders als die Weißen; doch als die Geschichte zur Legende wurde, nicht zuletzt durch Hollywood, da waren sie plötzlich vergessen, da gab es sie nicht mehr. Und so haben wohl die Filme Hollywoods kaum weniger als die Romane Karl Mays dazu beigetragen, ein Bild des amerikanischen Westens zu vermitteln, das keiner geschichtlichen Überprüfung standhält.

In San Antonio filmen wir später »The Alamo«, eine alte spanische Missionsstation, die von den (weißen) Amerikanern wie ein Heiligtum verehrt wird. Hier

31 Der berühmte Pfadfinder James Beckwourth war Vorbild für die Helden mancher Hollywoodfilme. Seine Rolle spielten weiße Schauspieler, obwohl Beckwourth ein Schwarzer war.

wurden 1836 alle texanischen Verteidiger von den Mexikanern niedergemetzelt – ehe es ihnen die Texaner dann auf die gleiche Weise heimzahlten. »Remember the Alamo« (»Vergiß Alamo nicht«) ist seither in den Vereinigten Staaten ein geflügeltes Wort, das an die Schlacht bei Alamo erinnern und mahnen soll. Freilich gilt die Erinnerung wiederum nur den weißen Helden, etwa dem Scharfschützen Davy Crockett oder dem Messerwerfer John Bowie, nicht aber dem nicht weniger kühnen schwarzen Kundschafter Jim Washington.

In Bracketville, nahe der mexikanischen Grenze, liegt Alamo Village, ein Dorf, das San Antonio zur Zeit des Befreiungskampfes und der Loslösung von Mexiko darstellen soll. 1959 gebaut, wurde es bald zur Kulisse für viele Western, unter anderem auch einer Neuinszenierung der Schlacht um Alamo, in der John Wayne den Scharfschützen Crockett und Richard Widmark den Messerwerfer John Bowie darstellten – der schwarze Jim Washington aber kommt in dem Film nicht vor.

Happy Shahan, der Besitzer des Dorfes Bracketville, ein Freund des mittlerweile verstorbenen John Wayne, lebt heute davon, sein Dorf zu vermarkten. Für uns und vor allem unsere Kamera führt er eigenhändig die Postkutsche, arrangiert er ein Revolverduell vor dem Saloon – doch in der ganzen Ranch sucht man vergebens nach einem schwarzen Cowboy. Hollywood produziert Legenden und Mythen, »The all american cowboy« ist weiß, Indianer sind die Kulisse und Schwarze haben überhaupt keinen Platz in dieser Welt. Nicht nur, daß man verschweigt, notfalls wird eben auch die Hautfarbe der Helden für den Film schlicht geändert. In dem Film »Tomahawk« aus dem Jahre 1952 spielt Jack Oakie, ein Weißer, den berühmten Revolverhelden und Fährtensucher James Beckwourth, der aber in Wahrheit ein Schwarzer war. Wer von den Millionen Kinogängern sollte das je bemerken? Der Schauspieler Stewart Granger sieht es so: »Das Publikum wollte richtige Amerikaner als Helden, es wollte seine Helden weiß, nicht schwarz. Weil mit Schwarzen damals kein Geld zu machen war. Dahinter stand kein rassistisches Urteil. Es ging um Geld. Die Leute, die Hollywood erfunden haben, die großen Familien, denen die Universal, die Paramount, die Warner-Brothers gehörten, sie hatten nur ein Ziel, das mit Schwarzen überhaupt nichts zu tun hatte: Sie wollten Geld machen. Ein Held namens John Wayne hatte Zugkraft. Ein Schwarzer wie Bill Cosby, der heute im Fernsehen Millionen verdient, hätte damals keine Chance gehabt. Man konnte den Schwarzen nicht vermarkten, das wars.«

Die großen Legenden um den Wilden Westen entstanden im Grunde innerhalb einer sehr kurzen Zeitspanne und waren auf einem äußerst begrenzten Territorium angesiedelt. Fast alle Geschichten spielen zwischen den Städten Dallas und Denver in den Bundesstaaten Texas und Colorado sowie im sogenannten »Indian Territory«, dem heutigen Staat Oklahoma. Und geschichtlich ist die große Zeit des Westens auf dreieinhalb Jahrzehnte begrenzt – sie reicht vom Ende des amerikanischen Bürgerkrieges im Jahre 1865 bis in die Zeit der Jahrhundertwende. In diesen Jahren fanden die großen Viehtrecks von den ehemaligen Südstaaten in den siegreichen Norden statt – von Rinderumschlagplätzen wie Fort Worth in Texas zu den Eisenbahnverladestationen in Abilene oder Dodge City in Kansas. Dazwischen lagen die Stammesgebiete der Indianer und auch die Schlupfwinkel der Banditen, und zu diesen von Menschen herrührenden Gefahren kamen noch die Fährnisse der Wildnis hinzu: reißende Flüsse oder auch trockene Hochebenen.

Natürlich gab es auch vor dem Bürgerkrieg bereits Viehtrecks. Nach dem »Mexikanischen Krieg«, der 1846 bis 1848 auf die Einverleibung von Texas durch die USA im Jahre 1845 folgte, mußten die Mexikaner schließlich große Teile ihres Gebietes an die Nordamerikaner abtreten, unter anderem auch Kalifornien.

Als dort Gold gefunden wurde, strömten die Goldsucher und Glücksritter zu Tausenden zu den neuen Quellen des Reichtums, und um ihren Hunger zu stillen, schlachteten sie rücksichtslos die Rinder ab, die zu den Missionsstationen Kaliforniens gehörten. Viehbarone aus Texas besorgten den Nachschub und schickten ihre Herden in langen Zügen zum Pazifik. Die Viehhirten wurden auf diesen Trecks bald zu einer besonderen Berufsgruppe mit ausgeprägtem Standesstolz und einem großen Zusammengehörigkeitsgefühl. Ein Rancher namens Ed Cameron nannte sie liebevoll seine »Kuhjungen« – und damit war der legendäre Berufsstand des Cowboys nicht nur geboren, sondern auch benannt.

Im Bürgerkrieg von 1861 bis 1865 mußten sowohl die Viehbarone als auch die Cowboys ihre Weiden in Texas im Stich lassen und an die Front ziehen. Zahlreiche große Landgüter verwahrlosten, die riesigen Herden verwilderten, Rinder brachen aus und vermehrten sich in der Freiheit über die Maßen auf sieben Millionen Tiere. Als man nach dem Krieg in der *Brasada*, dem wilden Buschland von Texas, auf die Suche nach den Tieren ging, fand man die wilden und äußerst gefährlichen *Texas Longhorns* vor, die zu fangen und zu zähmen es einer besonderen Sorte von Cowboys bedurfte, mit gleichermaßen ausgeprägtem Jagdinstinkt und großer Ausdauer. Die meisten von ihnen waren Veteranen aus dem Krieg und konnten mit dem Lasso genausogut umgehen wie mit dem Schießeisen. Sie fanden auf jenen Viehtrecks Arbeit, die Rinder aus dem Süden in den von Fleischmangel geplagten Norden schafften.

Der Bürgerkrieg war für die Einheit der Nation und für die Sklavenbefreiung geführt worden. Die Südstaatler wollten auf die »billige« Sklavenarbeit auf den großen Plantagen nicht verzichten und sagten sich von der amerikanischen Union los. Da aber der Süden an Menschen und an Material dem Norden unterlegen war, hätte ihm nur ein schneller Sieg Erfolg bringen können; der jedoch blieb aus.

Die angestrebte Gleichberechtigung der Schwarzen brachte den Nordstaaten nicht nur die moralische Legitimation für den Krieg, sondern bewirkte auch, daß annähernd 180000 Schwarze in den blauen Uniformen der Unionstruppen kämpften, von denen schließlich fast jeder fünfte den Tod fand.

Nach dem Sieg des Nordens suchten viele Schwarze in den weiten Räumen des Wilden Westens die Freiheit und wurden Cowboys; am Ende war annähernd jeder vierte Cowboy schwarzer Hautfarbe.

Viele von ihnen kamen mit Henry Adams, der 1879 mit 500 anderen Schwarzen einen regelrechten Exodus organisierte: Etwa 24000 schwarze Familien wanderten damals nach Texas und Kansas aus, und nur die wenigsten wurden später selber zu Rinderherren oder wenigstens zu Vormännern. In ihrer überwiegenden Zahl haben sie sich für dreißig oder weniger Dollar im Monat als *Cowhands* für die 2000 Kilometer lange Reise der Trecks von Texas nach Kansas anheuern lassen.

Zunächst folgten die Trecks der Route des sogenannten *Chisholm-Trail*, der nach Jesse Chisholm benannt worden war, dem Sohn eines schottischen Fuhrunternehmers und einer Cherokee-Indianerin. Von 1867 bis 1872 zogen mehr als eine Million Rinder den Chisholm-Trail entlang, doch nur ein Teil der Longhorns bewältigte die gefährliche Strecke; viele der Tiere ertranken in den Flüssen, verdursteten auf den trockenen Ebenen des Hochlandes oder verendeten bei der *Stampede*, einer Panikreaktion, die die Rinder aus oft unerfindlichen Gründen zur wilden Flucht antreibt.

Auch so mancher Cowboy blieb auf der Strecke, weil er die Strapazen nicht aushielt, am Biß einer Klapperschlange starb oder Opfer eines Banditenüberfalls wurde. Wenn im Küchenwagen das Salz ausging, leckten die Cowboys den Pferdeschweiß vom Sattel; viele zogen sich von alkalischem Wasser

Rheuma zu oder mußten ihre Stiefel seitlich aufschlitzen, wenn ihnen die Beine geschwollen waren – und wenn einer turnusgemäß die gefährlichste Aufgabe übernahm, als Schlußreiter lahmende Nachzügler anzutreiben oder Ausbruchsversuche zu stoppen, dann schluckte er notgedrungen den Staub der ganzen Herde.

Am Ende eines jeden strapaziösen und gefährlichen Trecks winkte dann wie eine strahlende Oase in der Wüste die Stadt an der Verladestation: Hier konnte man ein Bad nehmen, sich die Haare schneiden lassen oder sich bei einer Frau beziehungsweise bei einer Flasche Whisky entspannen.

In Städten wie Abilene und Dodge City saßen aber auch die Glücksspieler, die die Ankommenden um ihre ohnehin schon mageren Löhne zu prellen versuchten. Nach dem langen Treck leicht und schnell berauscht, ließen sich zahlreiche Cowboys in Schlägereien verwickeln oder verliehen ihrer Freude, die Stadt erreicht zu haben, nicht selten durch ein sinnloses Herumballern Ausdruck. Dodge City und Abilene, die Schauplätze so vieler Hollywood-Filme, blühten nur kurze Zeit: Das berüchtigte Dodge City hielt sich gerade zehn Jahre, und Abilenes zweifelhafter Ruhm erlosch bereits nach vier Jahren.

Auf den Trecks und in den *Boom Towns* – so heißen die Städte, die aufgrund irgendeiner unerwarteten Entwicklung, etwa einem Goldfund in der Umgebung, plötzlich aus dem Boden schießen und oft ebenso schnell auch wieder veröden – wurden Schwarze und Weiße gleich behandelt, Herkunft

32 Bose Ikard fand zusammen mit zwei weißen Pionieren einen neuen Rinderweg durchs Indianderland. Aber nur die Weißen gaben dem Goodnight-Loving-Trail ihre Namen.

oder Hautfarbe spielten hier keine Rolle, sondern es ging allein darum, ob und wie einer seinen Mann stand.

Die Zusammenarbeit zwischen dem Schwarzen Bose Ikard und seinem weißen Boß Charles Goodnight ist das vielleicht berühmteste Beispiel für Freundschaften über Rassenunterschiede hinweg im Wilden Westen: Ikard galt als einer der besten Cowboys des Westens, Goodnight war einer der Pioniere im Rindergeschäft. Als dieser bei einem Indianerüberfall verletzt wurde, hielt Ikard die Angreifer so lange in Schach, bis Hilfe kam. Und als der Schwarze einmal in finanzielle Schwierigkeiten geriet, löste der Weiße ihn aus. Daß Goodnight später seinem schwarzen Kompagnon einmal 12000 Dollar anvertraute, den Gewinn aus einem besonders einträglichen Viehtreck, und Bose Ikard mit dem Geld nicht auf und davon ging, wurde von vielen als der größte Vertrauensbeweis und die tiefste Freundschaftsbekundung überhaupt angesehen.

Berühmt wurden Goodnight und Ikard durch ihre Entdeckung eines neuen Weges von Süden nach Norden, am Indianerland vorbei. Gemeinsam mit dem Cowboyveteranen Oliver Loving führten sie eine Herde von 2000 Rindern in den Bundesstaat Colorado, wobei sie eine Strecke von 1300 Kilometern überwinden mußten, auf der es keine einzige Wasserstelle gab – das Wüstengebiet um das heutige Spielerparadies Las Vegas. Goodnight, Ikard und Loving verloren auf diesem Treck nur rund vierhundert Rinder.

Später wurde diese Route nach Colorado unter

dem Namen *Goodnight-Loving-Trail* bekannt – Bose Ikard freilich blieb unerwähnt. Was wir von ihm wissen, verdanken wir seinem Boß Charles Goodnight, der ihn überlebte und dem Schwarzen auf den Grabstein schreiben ließ:

»Bose Ikard hat mir vier Jahre auf dem Goodnight-Loving-Trail die Treue gehalten, hat sich vor keiner Aufgabe gescheut, hat jeden Befehl befolgt, ist mit mir in manchen ›Stampeden‹ geritten, wurde mit mir in drei Gefechte mit den Comanchen verwickelt. ›Großartige Haltung‹ (›Splendid Behaviour‹). ›Ich habe in keinen Menschen jemals größeres Vertrauen gehabt.‹ (›I never trusted a man more‹).«

Der Respekt, den die weißen und schwarzen Cowboys füreinander hegten, war strikt auf diese Gemeinschaft beschränkt, und dies brachte mit sich, daß auch schwarze Cowboys die Siedler und Farmer ihrer eigenen Hautfarbe »damned niggers«, verdammte Neger, schimpften.

Und der Gemeinschaftssinn auf den Trecks und Trails des Wilden Westens einte die verschiedensten Rassen: Denn nicht nur Schwarze zogen mit weißen Texanern durch das Indianerland, sondern auch Mexikaner, Indianer und sogar einige Chinesen, die mit dem Eisenbahnbau in den amerikanischen Westen gekommen waren.

Überhaupt schob sich die Eisenbahn immer weiter in den Westen vor, und parallel dazu fluteten Siedler in die weiten Ebenen und errichteten gegen die vorbeiziehenden Herden Stacheldrahtzäune. Im harten Winter 1886/87 starben Zehntausende von Longhorns vor den inzwischen eingezäunten Quellen und Wasserstellen.

Da allmählich auch im Norden der Bedarf nach billigem Fleisch aus dem Südwesten zurückging – in den Jahren von 1867 bis 1887 waren immerhin rund sechs Millionen Rinder auf den Treck gegangen, 35000 Cowboys lebten von dem Geschäft mit dem Fleisch der Longhorns –, trugen Eisenbahnbau und die Umzäunung des Landes durch Siedler nach und nach zum Ende der großen Viehtrecks bei.

Das Cowboy-Abenteuer ging unmittelbar in die Legende über. Bereits zur Zeit der großen Viehtrecks selber erschienen die ersten Groschenromane über die Untaten und Heldentaten der Viehtreiber, Revolvermänner, Sheriffs und Gesetzlosen. Zane Grey und später Louis L'Amour verkauften Westerngeschichten in Millionenauflagen – bevor der Film Indianerscharmützel und Revolverduelle inszenierte und dabei maßlos übertrieb.

Bei alledem paßten aber nicht nur die Schwarzen nicht ins Klischee, sondern es wurde auch die geschichtliche Tatsache verdrängt, daß der weiße Cowboy einen mindestens ebenso tüchtigen Vorläufer in den mittel- und südamerikanischen Ländern hatte: den *Vaquero*.

Vaqueros, die Kuhhirten zu Pferde, trieben das Vieh bereits durch Texas und Kalifornien, als diese beiden Landstriche noch zu Mexiko gehörten. Ausrüstung, Technik und sogar Wortschatz des Viehtriebs stammen aus dieser Zeit: Den bis zur Kunstfertigkeit hochentwickelten Umgang mit Pferden und Stieren hatten gar schon die Konquistadoren, die spanischen Eroberer mitgebracht, und christliche Padres lehrten in ihren Missionen am Rio Grande und in Kalifornien ihre indianischen Schützlinge den Umgang mit dem geflochtenen Seil aus Rohhaut, das in Spanien *Lariat* heißt und in den USA zum *Lasso* wurde.

Die dicken Lederhosen, die der Vaquero zum Schutz gegen Dornenbüsche trug, die *Chaparreras*, nannten die Cowboys *chaps*, und der jährliche Zusammentrieb, das spanische *Rodeo*, geriet zum *round up*.

Andere Bezeichnungen sind sogar wörtlich aus dem Spanischen übernommen worden: das Halstuch, das der Cowboy zum Schutz gegen den Staub über die Nase zieht, heißt weiterhin *Bandana*, das Gehege *Corral* und die Reservekoppel *Remuda*; die *Stampede*, die Massenpanik, die so oft in Rinderherden ausbricht, wurde von *Estampido* abgeleitet.

Auf einer mexikanischen Hazienda oder auf dem Gelände der Missionsstation arbeiteten die Vaqueros, selber Indianer, Schwarze oder Mischlinge, meist unter weißen Vormännern. Die Schwarzen unter ihnen waren als Sklaven im Gefolge der weißen Eroberer gekommen und zogen mit ihnen von Mexiko City den Rio Grande entlang nach Kalifornien. Nach einer spanischen Volkszählung waren im Jahr 1790 18 Prozent der Einwohner Kaliforniens afrikanischer Abstammung, mehr als die Hälfte der Gründerfamilien von Los Angeles waren Afro-Amerikaner. Wie William Loren Katz in seinem Buch »The Black West« (»Der Schwarze Westen«) schreibt, konnte die Besitzerin des Rancho Rodeo in Los Angeles, Maria Rita Valdez, ihre Ahnentafel bis auf eine dieser schwarzen Gründerfamilien zurückführen. Rancho Rodeo ist heute unter einem anderen Namen bekannt: Beverly Hills. Einem schwarzen Bürger namens Francisco Reyes gehörte einst das gesamte San-Fernando-Tal, ehe er es Ende des 18. Jahrhunderts verkaufte und Bürgermeister von Los Angeles wurde. Die schwarze Minderheit in dieser Stadt begründete damit eine Tradition, die bis in die Gegenwart reicht: Tom Bradley, der langjährige Bürgermeister von Los Angeles am Ausgang des 20. Jahrhunderts, ist ebenfalls ein Schwarzer.

Die Beteiligung der Schwarzen an der Eroberung der Neuen Welt geht im Grunde fast bis auf Christoph Kolumbus zurück, denn auf den Schiffen der spanischen Eroberer fuhren immer auch Sklaven aus Afrika mit.

Ein solcher spanischer Schwarzer war auch Estevánico beziehungsweise Esteban, der mit einer Expedition im Golf von Mexiko unterwegs war, die 1528 vor der Küste von Texas Schiffbruch erlitt. Gemeinsam mit drei weiteren Überlebenden geriet Estevánico in indianische Gefangenschaft. Mit ihren medizinischen Kenntnissen, die dem europäischen Standard jener Zeit entsprachen, konnten sie sich bald unter den indianischen Eingeborenen einen Namen machen und wurden als Medizinmänner verehrt.

Irgendwann gelang ihnen die Flucht, und anschließend irrten sie fast acht Jahre lang als die wohl ersten Eindringlinge aus der Alten Welt quer durch den Wilden Westen. Der starke, tapfere und ge-

33 Der schwarze Sklave York führte 1804–1806 eine Expedition über den Missouri zum Pazifischen Ozean. Die Indianer nannten York den schwarzen weißen Mann.

schickte Estevánico wurde bald ihr Führer. Um 1535 gelangten sie nach Mexiko, wo die Spanier bereits unter Hernando Cortés Fuß gefaßt hatten.

Unterwegs hatte Estevánico Geschichten von den sieben Städten von Cíbola gehört, wo die Straßen angeblich mit Gold gepflastert und die Häuser mit Edelsteinen dekoriert waren. Im selben Jahr noch organisierten die Spanier eine Expedition, die, von Estevánico geführt, auf die Suche nach diesen sieben Städten gehen sollte.

Bevor die Expedition mit immerhin 350 Mann in unbekanntes Gebiet vorstieß, wurde Estevánico als Späher vorausgeschickt. Tatsächlich fand er die Städte von Cíbola, aber es gab dort weder goldene Straßen noch edelsteinbesetzte Häuser, und die einst blühende Zivilisation der *Anasazi* war schon 200 Jahre vorher untergegangen.

In Cíbola wurde Estevánico 1539 von Indianern vom Stamm der *Zuñi* als Eindringling getötet, doch in der Zuñi-Tradition lebt er in Tänzen und Gebräuchen als der »schwarze weiße Mann« weiter.

Keine fünf Jahrzehnte nach Kolumbus war also ein Schwarzer aus Afrika gewissermaßen der erste Nicht-Indianer im Südwesten der späteren USA. Aus abendländischer Sicht wäre Estevánico eigentlich der Entdecker der heutigen Bundesstaaten Texas und New Mexico gewesen, aber Amerika hat ihm kein Denkmal gesetzt, und auf unserer Filmreise konnten wir keine Spur von ihm finden.

1540, ein Jahr nach Estevánicos Tod, eroberte dann Francisco Vázquez de Coronado, der dem schwarzen Kundschafter mit seinen 350 Soldaten hinterherzog, die Städte von Cíbola. Er trug sich auch als erster in die Felswand des Tafelberges *El Morro* ein, der von einer Zuñi-Siedlung gekrönt wird. Die Amerikaner nennen diesen Tafelberg *Inscription Rock*, weil sich in seinen Sandstein im Lauf der Zeit immer mehr Eroberer und Entdecker, Vagabunden und Pioniere mit Namen und Daten eingeschrieben haben.

Die Wände von El Morro lesen sich heute wie eine Geschichtstafel der Einwanderung, denn der Berg war ein Meilenstein im Durchgangsverkehr hinunter zum Pazifik. 1859 hat sich auch US-Leutnant Beale hier eingetragen, der mit Kamelkarawanen nach Kalifornien unterwegs war. Dieser Import aus Afrika hat mit Sicherheit im Westen genausoviel Aufsehen erregt, wie die Ankunft des »schwarzen weißen Mannes« über 300 Jahre zuvor. Der Versuch, mit den genügsamen Wüstentieren den Westen zu erobern, wurde jedoch später wieder aufgegeben.

Ein schwarzer Sklave namens York führte 1804–1806 die erste Expedition überhaupt zu den Völkern an den Quellen von Missouri und Mississippi und weiter zum Pazifik. Diese Entdeckungsreise ging jedoch unter dem Namen ihrer weißen Organisatoren Lewis und Clark in die Geschichte ein. Die Indianer vom Stamme der *Nez Percé* versuchten Yorks Haut abzuschaben, weil sie Schwarz für eine Schutzfarbe hielten.

Überhaupt haben die Indianer die negroiden Einwanderer nicht als eine eigene Rasse aufgefaßt, sondern sie immer im Zusammenhang mit dem weißen

Mann gesehen; und bisweilen haben sie sogar die Praxis der Sklaverei übernommen. Indianerstämme, die durch den Verkauf von Siedlerland oder ölhaltigem Boden reich geworden waren, kauften schwarze Sklaven für die Arbeit auf den Feldern und im Haushalt. Besonders die Indianer der sogenannten »Five civilized tribes«, der *Choctaw, Chickasaw, Cheyenne, Creek* und *Seminolen*, haben diese Praxis geübt. »Die fünf zivilisierten Stämme« nannte man sie wegen ihres sehr frühen Kontaktes mit den Weißen und weil sie bereit waren, durch Verträge ihr Land abzugeben und in das sogenannte *Indian Territory* zu ziehen, das in der Sprache der Choctaw-Indianer »Land des Roten Mannes« getauft wurde: *Oklahoma*.

Mitte des 19. Jahrhunderts bestand die Choctaw-Nation bereits zu einem Fünftel aus Schwarzen, die meisten von ihnen waren Sklaven. Die Indianer fühlten sich den Schwarzen genauso überlegen wie die Weißen und hatten wiederum den Weißen gegenüber kein Unterlegenheitsgefühl.

Tuskahoma Brown Miller, der langjährige Vertreter der Seminolen bei der Regierung in Washington, schrieb anläßlich der amerikanischen Zweihundertjahrfeier: »Als die Europäer nach Amerika kamen, gab es sehr wenig Unterschiede zwischen Roten und Weißen. Der normale Europäer war Analphabet, er hat sich mit seiner Hände Arbeit eine Existenz geschaffen, hat über dem offenen Feuer gekocht, einfache Nahrung zu sich genommen und auf dem Boden geschlafen. Selbst die Aristokratie hat sich weniger oft gewaschen, als der durchschnittliche Indianer es tat.«

Tuskahoma Brown Miller gehört als Seminole einem Indianerstamm an, den eine besondere geschichtliche Entwicklung eng mit dem Schicksal der Schwarzen verkettet. Ein erstes schriftliches Zeugnis hierüber stammt aus dem Jahr 1819, die Beschreibung einer Reise europäischer Abenteurer nach Florida mit dem Titel »Narrative of a voyage to the Spanish Main« (»Erzählung einer Reise in das spanische Florida«). Ein Kapitel darin ist überschrieben: »Illustrierte Bemerkungen zu den Gewohnheiten und Gebräuchen der Seminolen-Indianer mit einer Beschreibung des Seminolen-Krieges.« Das Buch mit Seltenheitswert liegt heute im Archiv des Bundesstaates Florida. Der unbekannt gebliebene Autor kam im Gefolge des Schotten Gregor MacGregor, eines Veteranen der Napoleonischen Kriege, nach Florida. MacGregor, der auch mit Miranda und Bolívar in den südamerikanischen Befreiungskriegen mitgewirkt hat, landete im Juni 1817 auf der Insel Fernandina in Florida, vertrieb die spanische Garnison und hißte seine eigene Flagge. Später gesellte sich ein gewisser Ruggles Hubbart zu ihm, der einst Sheriff in New York City gewesen war; zwei Jahre später kam der französische Pirat Louis Aury hinzu, zu dessen Besatzung 130 Dunkelhäutige aus Haiti gehörten. Diese Gruppe hat fleißig Sklavenhandel betrieben, wobei die Schwarzen aus Haiti den Import aus Afrika besonders grausam behandelten. Nach der (Doppel-) Gründung der ersten Republik von Schwarzen in der neuen Welt 1803 beziehungsweise 1804 auf der Insel Hispaniola teilten sich die Nicht-Weißen das Land: der Schwarzenstaat »Haiti« und der Mulattenstaat

»Dominikanische Republik« – also ein Staat mit dunkelhäutiger, aber nicht »schwarzer« Bevölkerung – existieren bis heute.

Viele Sklaven, die für die Baumwollplantagen in Georgia und Alabama bestimmt waren, suchten ihr Heil in der Flucht und wurden zum Teil von den Creek-Indianern aufgenommen und versteckt. Als die Creek ultimativ aufgefordert wurden, die Sklaven zurückzugeben, andernfalls sie mit einer Kriegserklärung zu rechnen hätten, beugte sich eine Mehrheit der Creek dieser Drohung, aber eine Minderheit gab ihre Sklaven nicht her, sondern zog sich zurück ins Innere Floridas. Die Creek nannten ihre abtrünnigen Stammesbrüder »Jene, die sich losgesagt haben«, das heißt in ihrer Sprache: *Seminolen*.

Überreste anderer Indianerstämme schlossen sich diesen Seminolen an, die Appalachen, die Pensacola, die Mobile und die Red Sticks, und die freigelassenen Schwarzen bekamen sogar den Status eines eigenen Clans: des Schlangenclans. Sie mußten allerdings den Indianern Tribut zahlen, einen Zehnten ihrer Ernte und ihres Bestandes an Haustieren abführen.

Weil die Spanier Anfang des 19. Jahrhunderts den Amerikanern Florida noch nicht preisgeben wollten, ermunterten sie die schwarzen und roten Seminolen, den Kleinkrieg gegen amerikanische Sklavenhändler weiterzuführen. Zwei englische Agenten mit Namen Arbuthnot und Ambrister stachelten die Seminolen zusätzlich auf. In diese Zeit fiel der Besuch des unbekannten Autors bei den Seminolen:

»Im Unterschied zu anderen nordamerikanischen

Indianern besitzen sie große Herden von Vieh, und viele Schwarze bauen Reis und Mais an, auch Kartoffeln. In der Mitte der Orte gibt es einen freien Platz und ein Wigwam für Gäste. Wenn der Besucher Klagen vorzutragen hat und sie als berechtigt anerkannt werden, folgt die Strafe für den Schuldigen auf dem Fuße. Ihr seltsamer Ehrenkodex ist so ausgeprägt, daß sich ein Schuldiger niemals durch eine Lüge zu verteidigen versucht. Bei dieser unmittelbaren Rechtsprechung sind die Schwarzen gleichermaßen beteiligt.«

Im Dezember 1817 beschloß die Regierung der jungen Vereinigten Staaten von Amerika, gegen die Seminolen vorzugehen, das Piratennest auf Fernandina Island auszuheben und die Grenzsituation zu bereinigen. Das unerklärte Ziel war natürlich, unter dem Vorwand einer Strafexpedition Spanier und Briten aus Florida zu vertreiben. Andrew Jackson war der geniale und grausame Feldherr, der die nun folgenden Seminolen-Kriege führte, die von 1817 bis 1842 dauerten. Mit den Piraten und den Spaniern hatte er weniger Probleme als mit den Indianern und den Schwarzen. Er begann ihren Widerstand zu brechen, als er mit Unterstützung der Flotte den Ort Appalachicola überfiel, der in der Mehrheit von Schwarzen bewohnt wurde. H. J. Stammel schreibt in seinem Buch über »Legende und Wirklichkeit« der Indianer:

»In einem unbeschreiblichen Massaker wurden am zweiten Weihnachtstag 1817 250 der 300 Neger erschlagen, zwei Anführer gehängt und der Rest der Sklaven wieder in die USA zurückgebracht. Die In-

56

56 Das »Calfroping« ist im Rodeo wie auch auf der Farm ein Wettkampf der Geschicklichkeit: Das Kalb muß eingefangen und für die Brandzeichnung mit einem einzigen Griff geworfen werden.

57 Die Schwarzen Cowboys legen auch heute noch viel Wert auf »shiny things«, auf alles, was protzt und glänzt.

58 Der Wilde Westen kannte keine Rassenprobleme. Auch Menschen mit brauner Haut und blauen Augen waren willkommen, wenn sie nur das Handwerk verstanden.

57

58

59

60

59–60 Im Rodeo, das sich immer mehr zu einem Wettkampf der Schwarzen wandelt, lebt die Tradition des schwarzen Cowboys weiter.

61 (nachfolgende Seite) Ungefährlich ist die Mutprobe auf den Stieren auch im Rodeo nicht. Wer sich am längsten hält, bleibt Sieger.

Transito Colombiano

62

63

64

65

62–65 »Transito Colombiano«: Farbenprächtige Busse, oft umgebaute Lastkraftwagen, die Personen und Fracht befördern, sind für die abgelegenen Ortschaften der kolumbianischen Anden oft die einzige Verbindung zur Außenwelt. Das Reisen mit den oft völlig überladenen Fahrzeugen wird im Bergland nicht selten zum Abenteuer.

67

68

66–67 Kolumbien, wie es kaum jemand kennt. An den Ausläufern der Anden liegt ein fruchtbares Hügelland.

68 Die gepflegten Felder täuschen eine gesunde Landwirtschaft vor. Die meisten Bauern arbeiten jedoch als Pächter oder landlose Arbeiter für Großgrundbesitzer. Sie haben kaum die Chance, jemals Land zu besitzen und Wohlstand zu erwerben.

66

69

70

71

72

73

69 Karneval in der Hauptstadt Bogotá.

70 Umzug der Schönsten des Landes zur Wahl der »Miss Columbia« in Cartagena.

71 Mais – eines der Hauptnahrungsmittel Kolumbiens.

72–73 Marktszenen.

dianer schworen Rache und lieferten der amerikanischen Armee einen 25 Jahre langen Kleinkrieg, an dem 30000 US-Soldaten teilnahmen, von denen 1500 fielen. Es war der kostspieligste Indianerkrieg, den die amerikanische Regierung geführt hatte. Zum Teil auch deswegen, weil die entlaufenen schwarzen Sklaven sich mit den Wegen der Weißen besser auskannten. Von den Seminolen blieben 1000 auf der Strecke, ein Drittel des Stammes. An die dreihundert konnten sich in den Sümpfen der Everglades verstekken, ihre schwarzroten Nachfahren leben heute auf drei Reservationen in Florida«.

Der größte Teil des Stammes aber mußte auf den langen Marsch nach Oklahoma. Sie bekamen ein Gelände zugewiesen in der Nachbarschaft der Creek, deren Sprache sie sprechen und von denen sie sich einst abgespalten haben. Ihre kleine Hauptstadt heißt Wewoka, rund 100 Kilometer südöstlich von Oklahoma City. Im Stadtmuseum von Wewoka erzählt uns ein junger Seminolenhäuptling, der an der Universität von Oklahoma City Geschichte studiert hat, nähere Einzelheiten über die Geschichte seines Indianerstammes:

»Den letzten großen Widerstand gegen die Weißen hat Häuptling Osceola in den Jahren 1835 bis 1842 geleistet. Von den letzten 55 seiner wehrfähigen Krieger waren 52 schwarz. Weil die Schwarzen im Gegensatz zu uns Englisch konnten, haben wir sie bei den Verhandlungen mit den Truppen aus Washington als Dolmetscher eingesetzt. Ein ehemaliger Sklave namens Abraham hat uns aber betrogen und den Inhalt eines Vertrages falsch übersetzt, der schließlich zu unserer Unterwerfung geführt hat. Als wir aber Florida verlassen mußten, nahmen wir die schwarzen Seminolen mit, um sie vor erneuter Sklaverei zu schützen. Wir haben ihnen eine rote Hand der Freundschaft gereicht.«

Als 1861 der Bürgerkrieg ausbrach, spalteten sich auch die Seminolen – ein Drittel des Stammes kämpfte mit den Nordstaaten, die anderen schlugen sich auf die Seite des Südens, in der Hoffnung, das Recht zur Gründung eines unabhängigen Indianerstaates zugesprochen zu bekommen. Eine dritte, kleinere Gruppe folgte dem schwarzen Häuptling Wild Cat zum Rio Grande auf mexikanisches Territorium. Seine Krieger wurden wegen ihrer Tapferkeit berühmt, sie schützten die Grenze auch vor Übergriffen der räuberischen Comanchen. Wer aber von den schwarzen Seminolen den Comanchen in die Hände geriet, wurde entweder massakriert oder als Sklave an weiße Händler weiterverkauft. Als die straff militärisch organisierte Kolonie des Häuptlings Wild Cat zu einem Staat im Staate zu werden drohte, wurde sie von den Mexikanern belagert und noch 1861 aufgelöst. Wieder drohte den Schwarzen unter den Seminolen die Sklaverei, einige schlugen sich nach Kansas durch, wo sie im Zweiten Farbigen Freiwilligenregiment dienten und an der Seite von fast 1000 schwarzen und roten Indianern unter dem Creek-Häuptling Opotayohola kämpften.

Das Ende des Bürgerkrieges 1865 brachte schließlich auch die Sklavenbefreiung. Die Seminolen, die auf beiden Seiten der Front gekämpft hatten, versöhnten sich. Im Jahre 1869 machte der Stamm

Bestandsaufnahme: 2105 Männer, Frauen und Kinder, Rote und Schwarze hatten den Krieg überlebt. Sie besaßen 2000 Pferde, 4000 Rinder, 8000 Schweine und Felder im Wert von 48000 Dollar.

Die Seminolen organisierten sich nun in vierzehn Clans, zwei davon waren rein schwarz, und die vierzehn *Clan-chiefs* bildeten den Rat, der die Regierungsgeschäfte betrieb. Die Gerichtsbarkeit wurde von alters her übernommen: Kleinere Vergehen wurden mit 25 Peitschenhieben auf den baren Rücken bestraft, und wenn jemand wegen Mordes verurteilt wurde, drohte ihm der Tod durch Erschießen. Der Verurteilte durfte aber bis zur Stunde der Hinrichtung frei seiner Wege gehen, und in der Geschichte des Stammes gibt es nach den überlieferten Schriften kein Beispiel dafür, daß ein zum Tode verurteilter Seminole nicht zu seiner eigenen Hinrichtung gekommen wäre.

Für die Seminolen war die Auseinandersetzung mit dem weißen Mann kurz nach dem Bürgerkrieg beendet, doch die Comanchen, Kiowa, Apachen, Navajos und vor allem die Sioux kämpften weiter. Nach der Sklavenbefreiung beschloß die Regierung in Washington, vier Regimenter aus Schwarzen im Kampf gegen die Indianer aufzustellen: zwei der Infanterie und zwei der Kavallerie. Insbesondere die schwarzen Reitersoldaten taten sich im Kampf gegen die Indianer hervor, sie wurden respektvoll *Buffalo Soldiers*, also »Büffel-Soldaten«, genannt, weil sie gekräuseltes Haar wie die Büffel hatten und im Winter Mäntel trugen, die an Büffelhaut erinnerten.

Viele weiße Offiziere wollten mit den Schwarzen nichts zu tun haben. General Custer beispielsweise, dessen Truppe 1876 von den Sioux unter ihrem Häuptling Sitting Bull am Little Big Horn verheerend geschlagen wurde, galt als Schwarzenhasser. General John Pershing hingegen wurde Black Jack genannt, weil er gern mit den Schwarzen zusammenarbeitete.

Nach Auffassung des Geschichtsprofessors William A. H. Leckei wurden die schwarzen Soldaten teilweise regelrecht verheizt:

»Sie mußten immer in den einsamsten und isoliertesten Ecken Posten beziehen, der Lohn war gering, die Disziplin streng, das Essen normalerweise karg und die Todesgefahr immer groß.«

Die Buffalo-Soldiers haben gegen die Apachen-Häuptlinge Geronimo und Victorio gekämpft, den berüchtigten Revolverhelden und Banditen Billy the Kid dingfest gemacht und endlich auch die Rebellion des Sioux-Häuptlings Sitting Bull niedergeschlagen. Bei dem Massaker am *Wounded Knee* (1890), der letzten Indianerschlacht im Norden der USA, waren sie allerdings nicht beteiligt.

Die schwarzen Soldaten hatten keinerlei Rassenvorurteile gegenüber den Roten, sondern taten nur den Job, für den sie bezahlt wurden und wollten den Weißen beweisen, daß sie es ihnen gleichtun konnten. Aus ihrer Leistung heraus erwuchs ihnen ein Gefühl der Gleichheit, das ihren nichtmilitärischen Brüdern erst sehr viel später zuteil wurde. Denn Sklavenbefreiung hin oder her, blieben die Rassenvorurteile doch über ein ganzes Jahrhundert und noch weit darüber hinaus erhalten, mußten sich die Schwarzen ihre bürgerlichen Rechte mühsam erkämpfen.

Nach dem Ende der Indianerkriege blieben viele Buffalo-Soldiers im Westen, so wie auch viele schwarze Cowboys nach dem Ende der großen Viehtrecks in Texas, Oklahoma und vor allem Kansas siedelten. Weil Kansas auf der Seite der Nordstaaten für die Sklavenbefreiung gekämpft hatte, über den großen Mississippi-Fluß von den Südstaaten her schnell erreicht werden konnte und noch über viel freies Land verfügte, galt es als eine Art Paradies für viele Schwarze, die in Scharen auch vor der neueinsetzenden Unterdrückung in den ehemaligen Südstaaten flohen.

»Go for Kansas«, hieß der Slogan, »auf nach Kansas«. Viele Schwarze, die im Süden keine Zukunft sahen, kratzten ihre geringen Ersparnisse zusammen, organisierten Fahrten den Mississippi aufwärts und strömten in den goldenen Westen, der für viele dann doch wieder nur zur herben Enttäuschung wurde: Das Land war nicht so fruchtbar wie versprochen, die Gastfreundschaft in Kansas keineswegs so ausgeprägt wie erhofft, die Gleichberechtigung nur ein leeres Wort.

Dennoch kam es zu einigen Stadtgründungen, von denen Nikodemus Town bis heute erhalten ist. Nikodemus war ein Sklave aus Afrika, der seinen Rassenbrüdern als Prophet galt, weil er von den guten Zeiten sprach, die für alle kommen würden. Bei der Gründung hatte Nikodemus Town 300 Einwohner, und Madame Lulu Mae Sadler Craig, die erst 1968 im

Alter von 100 Jahren starb, schrieb vom einfachen aber guten Leben, das die Bürger von Nikodemus Town führten.

Auch in den Staaten des freien Wilden Westens wurden den Schwarzen die Daumenschrauben angelegt. In Colorado verbot ihnen ein Gesetz, im Bergbau zu arbeiten, damals die Haupteinnahmequelle der Bürger von Colorado. Als Barney Ford mit fünf anderen Schwarzen zusammen 1860 in Colorado Gold fand, wurden sie von weißen Rowdies unter Führung eines Sheriffs vertrieben – das Gold aber war verschwunden. So hält sich bis heute die Legende, daß im sogenannten Niggerhill ein Schatz verborgen liegt. 1868 baute Barney Ford schließlich in Cheyenne, im Staat Wyoming, ein Hotel, das »Inter Ocean House«, das drei Stockwerke hoch war und als eine der feinsten Adressen im fernen Westen galt.

Die erfolgreichste schwarze Siedlung jener Zeit aber war Boley in Oklahoma, 1903 auf einem Terrain gegründet, das den schwarzen Seminolen gehörte. Benannt wurde die Siedlung nach einem weißen Beamten der Western Railway, der glaubte, man müsse den Schwarzen eine Chance geben. Die ersten Bürger waren schwarze Eisenbahnarbeiter und Seminolen, und durch Mundpropaganda wurde Boley sehr schnell ein Ziel für zahlreiche Zuwanderer aus dem Süden; schon 1911 hatte die Stadt 4000 Bürger. Die Einwohner Boleys bestellten die Felder, führten emsigen Handel, bauten Geschäfte, fünf Hotels, sieben Restaurants, betrieben vier Baumwollmühlen, drei Drugstores, einen Juwelierladen, zwei Versicherungsagenturen, einen großen Freimaurertempel, natürlich ein Beerdigungsinstitut und sogar eine Bank.

»The Boley Progress«, »Der Fortschritt von Boley«, hieß die Zeitung der Stadt, in deren Jubiläumsausgabe es 1913, zehn Jahre nach der Gründung der Siedlung, heißt: »Es soll nur eine Fahne und ein Land für alle jene geben, die Amerika die Treue schwören. Laßt euch weder von Rassen, Farben und Klassen in eurem Urteil beeinträchtigen, schafft einen gleichberechtigten Wettbewerb für alle, und wer das Rennen gewinnt, soll den Preis erhalten, ohne Frage nach seiner Herkunft oder Hautfarbe.«

Ende der zwanziger Jahre zwang eine Serie von schlechten Baumwollernten viele Farmer zur Aufgabe. Gleichzeitig aber wurde in der Nähe Öl gefunden, eines der größten Felder im gesamten Bundesstaat Kansas. In einer schnell entstandenen Boom-Town mit Namen Cromwell wurden an einem Tag 63 Millionen Liter Öl gefördert, die Schwarzen aus Boley wie auch die Seminolen aus dem benachbarten Wewoka strömten deshalb als Arbeiter hierher. Cromwell machte sich aber nicht nur wegen seines Ölreichtums einen Namen, sondern auch wegen der hier herrschenden Gesetzlosigkeit. In Cromwell lebte der längst zur Geschichte gewordene Wilde Westen noch einmal auf: Revolvermänner und Glücksritter, Abenteurer und Arbeitslose, Händler und Streuner wollten hier über Nacht reich werden und scheuten dabei offenbar vor nichts zurück. Die Amtspersonen in der Stadt machten gemeinsame Sache mit den Kriminellen, trotz des Alkoholverbotes – es war die Zeit der *Prohibition* – gab es jede Menge Kneipen und Saloons, das Glücksspiel war zwar verboten, aber die Casinobesitzer zahlten 2500 Dollar im Jahr an Schmiergeldern. Die Besitzer der über 30 Etablissements, in denen die leichten Mädchen arbeiteten, gaben 40 Dollar pro Monat – und wer diesem Stadtkodex nicht gehorchte, der wurde entweder vertrieben oder getötet: Zehn Morde pro Monat waren Durchschnitt in Cromwell.

Ein Komitee von Bürgern wollte dem Unwesen ein Ende machen und holte einen Sheriff in die Stadt, der damals schon als Gesetzeshüter legendären Ruf genoß: Bill Tilghman, ein Veteran von über 70 Jahren. Tatsächlich gelang es ihm, die Stadt zu säubern, aber 1926 wurde er heimtückisch ermordet.

Cromwell verfiel so schnell, wie es zur Blüte gekommen war: 1926 zählte die Gemeinde 8000 Einwohner, 1930 war sie mit nur mehr 249 Personen zu einer »Ghosttown«, einer Geisterstadt verkommen. Als der Boden leergepumpt war, zogen die Ölarbeiter weiter, und die Schwarzen gingen in ihre Siedlungen zurück.

In der Zeit der Depression bis zum Börsenkrach von 1929 verließen dann immer mehr Schwarze ihre Siedlungen, die Einwohnerschaft von Boley ging auf ein paar Tausend zurück. Am 22. November 1932 überfiel die Gang von Pretty Boy Floyd die Bank von Boley. Die Gangster, zwei Weiße und ein Schwarzer, töteten den schwarzen Bankdirektor D. J. Turner, wurden jedoch selber von dessen Assistenten Mac Cormak niedergestreckt. In dieser Zeit wurden auch die Ausgaben des »Boley Progress« immer spärlicher, es gab ja auch nicht mehr viel über den Fortschritt zu berichten.

Einen weiteren Aderlaß erlebten die schwarzen Siedlungen im Westen, als Chief Sam und Markus Gavey erfolgreich zu einer Bewegung aufriefen, die »Back to Africa«, »Zurück nach Afrika« hieß. Das gelobte Land hieß Liberia, ein westafrikanischer Staat, der 1816, noch zur Zeit der Sklaverei, von einem Geheimbund in Washington gegründet worden war. Eine Organisation im Untergrund kanalisierte die Flucht entlaufener Sklaven, und ein »Kolonisationsverein zur Ansiedlung freigelassener Sklaven« führte bereits 1822 einen ersten Schub von Schwarzen, die man Repatriierte nannte, an die Pfefferküste in Afrika.

Am 26. Juli 1847 erklärte sich die Pfefferküste dann unter dem Namen »Liberia« für unabhängig, 1861 wurde der Staat von den Vereinigten Staaten von Amerika, genauer gesagt von den Nordstaaten anerkannt. Doch erst 1923 erhielt Liberia auch ein wirtschaftliches Fundament – durch Kautschukplantagen, die mit amerikanischem Geld errichtet wurden. Viel später kam das Geschäft mit den Tankern hinzu, die unter liberianischer Billigflagge fahren.

In den USA selbst ließ auch nach der Sklavenbefreiung deren wirkliche Gleichberechtigung noch lange auf sich warten. Dichter wie Langston Hughes und Prediger wie Father Divine lehrten die Schwarzen, Stolz auf ihre Rasse zu entwickeln und ihr Recht auf Amerika zu fordern. Einen wirklichen Zusammenschluß der Schwarzen zur Wahrnehmung ihrer

Rechte brachte jedoch erst die Bürgerrechtsbewegung unter Martin Luther King zustande. Als King 1968 ermordet wurde, entlud sich der Vergeltungsdrang der Schwarzen in Demonstrationen und Plünderungen auf dem gesamten Gebiet der Vereinigten Staaten. Ein flammendes Signal der Empörung wurde Watts – ein Stadtteil von Los Angeles, der mehrere Tage lichterloh brannte. Aus diesem Ghetto der Schwarzen stammt übrigens auch Charly Sampson, der Rodeo-Weltmeister. Der Slogan »Black is beautiful« (»Schwarz ist schön«) zog Kreise, und während bis zu diesem Zeitpunkt nach dem Gesetz jeder zum Schwarzen erklärt wurde, der nur ein Viertel »afrikanisches Blut« in sich trug, so nannte sich jetzt jeder stolz schwarz, der auch nur geringste ethnische Spuren der schwarzen Bevölkerung trug. Mit diesem neuen Selbstwertgefühl erwachte auch Boley, die Geisterstadt, zu neuem Leben. Seitdem kehren die Kinder von Boley zurück, auch Geschäftsleute aus New York und Chicago, die es dort zu Reichtum gebracht haben. Selbst aus dem afrikanischen Liberia kommen enttäuschte Auswanderer zurück, dazu die Nachfahren der Cowboys aus Texas, Kansas und Oklahoma. Die Leute von Boley, die wenigen, die nie fortgezogen sind, sprechen von dem großen »Homecoming«, von der großen Rückkehr nach Hause.

Boley und die Reste anderer Siedlungen in Oklahoma erinnern die Schwarzen daran, daß sie hier einmal mit den Weißen gleichberechtigt waren. Heute scheint wieder zu gelten, was der berühmte schwarze Historiker Booker T. Washington bereits im Januar 1908 in der Zeitschrift »Outlook« schrieb:

34 In der Rinderstadt Fort Worth steht dieses Denkmal für den schwarzen Cowboy Bill Pickett, der ein berühmter Rodeo-Reiter war.

»Boley steht für ein dämmerndes Rassenbewußtsein, für die allgemeine Sehnsucht, etwas zu tun, das die Schwarzen respektabel macht. Was das Recht des Afro-Amerikaners demonstriert, nicht nur als Individuum, sondern als Rasse einen würdigen und dauernden Platz in der Zivilisation zu erhalten, die das amerikanische Volk dabei ist zu schaffen. Boley ist ein anderes Kapitel in dem langen Kampf des Negers um moralische, berufliche und politische Freiheit.«

Das Wort »Neger« (»Negro«) war damals übrigens noch allgemein gebräuchlich, und es wurde – anders als »Nigger« – noch nicht als Schimpfwort aufgefaßt.

Zum Höhepunkt des Homecoming wird alljährlich das Rodeo von Boley. Als wir 1984 erstmals in Boley waren, wirkte das sommerliche Rodeo noch verhältnismäßig bescheiden, doch 1988 kamen so viele Besucher und Cowboys wie nie zuvor. Das Selbstbewußtsein der Schwarzen wächst, und die Fertigkeiten ihrer Cowboys trotzen auch den Weißen immer größeren Respekt ab.

Einer der Organisatoren des Rodeo in Boley ist Elmar Anderson, der eine Firma im Hinterland von Oklahoma City besitzt. Anderson konnte dort vor 30 Jahren ungemein billig Land kaufen, das er Stück um Stück wieder verkaufte – selbstverständlich gewinnbringend. Das Geld steckte er in ein Baugeschäft, eine Gärtnerei, einen Immobilienhandel und in ein Geschäft mit Gebrauchtwagen. Anderson, dessen Vater noch Sklave in Texas und dessen Mutter eine Indianerin vom Stamme der Creek war, ist ein schwarzer Tausendsassa. Er arbeitet zwölf Stunden am Tag, und das bei einer Sechs-Tage-Woche; in seinen zahlreichen Unternehmen arbeiten auch viele Weiße.

Das *Black Rodeo*, das »round up« nur für Schwarze, ist für Anderson zumeist ein Zuschußgeschäft, ein Hobby, das er mit seinen übrigen Unternehmen finanziert. Auf seiner Farm zeigt er unserem Team seine Bullen und Kälber, mit besonderem Stolz aber die *Broncos*, ungezähmte Pferde.

Einmal im Jahr treibt er seine Tiere nach Boley, zum Fest des »National Pride«, des »nationalen Stolzes«. Dieser Titel hat einen historischen Hintergrund: Die Proklamation zur Gleichberechtigung der Schwarzen trat zwar schon am 1. Januar 1863 in Kraft, aber erst am 19. Juni 1865 landete General Gordon Granger in der texanischen Hafenstadt Galveston und machte der Sklaverei im Namen der USA auch hier ein Ende. Seitdem gilt der 19. Juni für die Schwarzen im Wilden Westen als Feiertag. Er wird *Juneteenth* genannt, als Volksfest gefeiert und mit einem Rodeo gekrönt. Zum Juneteenth 1988 sind die besten schwarzen Cowboys nach Boley gekommen. Nach ihren Motiven gefragt, erklären einige, sie täten es für Geld, andere, weil sie Spaß am Rodeo hätten. John Blaine aber spricht für die Mehrheit: »Wir gehen in die Arena nicht nur wegen des Sportes, sondern weil wir der Welt sagen wollen, daß man uns nicht länger übersehen soll, unseren Anteil an der Geschichte und der Werdung der Nation.« Nach dem Rodeo feiern die Schwarzen bis tief in die Nacht, viele scharen sich um wandernde Bänkelsänger, auch Pan Handle Slim treffen wir in Boley wieder. Durch ihn lernen wir auch Jae Mason kennen, einen Koloß von einem Mann, dessen Vater als Sklave aus den Südstaaten kam und dessen Mutter eine Cherokee-Indianerin war. Seine Kindheit hat er in Texas verbracht, als Junge erlebte er, wie in der großen Depression die letzten großen Ranches verschwanden. Als Erwachsener sah er dann die Tradition der Cowboys im Rodeosport wieder aufleben.

In den Liedern von Jae Mason, der – ähnlich Pan Handle Slim – einer der bekanntesten schwarzen Moritatensänger ist, tauchen unzählige Namen und Geschichten über Taten und Legenden der Schwarzen im Wilden Westen auf. Vom »Mustanger« Bob Lemmons, der wie kein anderer wilde Pferde zähmen konnte, singt Jae Mason ebenso wie von Jack Isaac Murphy, der dreimal das berühmte Kentucky-Derby gewann. Und vor allem besingt er Bill Pickett, den Vater des »Bullwrestling«, der den Stier geworfen und mit einem Biß in die Oberlippe am Boden gehalten haben soll.

Pickett arbeitete auf einer der letzten großen Ranches im Wilden Westen, der sogenannten 101, an die heute nur noch eine Gedenktafel und ein Ruinengelände erinnern – und dabei war sie einmal die größte und reichste Ranch in ganz Oklahoma. Sie gehörte den drei Miller-Brüdern, ihr Bankrott fiel in die Zeit des wirtschaftlichen Zusammenbruchs in den Vereinigten Staaten, Ende der zwanziger Jahre. Auch das »Weiße Haus des Westens«, wie der weiß gestrichene Herrensitz der Miller-Brüder allgemein genannt wurde, verfiel. Das prunkvolle Gebäude war innen vornehm holzgetäfelt und im viktorianischen Stil möbliert, im Vorhof gab es eine Baumallee mit importierten Zedern. Auf der 101-Ranch wurden pro Jahr 36000 Rinder aufgetrieben, und 200 Cowboys arbeiteten hier – »worked the cattle«.

Wenn Zachary Miller einmal im Jahr zum großen Rodeo rief, kamen bis zu 60000 Leute aus den gesamten Vereinigten Staaten hier hin und erlebten ein großes Show-Programm mit den besten Sängern, Musikanten und Reitern. Hier feierte man dann auch Pickett, den herausragenden Rodeoreiter seiner Zeit. Später ging die 101 mit Bill Pickett als Star auf Tournee – ein Spektakel, das allenfalls mit den Auftritten des als Buffalo Bill zur Legende gewordenen Büffeljägers Bill Cody verglichen werden kann. Buffalo Bill gastierte sogar mit seinem ehemaligen Gegner, dem Sioux-Häuptling Sitting Bull bei Queen Victoria in England und am Zarenhof in St. Petersburg, dem heutigen Leningrad.

Bill Pickett war so eine Art Buffalo Bill der Schwarzen. Für das jährliche Derby, wie die Millers ihre Wild-West-Show nannten, durfte sogar der Apachenhäuptling Geronimo das Gefängnis verlassen und für das Publikum einen Büffel niederstrecken. Die Indianer aus der Nachbarreservation hielten hier ihr *Pow Wow* ab, ihr jährliches Treffen, und ihr Häuptling White Eagle, der mit Bill Pickett befreundet war, ließ sich sogar am Rande der 101 beisetzen.

Über Bill Pickett erklärt ein Nachfahre der berühmten Miller-Brüder vor unserer Kamera: »Wir holten Bill Pickett auf die 101-Ranch, weil er ein Cowboy war wie kein anderer, und dabei ein Gentleman.«

Es gelingt uns, einen Film aus dem Jahre 1924 aufzutreiben, der das große Derby auf der 101-Ranch und vor allem die Künste von Bill Pickett erkennen läßt. Bill Pickett starb 1931, und je öfter sich sein Todestag jährt, desto größer wird sein Ruhm. 1971 wurde er als einziger Schwarzer in die Ruhmeshalle der Cowboys aufgenommen, und 1987 setzte die Nation Bill Pickett ein Denkmal in Dallas, Fort Worth – dort, wo einst die großen Viehtriebe ihren Ausgang nahmen.

Mehr als fünfzig Jahre nach Bill Picketts Tod ist die große Zeit des Westens längst Geschichte geworden – und Filmgeschichte dazu. Stacheldraht und Helikopter haben dem Cowboy von einst das Grab geschaufelt: Erst zäumte man die Weideflächen ein, dann wurde das Vieh aus der Luft gehütet und die Herden ebenfalls aus der Luft zusammengetrieben. Dem historischen wie dem legendären Cowboy ist heute nur mehr das Rodeo geblieben – als sportliche Arena der Darstellung dessen, was einst tägliche Arbeit war. Und oft genug sind es Schwarze wie Charly Sampson, unser Weltmeister, die den Veranstaltungen ihren Stempel aufdrücken. Über das Rodeo kehren die Schwarzen des Wilden Westens in das Gedächtnis der Nation zurück.

Tránsito Colombiano

Ein Gesicht wie gegerbt, eine Hose aus ausgefranstem Leder, ein Hut, dem Sonne und Wasser jede Form und Farbe genommen haben, der blanke Oberkörper gezeichnet von Striemen und Narben, in der einen Hand spielerisch ein Lasso, in der anderen ein Glas mit Anisschnaps – so sahen wir Pedro das erste Mal.

Pedro Páez ist *Llanero*, wie der Cowboy oder besser *Gaucho* in den weiten Feuchtsavannen von Kolumbien heißt. Diese Savannen, die sich schier endlos von der Gebirgskette der Anden bis in das Amazonasbecken ziehen, weisen kaum Gefälle auf und ertrinken deshalb zur Regenzeit in Wasser, beziehungsweise verdursten zur Trockenzeit unter tropischer Sonne. Die spanischen Eroberer nannten diese Landschaft einfach *Llanos* – nach dem spanischen Wort für Ebene: »Llano«. Entsprechend heißen ihre Bewohner die Llaneros; sie sind fast ausschließlich Hirten, und sie hüten Herden, die in dieser wilden Natur selbst verwildert sind. Entsprechend hart ist das Zähmen der Pferde und das Fangen der Rinder.

Mit der Unbotmäßigkeit der Llaneros hat bislang noch jede Zentralregierung in Bogotá rechnen müssen, und mit einer zügellosen Llanero-Kavallerie hat Simón Bolívar, der »Libertador«, das heißt »Befreier«, Anfang des 19. Jahrhunderts die spanischen Kolonialherren besiegt. Ein Mischling namens José Antonio Páez war als Llanero-Häuptling einer von Bolívars Generalen, und Pedro zählt diesen General zu seinen Ahnen: »José Páez hat die Savannenreiter zu Patrioten gemacht«, meint er, »und sie sind bis heute die einzigen Patrioten in Kolumbien geblieben.«

Damit spielt Pedro auf die Eigensucht und Eifersucht der vielen politischen und gesellschaftlichen Gruppen an, die dem Land einen unaufhörlichen Bürgerkrieg beschert haben: »Sie haben schon damals den Traum des Befreiers von einem südamerikanischen Großreich zerstört, und das, was davon blieb, opfern sie ihren kleinlichen Interessen.«

Noch in den Jahren 1949 bis 1953 forderte der Bürgerkrieg 200000 Menschenleben. Von den Llaneros wurde er besonders erbittert geführt. Ihr Steppenreich ist ihnen wichtiger als die Nation.

Pedro Páez macht selber keine Ausnahme von dieser kolumbianischen Faustregel, sondern hat in der einen oder anderen Auseinandersetzung um das Land der Llaneros kräftig mitgemischt. Stolz zeigt er uns Narben, die er bei Scharmützeln und Messerstechereien davontrug.

Nachdem Pedro ein weißes Hemd eher umgebunden als angezogen hat, nimmt er ein »Bife de Chorizo«, ein Hüftsteak, vom Lagerfeuer und serviert uns das kaum gegarte Fleisch; dazu gibt es Tee und Anisschnaps.

Kennengelernt haben wir Pedro Páez in der kleinen Stadt Puerto López, dort, wo das Verkehrsnetz Kolumbiens in das Reich des »Hombre a Caballo«, des Mannes zu Pferd, übergeht. Er hat uns auf sein Anwesen mitgenommen, für das der Name *Hazienda* (spanisch: Hacienda) gewiß zu hochtrabend wäre. Mit seinen zwei Helfern, die noch verwegener aussehen als er, geht es dann auf die Suche nach den Rindern.

Die Ebene der Llanos wird zwar, so weit das Auge reicht, von keiner Erhebung unterbrochen, aber jetzt, zum Ende der Regenzeit, stehen Gras und Büsche aufgerichtet. Besonders der gelb blühende Araguaney-Strauch dient den Rindern als Versteck und Sonnenschutz. Mit Gebrüll und geschwungenem Lasso werden die Tiere aufgescheucht, und erst einmal in Bewegung gebracht, preschen sie ohne Verzug durch die kleinen Rinnsale und Gewässer hindurch, die der Sonne um diese Jahreszeit noch widerstanden haben. Pedro und die Seinen treiben eine kleine Herde bis nach Puerto López, wo die Verladung erfolgt. Auf dem Weg dorthin erzählt uns Pedro, daß es früher auch einmal Ackerbau in den Llanos gab, nämlich in den Gemeinwesen der Jesuiten, die jedoch überall in Südamerika aufgelöst wurden, als man die Padres 1776 nach Hause beorderte. Der »Staat im Staate«, den sie errichtet hatten, war den Kolonialherren lästig geworden.

»Aber die Jesuiten«, erzählt Pedro, »haben meinen Vorfahren beigebracht, wie man mit Pferden

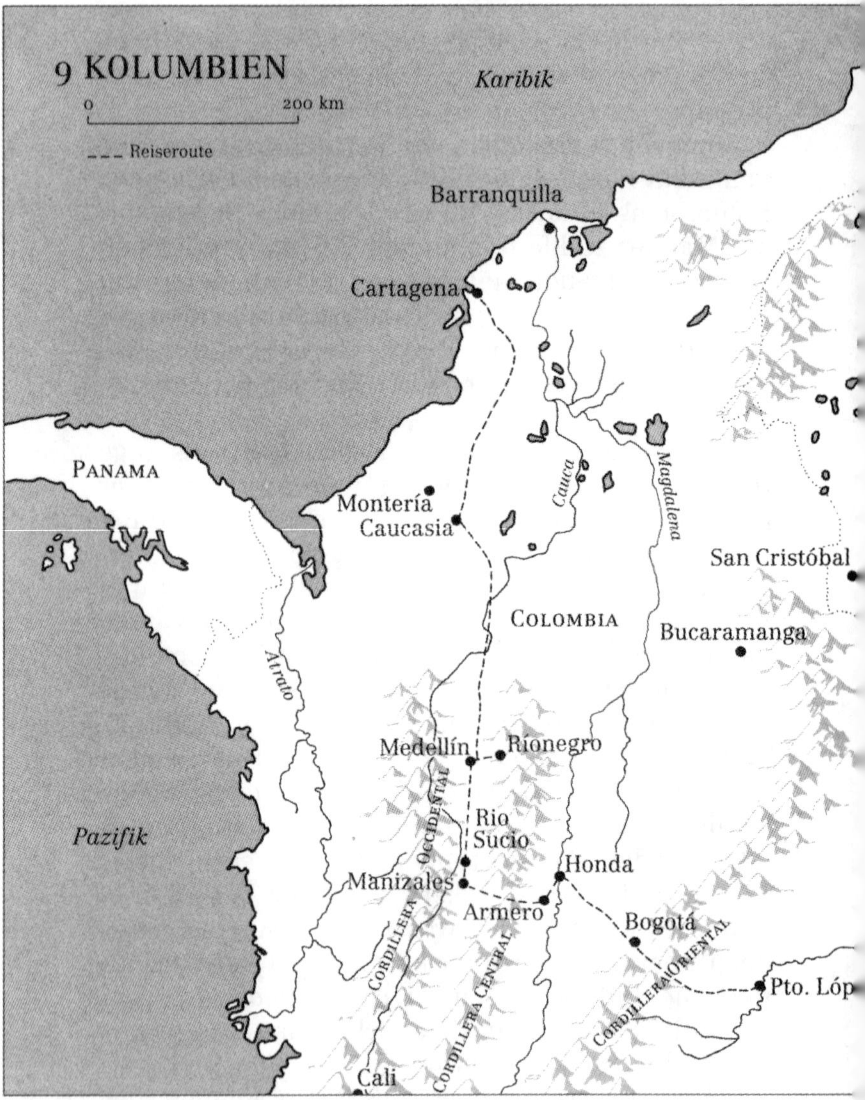
9 KOLUMBIEN
0
200 km
Reiseroute
Karibik
Barranquilla
Cartagena
Panama
Montería
Caucasia
Cauca
Magdalena
San Cristóbal
Colombia
Bucaramanga
Atrato
Medellín
Ríonegro
Pazifik
Occidental
Rio
Sucio
Honda
Manizales
Armero
Bogotá
Cordillera
Cordillera Central
Cordillera Oriental
Pto. Lóp
Cali

Maracaibo
Caracas
VENEZUELA
Orinoco
Meta
Guaviare

umgeht und sie damit zu den Königen der Savanne gemacht.« Pedro verblüfft uns immer wieder mit seinen Kenntnissen und seiner Formulierungsfreude, die in so krassem Gegensatz zu seinem eher martialischen Äußeren stehen. Er weiß auch von dem deutschen Forscher Alexander von Humboldt, dem man eine Freundschaft zu Simón Bolívar angedichtet hat: »Das kann gar nicht sein, mein Urahn José Antonio hat nichts von dieser angeblichen Freundschaft aufgeschrieben oder mündlich weitergegeben«, erklärt unser Llanero.

In der Tat trat Humboldt seine große Südamerikareise 1799 an, als Simón Bolívar gerade 16 Jahre alt war. Schon damals, also vor der Befreiung, staunte der deutsche Forscher über die Reitkünste der Llaneros: »Diese Farbigen sind zum Teil Freie oder Freigelassene, zum Teil Sklaven. Sie nähren sich von luftdürrem, schwach gesalzenem Fleisch, selbst ihre Pferde fressen es zuweilen. Sie sind beständig im Sattel und meinen, nicht den unbedeutendsten Gang zu Fuß machen zu können. Sie treiben das Vieh mit nacktem Oberkörper, und da sie ohne Sattel reiten, scheinen sie mit den Pferden verwachsen zu sein.«

Diese Beschreibung trifft noch auf viele Llaneros von heute zu, ganz bestimmt aber auf Pedro Páez. »Die nächste Generation aber will von dem harten Leben in den Llanos nichts mehr wissen«, klagt er und hat dabei einen ganz persönlichen Kummer: Sein einziger Sohn hat im wahrsten Sinn des Wortes umgesattelt und die eine Pferdestärke gegen 200 PS eingetauscht. Er reitet nicht mehr hoch zu Roß, sondern im Sitz eines Omnibusses. Wir treffen ihn in Puerto López, wo die Familie ein festes Zuhause hat.

Pedro läßt sich im Stadthaus nur blicken, wenn es unbedingt sein muß. Dem Sohn aber hat er eine finanzielle Starthilfe für ein Fuhrunternehmen gegeben: »Wenn er sich schon nicht mehr auf altkolumbianisch fortbewegt, dann auf die zweitbeste Weise, nämlich per Autobus.«

Kolumbien ist viermal so groß wie die Bundesrepublik Deutschland, aber es wirkt um ein vielfaches größer, weil sich die Strecken durch das Land endlos dehnen. Die Anden, mit 9000 Kilometern der längste Gebirgszug der Erde, teilen sich in Kolumbien in drei Teilgebiete, die Kordilleren, die das eigentlich besiedelte Land umzingeln. Entlang der südlichen Kordillere zog sich früher die Straße der Inka, jenes straff organisierten Indianerstaates, der einst fast das gesamte Andengebiet kontrollierte. Nach der Eroberung des Inka-Reiches durch die Spanier in der ersten Hälfte des 16. Jahrhunderts übernahmen die neuen Herren das indianische Straßensystem und nannten es *Camino Real*, »Königsweg«. Alle Wege, auf denen Güter für die spanische Krone befördert wurden, bekamen diesen Namen. Während aber die Inka Läufer und Träger auf dieser Straße einsetzten, führten die Spanier das Pferd als Hauptverkehrsmittel ein.

Von der Karibikküste her drangen die Spanier auch über die großen Flüsse Magdalena und Cauca ins Landesinnere vor. Die Schiffahrt auf diesen Flüssen verlor mit dem Bau der Eisenbahn an Bedeutung. Das Gleisnetz ist zwar auf 3000 Kilometer angewachsen, dient aber nur der lokalen industriellen Erschließung. Eine kolumbianische Besonderheit war und ist die Luftseilbahn – schon die Indianer hangelten sich steile Hänge an Hanfseilen hinunter, und die Einwohner entlegener Landstriche nutzen noch heute primitive Seilbahnen zum Güter- und Personentransfer. Im Kaffeeanbaugebiet von Manizales gab es bis vor kurzem noch solch einen 76 Kilometer langen *Cable Aéreo*.

Schnell kann man sich in Kolumbien erst seit der Entwicklung der Luftfahrt fortbewegen, und immerhin hat das Land schon seit 1919 eine Fluggesellschaft, die erste Südamerikas und die zweite in der Welt überhaupt. Deutsche Flugzeugingenieure waren an ihrer Entwicklung beteiligt. Das Fliegen bleibt jedoch für eine Mehrheit der Bevölkerung unerschwinglich, und das gleiche gilt für den privaten Personenkraftwagen. Wie kein anderes Land der Welt hat sich Kolumbien deshalb dem Busverkehr verschrieben: Mehr als hunderttausend Omnibusse halten die Infrastruktur des Landes aufrecht. Der Busfahrer hat den Llanero abgelöst, und auch wir wählen für unsere Reise quer durch das Land dieses typische kolumbianische Verkehrsmittel, wobei wir Strecken aussuchen, die zur Legendenbildung um den Helden am Steuer beigetragen haben. Die Fahrer und ihre Busse sind hier übrigens in Kategorien eingeteilt – vom *Lujo*, dem Luxuspullman, bis zur *Chiva*, einer Art Eigenbau-Omnibus.

Wir nehmen in Puerto López zunächst den *Ordinario*, der ein »Bummelzug« unter den Bussen ist und überall dort hält, wo jemand zusteigen will. Darío, der Sohn von Pedro Páez, fährt solch einen Ordinario. Er hat sich den gebrauchten Bus mit Vaters Hilfe gekauft und fährt für eine Linie, die noch 1600 andere Chauffeure beschäftigt, die meisten von ihnen Privatunternehmer. Die Linie selber ist eigentlich nur eine Dachorganisation, die Preise und Fahrpläne bestimmt. Darío muß 30 Prozent des Fahrpreises an die Linie abgeben – aber wieviel das am Ende eines Abrechnungsmonats ausmacht, liegt in seinem eigenen Ermessen; denn einen Überblick über die Zahl der Gäste, die unterwegs zusteigen, hat nur Darío selbst. In Kolumbien geschieht vieles auf diese Art und Weise, nach eigenem Gutdünken. »Wenn ich der Linie aber zu wenig abgebe, wird sie vielleicht einen anderen Unternehmer anheuern«, meint der Sohn des Llanero.

Von der Formgebung bis zur Innenausstattung fällt das Aussehen jedes Busses anders aus. Darío hat seinem Fahrzeug einen Anstrich aus allen möglichen Farben verpaßt, und jeden verdienten *Peso*, das ist die Landeswährung, steckt er in einen neuen Kühlerschmuck oder ein neues Stück verzierten Chroms. Daríos Frau hat Deckchen für die Kopfstützen gestickt und Puppen für die Heckscheibe gebastelt. An manchen Fenstern hängen bunte Gardinen, und das Führerhaus sieht nach einem Eigenheim aus, einschließlich den Kruzifixen und Madonnenbildern, beleuchteten Christbäumen und Fotos der drei Kinder. Das buntgeschmückte Lasso ist ein Geschenk des Vaters, und eine Keramikvase hält bunte Strohblumen. Dazu kommt ein Arrangement von Aufklebern, die den »Tiger im Tank« zeigen, das Poster eines lokalen Popstars und ein Bild des amerikanischen Sängers Michael Jackson. Eine Sammlung von Sportwagen in Spielzeugformat verschönert das Armaturenbrett – Symbole für Daríos unerfüllte Wünsche.

Vom Radio her dröhnt ein Gemisch von Musik und Werbung in die dicht gedrängten Sitzreihen. Darío kennt viele seiner Passagiere vom Sehen: Da ist die Mutter, die nur ein paar Siedlungen weiter zu ihrer Tochter fährt; der Vertreter, der einen Bauchladen voller Spielzeug dabei hat, und der Viehhändler, dessen Fracht in einem Lastwagen nach Bogotá unterwegs ist. Darío fährt die zweihundert Kilometer von Puerto López in den Llanos zu der kolumbianischen Hauptstadt täglich hin und zurück. Wie lange die Reise dauert, ist unbestimmt, denn kein Tag ist wie der andere.

Unterwegs hält uns eine Militärstreife an, die Llanos sind Rebellengebiet. Gelassen nehmen die Passagiere die Durchsuchung hin, die für sie zum Alltag gehört. Auf halber Strecke zwischen Puerto López und Bogotá geraten wir in einen Stau: Guerilleros haben ein Attentat verübt, ein Großgrundbesitzer (Hacendado) und sein Chauffeur wurden von Kugeln niedergestreckt. Wie wir an Ort und Stelle erfahren, hat der Hacendado sich geweigert, eine sogenannte »Kriegssteuer« an die Guerilla abzuführen. Seine Weigerung bezahlte er mit dem Leben. Später werden wir im Autoradio von einem Vergeltungsschlag hören: Der

Sohn des Großgrundbesitzers hat mit einigen Kumpanen eine Siedlung in der Nähe überfallen, die als Guerillastützpunkt gilt. Auch Frauen und Kinder sind dabei getötet worden. Die *Violencia*, die Gewalt, ist in manchen Gegenden Kolumbiens Alltag.

Eher ungerührt nehmen die Reisenden nach einem kurzen Aufenthalt die Fahrt wieder auf. Jetzt geht es in die erste Andenkette hinein. Auf der Asphaltstraße verkehren jede Menge Tankwagen, die Öl von einer Fundstelle in den Llanos befördern, gewissermaßen als eine fahrende Pipeline. »Peligro«, Gefahr, steht auf den Tankern, aber nicht eigentlich sie bilden die Gefahr, sondern die Fahrweise der Kolumbianer: gewagte Überholmanöver an unübersichtlichen Kurven, Unterhaltungen in der Zeichensprache mit einem Tankwagenchauffeur auf paralleler Höhe, Vollbremsungen auf steiler Talfahrt. An besonders heiklen Stellen legen zahlreiche einfache Kreuze Zeugnis von den Opfern der Straße ab.

An einer Kurve schlägt Darío das Kreuz: »Hier starb Felipe nach einem ansonsten unfallfreien Leben«, meint er. »Leider konnte er einem Tankwagen im Überholvorgang auf der Gegenspur nicht mehr ausweichen.« Die Fahrer der Linie haben Felipe ein standesgemäßes Denkmal gesetzt, eine Art Straßenaltar, umrahmt von ausgedienten Buslampen, ausrangierten Radblenden und einem abmontierten Lenkrad in der Mitte. Solche Altäre für die gefallenen Llaneros der Landstraße gehören zu jeder Busstrecke in Kolumbien.

Die Straße führt mittlerweile immer steiler bergan, die Abhänge werden zu Abgründen, kleine Ansiedlungen nisten unter Bergüberhängen. Von solch einem Überhang lassen sich an einem Stahlkabel zwei Menschen steil herunter. Zwei weitere Fahrgäste für Darío: Beförderung auf kolumbianisch. Von den Llanos, die sich nur geringfügig über den Meeresspiegel erheben, geht es jetzt immerhin auf 3200

35 An Unfallstellen haben Bus- und LKW-Fahrer Straßenaltäre errichtet – eine Mahnung für die allzu Waghalsigen und eine Erinnerung an die Opfer des »Tránsito Colombiano«.

Meter hinauf. Die Paßhöhe ist weder mit einem Namen noch mit irgendeiner anderen Markierung versehen: »Wenn wir jeder Anhöhe oder Paßstraße einen Namen geben würden, hätten wir das Register der Heiligen allein bei der Sierra de la Macarena bereits aufgebraucht«, sagt Darío. Meist nämlich erhalten im katholischen Kolumbien markante Punkte Heiligennamen.

Die Sierra de la Macarena, ein Ausläufer der *Cordillera Oriental*, ist ein Gebirge am Rande der Llanos. Etwa 600000 Hektar dieser Sierra sind zum Nationalpark erklärt worden, denn dieses Gebiet unweit von Bogotá ist eine der biologisch reichsten Regionen der Welt. Brillenbär und Riesengürteltier, Weißbartpekari und Schirmvogel haben hier noch eine Heimat. Die Zerstückelung durch Berge und Flüsse hat aus Kolumbien einen biologischen Archipel gemacht, in dem sich Tiere und Pflanzenwelt, inselartig voneinander abgeschlossen, separat entwickeln konnten. Es gibt hier allein 540 verschiedene Vogelarten, und die Flora des Landes ist bis heute nicht voll erkundet. In diesem unzugänglichen Gebirge haben auch die Guerilleros ihre Schlupfnester.

Auf unserer Talfahrt hinunter in die Hochebene um die Hauptstadt sehen wir eine reich wuchernde Blütenpracht, und an einer Raststätte bekommen wir eine Kostprobe der Früchte und Gemüse im Hochland: Bananen und Bohnen; rote oder gelbe, harte oder weiche, kleine oder große Kartoffeln; Maracuja, aber auch ganz gewöhnliche Äpfel – und das alles mariniert, frittiert, zu Salat oder zu Saft verarbeitet. Für den europäischen Magen, der diese Viel-

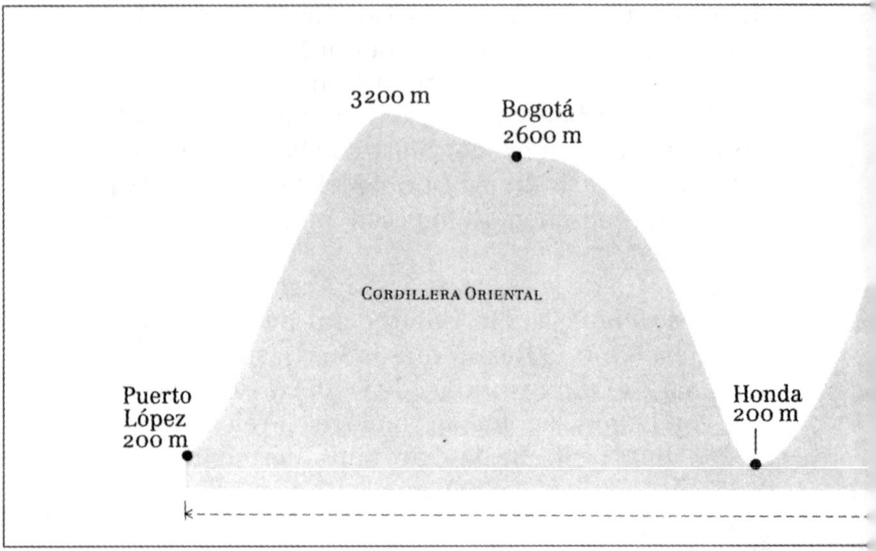

falt verträgt, ist Kolumbien fürwahr ein Schlaraffenland.

Dazu kommt die bunte Bevölkerungsmischung. Uns begegnen indianische Ureinwohner, spanische Zuwanderer, die Nachfahren schwarzer Sklaven und vor allem die Mischlinge aus diesen Bevölkerungsgruppen. Da sind die Nachkommen afrikanisch-schwarzer und »europäisch«-weißer Vorfahren: die *Mulatten*. Man findet die Kinder weißer und indianischer Eltern: die *Mestizen*. Und da sind die Abkömmlinge indianischer und schwarzer Ahnen: die *Zambos*. Da jeder Landstrich sich wiederum abgeschieden und isoliert entwickelt hat, entstanden in jeder Provinz unterschiedliche Eigenheiten und Tem-

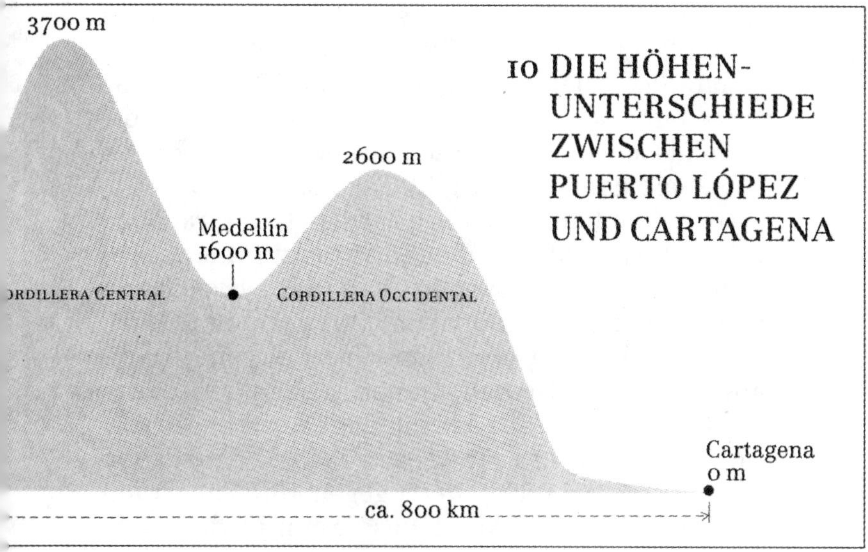

10 DIE HÖHENUNTERSCHIEDE ZWISCHEN PUERTO LÓPEZ UND CARTAGENA

peramente, die sich jedoch allesamt im Menschengewimmel von Bogotá spiegeln.

Die Hauptstadt zählt inzwischen vier bis fünf Millionen Einwohner. Die meisten von ihnen wohnen in steilen Höhen – eine Minderheit in den neuen Wolkenkratzern, eine Mehrheit in den Slums der Berghänge und einige wenige noch in den kolonialen Gassen der Gründerzeit.

Bogotá entzückt uns keineswegs, sondern erdrückt uns eher mit seiner Masse an Menschen und vor allem an Autobussen. In den Straßenschluchten der Hauptstadt fährt Darío in eine stinkende Fahrzeugschlange hinein, die kein Ende zu nehmen scheint. Der sonst so gelassene Llanero-Sohn schimpft und flucht, und seine Kollegen tun es ihm gleich. Sie haben alle Angst um ihre Chromverzierungen und scheuchen unentwegt *Gamines* fort, die obdachlosen und elternlosen Straßenjungen, von denen es ein ganzes Heer gibt. Die Busfahrer verwehren den Kleinhändlern, die bei jedem Halt »Trauben« um die Bustür bilden, den Zutritt und scheren sich weder um Vorfahrtsregeln noch um Verkehrsampeln, wenn sie erst einmal in Fahrt gekommen sind.

Auch wir mit unseren Filmwünschen gehen Darío langsam auf die Nerven, und er ist sichtlich erleichtert, als er uns am Bus-Terminal mit unserem schweren Gepäck los wird. An diesem Tag ist Darío in Verzug geraten und rechnet erst gegen Mitternacht mit einer Rückkunft in die Llanos. Wann er denn mal Pause macht, Zeit zum Ausruhen hat? »Eigentlich nur dann, wenn der Bus repariert werden muß, einen technischen Defekt aufweist oder wenn die Familie ein Fest feiert.«

Am Tag darauf kämpfen wir uns mit Ton und Kamera auf die Plaza de Bolívar vor, den im spanischen Stil großzügig angelegten Hauptplatz, der nach der Unabhängigkeit auf den Namen des Befreiers umgetauft wurde. Heute ist der 12. Oktober, der »Día de la Raza«, dem Namen nach eigentlich ein Gedächtnistag des Rassenvorurteils, dessen Anlaß die Ankunft der Europäer in der neuen Welt ist. Aber auch die nichtweißen Einwohner Kolumbiens feiern fröhlich mit: Tanz und Gesang, Folklore und Luftballons, Lotteriespiel und Umtrunk beherrschen den Platz. Es ist auch der Kolumbustag, die Nation verdankt ihren Namen dem Entdecker Amerikas. Bolívar hat die spanischen Überseeprovinzen Venezuela und Neugranada 1819, dem Jahr des revolutionären Sieges, in Groß-Kolumbien umgetauft. Schon zehn Jahre später aber zerfiel Bolívars Andenreich in mehrere Staaten, die noch heute bestehen. Um die Jahrhundertwende spaltete sich auch die Provinz Panama, unter kräftiger Mithilfe der USA, von Kolumbien ab – Anlaß war der Widerstand, den die Zentralregierung in Bogotá gegen den Bau des internationalen Kanals zwischen Atlantik und Pazifik leistete. Dabei war es Bolívars Traum gewesen, den Ländern der Neuen Welt ein panamerikanisches Parlament in eben jener Landenge zu geben, durch die heute der Panamakanal führt. Auf dem Totenbett stöhnte Simón Bolívar 1830: »Ich habe ein Meer gepflügt.«

In der Dämmerung beginnt auf der Plaza de Bolívar ein Feuerwerk, doch plötzlich mischen sich in das Geknatter der Leuchtkörper scharfe Schüsse, und die Menge stiebt auseinander. Wir finden nicht heraus, wer geschossen hat, es gibt auch keine Verwundeten oder Toten. Als ob nichts gewesen wäre, nimmt das bunte Volk von Bogotá danach sein fröhliches Treiben wieder auf – diese unmotivierten Ausbrüche der Violencia scheinen irgendwie zum Farbenspektrum Kolumbiens zu gehören.

Am folgenden Tag setzen wir unsere Reise fort und wählen eine Buslinie, die in etwa der Route folgt, die Bolívar, der Befreier, auf seinem Feldzug nach Cartagena, der großen Hafenstadt am karibischen Meer, eingeschlagen hat. Natürlich heißt die Linie *Expreso Bolivariano*. Die Fahrer sind hier nur zum Teil Privatunternehmer, die Autobusse gehören meist der Linie, sie sind alle in den kolumbianischen Nationalfarben angestrichen, und die 2000 Fahrer tragen Uniformen. José Rodríguez ist einer von ihnen. Bevor er morgens auf die Reise geht, macht er ein Feuerchen, um den Dieselmotor vorzuwärmen; das Vorglühen ist bei diesem Modell nicht üblich.

Die Reise von Puerto López nach Bogotá im Ordinario hat etwa drei Mark pro Person gekostet, die Strecke mit dem Expreso Bolivariano über die nächsten 500 Kilometer macht acht Mark aus. Der Expreso ist einem Schnellzug zu vergleichen, er hält nur in größeren Siedlungen, es sei denn, es geht um ein Nebengeschäft. Am Ortsrand von Bogotá nimmt José Rodríguez eine Ladung Blumen für eine Hochzeit weiter im Landesinneren mit. Keiner der Passagiere beschwert sich, im Gegenteil: Einige helfen mit beim Verstauen der bunten Fracht. Der Expreso ist weit bequemer als der Ordinario, ein Hauch von Luxus stellt sich ein, Melodien vom Kassettenrecorder lullen die Fahrgäste in ihren Liegesitzen in einen Schlummer. Auch bei harten Bremsmanövern schrecken sie nicht auf.

José Rodríguez kommt aus einer kleinbürgerlichen Familie in Bogotá, hat Mechaniker gelernt und verdient mit umgerechnet 600 Mark im Monat mehr als der Privatunternehmer Darío Páez.

Der Bus befindet sich noch immer in der ersten der drei Andenketten, der Cordillera Oriental. Der Gestank und das Getümmel von Bogotá verschwinden allmählich hinter den Serpentinen und weichen der schon wieder zerklüfteten Natur. Manchmal fragt sich der europäische Reisende, wie sich die gegnerischen Heere zur Zeit der Befreiungskriege überhaupt gefunden haben mögen in diesem Fels- und Dschungellabyrinth – aber der Spürsinn des Menschen, seine Hartnäckigkeit und Leidensfähigkeit, seine Macht- und Goldgier haben früher noch weit »Größeres« vollbracht.

So fanden 1538 gleich drei Expeditionen unabhängig voneinander den Weg auf die Hochebene von Bacatá, auf der Suche nach *El Dorado*, dem »Goldenen Land«. Einer Legende nach stieg der *Zipa*, der König der *Chibcha*-Indianer von Bacatá, zu Ehren der Götter einmal im Jahr gänzlich mit Gold bedeckt in die Lagune von Guatavita. Wo ein Vergoldeter war, müßte doch viel Gold zu holen sein, dachten sich Sebastián de Belalcázar in Peru, Jiménez de Quesada in Cartagena und Nikolaus Federmann in Venezuela. An der Spitze ihrer Soldaten und Hilfstruppen zogen sie aus unterschiedlichen Richtungen unter unsäglichen Mühen zur Lagune von Guatavita. Sie fanden keine Goldminen, aber Smaragde und Salz. Damit hatten die Chibcha-Indianer gehandelt und wurden reich dabei, auch reich an Gold. So nebenbei gründete de Quesada die Stadt Santa Fe de Bogotá, das spätere Bogotá; Belalcázar preßte ein Indiodorf in die Knechtschaft. Nur Nikolaus Federmann, den die Augsburger Handelsfamilie Welser auf die Reise geschickt hatte, ging leer aus. Diesem Mißerfolg ist es zu verdanken, daß die Deutschen in Lateinamerika nach dem Ende der Kolonialherrschaft stets beliebter gewesen sind als die Spanier.

Die Chibcha-Indios von Bacatá hatten also selbst keine Goldminen, aber sie wußten so hervorragend mit diesem Feinmetall umzugehen, daß ihre Filigranarbeiten bis heute als Meisterwerke gelten. »Der König auf dem Balsafloß«, auch er oft »El Dorado« (»Der Goldene«) genannt, hält leicht den Vergleich mit der »Venus von Milo« oder dem »Isenheimer Altar« aus – jedenfalls aus der Sicht der Kolumbianer. Die Goldschmiede von damals kannten aber natürlich den Handelsweg, der zu den Goldminen führte. Diesem Weg folgten dann die europäischen Eroberer und ihre Nachfahren.

Im Expreso Bolivariano fahren vier Bergleute mit, die zu Schürfstellen am unteren Caucatal wollen. Dem Schmutz nach zu schließen, tragen sie schon im Bus ihre Arbeitskleidung, und die sieht keineswegs professionell aus. Der älteste der vier heißt Rafael Balboa, ist 73 Jahre alt und zeigt seine Goldzähne. Als Ausrüstung dienen ihm nur eine Hacke und eine Pfanne. Rafael ist Gelegenheitsarbeiter. Wenn es nichts anderes zu tun gibt, fährt er in die Goldgruben. »Die meisten«, sagt er, »können sich unabhängige Arbeit nicht leisten. Sie verdingen sich an Großunternehmer und schuften im Akkord.« Rafael versucht es auf eigene Faust und hat drei Helfer angeheuert: »Das Problem«, erklärt er, »kommt allerdings erst, wenn man fündig geworden ist. Dann fordert die örtliche Guerilla einen Anteil.« Die meisten Gruben liegen in Böschungen am Rande des Cauca-Flusses. Wir bekommen diesen Fluß von 1100 Kilometern Länge erstmals in Honda zu Gesicht, einem freundlich wirkenden Städtchen, in dem Rodríguez eine Pause einlegt. Banditen, aber auch Guerilleros gibt es hier kaum – der Wohlstand der Bauern und die Fruchtbarkeit der Äcker sind kein Boden für Revolutionäre.

Bis Honda kann man von Bogotá aus auch mit der Eisenbahn fahren, nur braucht sie viel länger als der Bus und wird deshalb vornehmlich von Ausflüglern genutzt. Ein Stückchen weiter flußabwärts, in La Dorada, wird der Magdalena schiffbar, fünf Tage benötigt man dann für die 900 Kilometer bis zum Meer. Auch diese Strecke meistert der Autobus auf der Straße sehr viel geschwinder, dafür ist aber auch die Fahrt risikoreicher.

Rodríguez zeigt uns in Honda eine Brücke, die amerikanische Architekten schon 1898 gebaut haben. Sie wird immer noch genutzt und wurde nie renoviert; entsprechend vorsichtig tastet sich der Expreso Bolivariano hinüber. Die Kinder in Honda umringen Rodríguez und wollen von ihm Geschichten aus der Welt da draußen hören, er ist für sie eine Respektsperson.

Neben dem Früchte- und Säftestand verkauft ein Händler kleine holzgeschnitzte Spielzeugbusse mit der Aufschrift »Expreso Bolivariano«, natürlich wollen alle Kinder hier einmal Pullmanfahrer werden.

Die Idylle von Honda hält nur kurz vor. Nach unserer Abfahrt verdüstert sich der Himmel und löst sich bald in Wolkenbrüchen auf. Rodríguez macht gleichmütig und unvermindert Tempo: »Solange die Straße hält ...«, murmelt er. Sie hält nicht lange, denn Baumstücke und Felsbrocken versperren bald den

36 Nach einem Ausbruch des Vulkans Nevado del Ruiz, 1985, begruben Schlamm und Lehm die Stadt Armero. Kreuze erinnern an diese schreckliche Katastrophe.

Weg. Einige Freiwillige steigen aus und räumen den Weg frei, bis es dann wirklich nicht mehr weiter geht. Eine Böschung ist abgerutscht – Endstation. Aber auch dafür ist der Expreso Bolivariano gerüstet. Rafael, der Bergmann, lacht und mahnt zur Geduld. Der Gegenbus wird auf der anderen Seite des Erdrutsches warten.

Als der Himmel wieder aufklart, steigen die Passagiere aus und bahnen sich durch den Matsch einen Weg auf die andere Seite. Die eher städtisch gekleideten Frauen ziehen ihre Stöckelschuhe aus, waschen auf der Gegenseite in einer Pfütze ihre Füße und steigen in den wartenden Linienbus, der wiederum seine Fahrgäste zu Fuß in die andere Richtung entlassen hat – *Tránsito Colombiano*, kolumbianische Verkehrsmittel.

Wir bleiben zurück, um die Aufräumarbeiten zu filmen. Bomberos treffen ein, Feuerwehrleute mit Pickeln und Schaufeln; auch die vier Bergleute helfen mit. Nach drei Stunden ist die Straße frei, der Verkehr beginnt wieder zu fließen. Ein Geländewagen macht den Anfang, doch da rutscht der Berg noch einmal nach; das Fahrzeug mit seinen vier Insassen wird verschüttet. Die Bomberos tasten sich vorsichtig zur Unfallstelle vor und können nur noch Tote bergen. Rafael Balboa meint melancholisch: »Gott hat beides über Kolumbien gebracht, das Paradies und die Urgewalt.«

Der alte Bergmann und seine drei Helfer haben nun ebenfalls den Anschlußbus versäumt und tun sich deshalb mit uns zusammen. Ein LKW bringt uns in das naheliegende Armero, beziehungsweise das, was davon übriggeblieben ist. Das Städtchen Armero wurde 1985 unter Schlamm begraben, als der Vulkan Nevado del Ruiz Feuer und Flamme spuckte, der Gletscher zu schmelzen begann und Sturzfluten zu Tal schickte. Rafael erinnert sich: »Nach dem Vulkanausbruch verging eine ganze Nacht, bis ein Pilot aus der Höhe erst bemerkte, daß Armero von der Landkarte verschwunden war. Danach erst machten sich die Bergungstrupps auf den Weg, gruben aber nur noch Leichen aus.«

Armero ist heute nur mehr ein Friedhof und eine Haltestelle der Buslinie. Die Bergleute nehmen den nächsten Expreso Bolivariano, wir hingegen finden ein Taxi, in das unser Team mit Ausrüstung geradezu hineingestopft wird. Der Fahrer Olirio Zuazo verlangt für das Gepäck einen Zuschlag, den wir gern bezahlen.

Kameramann Gerd Weiss und ich erinnern uns an diesem schauerlichen Ort an ein anderes Erdbeben in den Anden, dessen Folgen wir im Callejón de Huaylas im Norden Perus miterlebten, als 1979 eine ganze Siedlungskette begraben wurde. Noch mehr als die Katastrophe selbst ging uns dabei die Landschaft unter die Haut, die wir ein Jahr später sahen: Kreuze und überwucherte Ruinen hielten Totenwache. Weder hektische Geschäftigkeit noch Ablenkung schützte uns damals vor der seelischen Erschütterung, die uns bei dieser Grabesstille traf.

Aber Armero ist für uns auch mit anderen Erinnerungen verknüpft: 1971 waren wir als Lateinamerika-Korrespondenten im Troß des damaligen Bundespräsidenten Gustav Heinemann bei dessen Staatsbesuch in Kolumbien, als eine Guerillagruppe den deutschen Entwicklungshelfer Kehr am Magdalena-Strom entführte, um auf sich aufmerksam zu machen. Von einem Hubschrauberlandeplatz in Armero gingen wir auf die – übrigens vergebliche – Suche nach dem deutschen Forstwirt, der später heil zurückkam. Damals ahnte natürlich keiner von uns, welches Schicksal Armero noch bevorstehen sollte.

Der Wolkenhimmel löst sich auf, und im Abendlicht enthüllt der 5400 Meter hohe Nevado del Ruiz sein schneebedecktes Haupt. Dahinter liegt Manizales, die Metropole der *Cafeteros*, der Kaffeebauern. Eine Schar Kaffeebauern kommt uns zu Pferde entgegen – die Cafeteros sind ebenfalls Reiter wie die

Llaneros. Nur ist das Pferd bei den Steppenreitern unabdingbar, in Manizales hingegen nimmt man es zum Ausreiten; wichtigstes Transportmittel ist hier ein Bus mit dem Namen *Chiva*, was im Volksmund soviel wie (Kletter-)Ziege heißt. Wenn die Chiva große Höhenunterschiede überwinden muß, bekommt sie den Beinamen »Escalera« (»Leiter«).

Unsere Reise geht also mit der *Chiva Escalera* weiter. Morgens um fünf Uhr bereits finden wir uns bei der Haltestelle Bueros in der Nähe der *Federación Nacional de Cafeteros*, des Kaffeebauer-Dachverbandes, ein. Weil die Chiva Escalera das einzige billige Verkehrsmittel im Hochland ist, muß man sehr früh aufstehen, um einen guten Platz zu ergattern; denn sie ist stets überfüllt.

Wir haben uns für eine Route entschieden, die über 80 Kilometer bergauf, bergab durch die Kaffeeplantagen nach Río Sucio führt und dort auf die *Panamericana* trifft, jene kontinentale Autoroute, die Alaska mit Feuerland verbindet und nur eine einzige Unterbrechung an der Grenze zwischen Kolumbien und Panama hat.

Der *Paradero*, die Haltestelle unserer Chiva, ist durch kein Zeichen ausgewiesen, aber die Schlange, die sich gebildet hat, ist nicht zu übersehen. Langsam füllen sich die Straßen rund um das Büro der Cafeteros. Die Geschäfte öffnen früh, und eine große Zahl gut gekleideter Mädchen und Frauen verdeutlicht uns, daß selbst in diesem Land der »Machos«, einer traditionellen Männergesellschaft, die Frauen unaufhaltsam in fast alle Berufe nachdrängen.

Endlich erscheint ein kleiner Mann mit Hut und

Schnurrbart, unser Fahrer Alfredo. Hinter ihm, bullig wie ein Leibwächter, kommt sein »Socio« Hernández – Begleiter, Schaffner, Ordnungshüter und Mechaniker in einem, wie wir später erleben werden.

Es geht los, doch schon nach einer Stunde kreischt der Motor schmerzhaft auf – Hernández und Alfredo nicken sich verständnisinnig zu: Ein Simmerring ist geplatzt. Die erste Fahrgastreihe muß aussteigen, unter ihrer Bank liegen die Werkzeuge und Ersatzteile parat. Die beiden begeben sich an die Arbeit, begleitet von den sachkundigen Kommentaren der Passagiere. Während der Reparatur gehen wir ins nächstgelegene Kaffeefeld, wo viele Pflücker schon bei der Arbeit sind. Kaffeeanbau in Kolumbien ist arbeitsintensiv: Zwei Drittel der Pflanzungen sind weniger als zehn Hektar groß. Der Kaffee kam erst spät nach Kolumbien, als bereits Gesetze gegen die Großgrundbesitzer verabschiedet waren. Smaragde und Gold, Bananen und Chinarinde sind die Domäne der Großen, der Kaffee gehörte von Anfang an den Kleinen. Sie wiederum sind in der Federación Nacional de Cafeteros zusammengeschlossen, einer mächtigen Interessengruppe im Lande. In Kolumbien wird die *Caturra*-Kaffeebohne angebaut. Diese Pflanze trägt Blüten, grüne Früchte und ausgereifte Bohnen gleichzeitig, das Pflücken ist also ein Dauerprozeß und Menschen sind bei der Ernte deshalb praktischer und billiger als Maschinen. Die Cafeteros sind ein selbstbewußter Berufsstand. Sie verdienen zwar wenig, haben aber ein festes Einkommen. Wenn dann Hilfsarbeiter oder Zuwanderer einspringen wollen, kann es zu Streitigkeiten kommen.

Mit zwölf Millionen Sack Jahresernte ist Kolumbien einer der größten Kaffeeproduzenten der Welt. Wegen der kleinen Betriebe und des hügeligen Geländes wirken die Plantagen nie eintönig, und rund um Manizales verleihen die buntfleckigen Sträucher der Landschaft zusätzlichen Reiz. Die Betriebe grenzen sich oft durch kleine Palmenhaine oder Bambuswäldchen gegeneinander ab. Bambus wurde auch wiederentdeckt als Baumaterial für die »Fincas«, die kleinen Höfe der Cafeteros. Wellblech ist hingegen wieder auf dem Rückzug. Bunte Dächer und Fensterläden, die Liebe der Hausfrauen zu Orchideen und Blumen verstärken die Farbenpracht, und die Chiva setzt noch ein i-Tüpfelchen drauf. Die hölzernen Vehikel sind nämlich über und über bemalt, die Fahrer verbringen Feierabend und Freizeit mit der »Kunst am Auto«. Religiöse Motive herrschen vor, aber auch Vulkane und Flüsse, Vögel und Pflanzen finden ihre Abbilder auf der Chiva. Wenn sich diese naiven Maler von der unbekannten Welt draußen inspirieren lassen, kommen dabei seltsame Kompositionen heraus: Marilyn Monroe im Hularöckchen; das Empire State Building von New York, umgeben von Astronauten mit Engelsflügeln; japanische Touristen mit Spazierstöcken und Tirolerhüten. Unserer Chiva haben Alfredo und Hernández das Aussehen eines Kometen verliehen, mit Finnen aus Sperrholz.

Von ihrer Kunst ist aber nicht mehr viel zu sehen, als wir nach der Reparatur den nächsten Paradero, die nächste Haltestation, angefahren haben. An die hundert neue Gäste zwängen sich mit Sack und Pack in und um die Chiva, auch das Dach wird voll besetzt:

Ziegen, Hühner und Hasen müssen ebenfalls mit. »Für den Markt in Río Sucio«, wie uns Hernández erläutert. Er fängt nun an zu kassieren, turnt in, um und auf dem Bus herum – und das alles während der Fahrt. Die achtzig Kilometer bis zum Ziel kosten umgerechnet achtzig Pfennig, Gepäck inklusive.

Es fängt wieder an zu regnen, die Straße wird zunächst zum Rinnsal, später zum Bach. In einer großen Lache fährt sich die Chiva fest. Alle müssen aussteigen, und mit vereinten Kräften machen die Passagiere das Gefährt wieder flott; auch das gehört zum niedrigen Fahrpreis. Obwohl sich das Wetter nicht bessert, erhöht Alfredo das Tempo eher noch, denn er möchte bei der Rückfahrt nicht in die Dunkelheit kommen. Zum einen vertraut er seinen Scheinwerfern nicht so recht, zum anderen gehört die Gegend bei Nacht Banditen und Guerilleros. Ob er mit ihnen schon böse Erfahrungen gemacht hat, fragen wir Alfredo. »Nein«, sagt er einsilbig. Die sonst sehr redseligen und fröhlichen Kolumbianer halten beim Thema Guerilla meist mürrisch den Mund. Wovor Alfredo am meisten Angst hat, bohren wir nach, und er erwidert: »Ich habe 35 Jahre am Steuer hinter mir, aber die Sorge war immer da, daß einmal die Bremsen versagen könnten oder daß ich in eine Falle fahre.« Was er damit meint, führt er nicht weiter aus. Beifahrer Hernández ist etwas offener. Diese »Hijos de Puta«, diese »Hurensöhne«, gehörten ausgemerzt, sagt er und schaut sich dabei herausfordernd in der Runde der Fahrgäste um.

Die Chiva erreicht Río Sucio mit zwei Stunden Verspätung. Die meisten Passagiere eilen rasch auf den

37 Medellín, das Manhattan Kolumbiens, aber auch Sitz des mächtigen Rauschgiftkartells.

Markt, um ihre Waren noch an den Mann zu bringen. Alfredo fährt auf den Chiva-Parkplatz und reiht sich in die Gemäldegalerie der Holzbusse ein – ein schönes Bild für unsere Kamera. In Río Sucio nehmen wir abermals den Expreso Bolivariano, in Richtung Medellín , der zweitgrößten Stadt Kolumbiens. An einem Paradero unterwegs stoßen wir erneut auf Rodríguez in seiner gepflegten Uniform, er ist auf der Rückfahrt. »Haben Sie gehört, was gestern in der Provinz Antioquia passiert ist? In Segovia haben 200 Guerillas das Rathaus und den Gasthof gestürmt und dabei 42 Männer, Frauen und Kinder getötet.« Und was hat die Polizei gemacht? »Die hat sich ruhig verhalten, die Polizisten sind froh, daß sie mit dem Leben davongekommen sind.« Um welche Guerilla hat es sich gehandelt? »Wer weiß, das können die Linken vom ›Ejército de Liberación‹ (einer selbsternannten Volksbefreiungsarmee) gewesen sein, wahrscheinlicher aber ist, daß die Rechten einen Vergeltungsschlag verübt haben. Denn der Bürgermeister von Segovia ist ein Linker.« Violencia, der Alltag von Kolumbien, holt uns wieder ein.

Als Hauptstadt des Verbrechens gilt Medellín, wo weder die Linken noch die Rechten, weder die Liberalen noch die Konservativen herrschen. Das Regiment führen hier die Drogenhändler, das Kartell von Medellín. Rauschgifte gehörten schon zur Tradition der Indios, bevor die Spanier kamen: Im Hochland kannten sie das Kokablatt, und im Tiefland bauten sie Marihuana an. Mit Rauschgift wurde auch schon damals gehandelt.

So seltsam es klingt, aber Medellín selbst ist drogenfrei, die Konsumenten sitzen in den USA und zunehmend auch in Europa. Auf einem Flugfeld in Florida haben wir vor Jahren ein ganzes Geschwader konfiszierter, mit Rauschgift beladener Maschinen gefilmt, deren Besitzer sich nie gemeldet haben; alle Verdachtsmomente deuteten damals auf Medellín. Ende Oktober 1988 gelang den Drogenfahndern in Florida ein weiterer großer Fang: 350 Kilo reines Kokain und die Schmuggler dazu. Die Herren über den Drogenhandel aber sitzen weiterhin ungeschoren in Medellín, wo sie Verwaltung und Ordnungsmacht in Filigranarbeit unterwandert haben; einen Teil ihrer Gewinne machen sie der Stadt zum Geschenk, in Form von Altersheimen, Denkmälern und Waisenhäusern. Als wir im benachbarten Ríonegro einen

Informanten zu nächtlicher Stunde in einer Diskothek treffen wollen, werden wir Opfer einer Polizeirazzia. Unsere Personalien werden geprüft, dann werden wir aufgefordert, uns aus den »Geschäften« Medellíns herauszuhalten …

An einem Informationsstand des Busbahnhofs erfahren wir von Elena Parma etwas mehr über unsere Busse. »Der Busbahnhof von Medellín ist der größte in Kolumbien«, sagt sie uns. »52 Unternehmen fahren ihn an. 2400 Busse kommen und gehen täglich. Am Wochenende sind es rund 6000.« Elena Parma führt auch eine Chiva-Statistik: »Allein in der Provinz Antioquia mit Medellín als Hauptstadt verkehren 15 289 Holzbusse«, erklärt sie. Die Frage, woher der Name Antioquia, eine Abwandlung der spanischen Form von Antiochien, stammt, beantwortet Elena Parma mit einer Geschichte, die wir in keinem Reiseführer gefunden haben: »Medellín wurde im 17. Jahrhundert von *Marranen* gegründet. Das waren getaufte Juden, die dennoch vor der Inquisition in Spanien Reißaus nahmen. Sie suchten und fanden ein von der Außenwelt durch Berge abgeschlossenes Hochtal und nannten es Antioquia, weil der Landstrich gleichen Namens am Mittelmeer (Antiochia beziehungsweise Antiochien) nach Christi Geburt getauften Juden schon einmal Asyl gewährt hatte. Das war zur Zeit von Petrus und Paulus und bevor das mediterrane Antiochien zum Aufmarschgebiet der Römer im Kampf um Jerusalem wurde.«

Der Fleiß der Marranen und ihrer Nachkommen, beziehungsweise die Fruchtbarkeit des Hochtales

haben mit der Zeit aus Medellín eine Art Manhattan der Anden gemacht. In Medellín erlebt Kolumbien heute sein Wirtschaftswunder. Einst eine fromme Einsiedelei, überragen heute Banken und Wolkenkratzer die Kirchen und Kartausen. Die Textilindustrie, die sich in Händen der Marranen befindet, exportiert in alle Welt, und ohne Frage bedeutete auch der Drogenhandel eine weitere Konjunkturspritze. Elena Parma äußert sich nicht ohne Grund vorsichtig distanziert über das Kartell. Sie ist stolz darauf, eine echte Marranin zu sein, eine spanisch-kolumbianische christliche Jüdin.
Hier im Busbahnhof von Medellín können wir auch noch einmal alle Spielarten des nationalen Verkehrssystems studieren: die Chiva für die Nebenstraßen, den Ordinario für das lokale Netz, den Pullman für die Fernstraßen. In unserer Sammlung fehlt nur noch der *Lujo*, der Luxusbus. Wir werden an die Gebrüder Ochoa verwiesen, die das Beste und Teuerste auf dem Autobusmarkt zusammengekauft und eine Firma gegründet haben, die den Linienverkehr nach Cartagena für zahlungskräftige Gäste organisiert – den »Rápido Ochoa«.

Er bringt uns aus dem Hochtal von Medellín in die nächste Andenkette, die *Cordillera Occidental.* Hoch über den Wolken funktioniert der Fernsehempfang im Bus gut, gerade läuft ein Film mit Arnold Schwarzeneggers muskulösem Einsatz gegen eine Verbrecherbande. Der Bus hat eine Toilette, einen Waschraum und eine Bar. Der Pilot Escobar strahlt die Würde eines Kapitäns auf hoher See aus. Entsprechend gekränkt wirkt Escobar, als uns ein seltsames

Gefährt bergab überholt, eine Art Seifenkiste, von zwei Buben gesteuert, die Milchkannen befördern. Die Kiste fährt ohne Pferdestärken und vermutlich auch ohne Bremsen, übermütig winken die Buben uns zu – Tránsito Colombiano.

Uns drängt es, nach Cartagena zu kommen, zur »Fiesta de la Patria«, zum Unabhängigkeitsfest der Stadt. Einen unfreiwilligen Halt beschert uns eine Militärstreife, die auf der Suche nach einem entsprungenen Häftling ist; weil sich ein Fahrgast nicht ausweisen kann, dehnt sich der Aufenthalt auf vier Stunden aus.

Nicht weit von diesem Ort unfreiwilligen Aufenthalts überspannt ein »Cable Aéreo«, eine primitive Drahtseilbahn, den wild rauschenden Cauca. Wir seilen uns hinüber und vertreiben uns die Zeit im Bauernhof von Maurilio Antonio Rodas. Erst bewirtet er uns mit Anisschnaps, dann serviert er einen vorzüglich zubereiteten Dorada-Fisch aus dem Cauca. Nachdem Maurilio etwas Vertrauen zu uns gefaßt hat, zeigt er uns Bruchstücke von Keramiken und Werkzeugen, die er auf seinem Land gefunden hat – einwandfrei präkolumbischer Herkunft, für diesen Befund muß man kein Experte sein. Später setzt ein fliegender Händler mit der Seilbahn über, was uns willkommene Gelegenheit bietet, uns ein wenig für die uns erwiesene Gastfreundschaft zu bedanken. Maurilio Antonio bekommt einen Schraubenzieher, Frau Roda ein T-Shirt, die Tochter ein Shampoo, jeder der beiden Söhne einen Kugelschreiber.

Auf der anderen Flußseite winkt Fahrer Escobar:

Es kann weitergehen! Das Militär hat nichts Verdächtiges über den Fahrgast ohne Papiere herausgefunden. Obwohl Escobar alles aus dem Motor seines Lujo herausgeholt hat, fährt er immer tiefer in die Nacht, werden die Passagiere immer ängstlicher. Der

38 Zu den Verkehrsmitteln des Landes gehört immer noch der »Cable Aéreo«, die Luftseilbahn. Sie führt über reißende Flüsse und zu besonders unwegsamen Winkeln.

Gegenverkehr hat so gut wie aufgehört. Dann plötzlich ist es passiert: Hinter einer Kurve spannt sich ein buntes Band, Überfall! Escobar stöhnt und jagt voll durch. Links und rechts der Straße sehen wir wild gestikulierende Gestalten, aber der Weg bleibt frei. »Das hätte ins Auge gehen können«, seufzt Escobar erleichtert, »denn meist haben die Kerle hundert Meter hinter dem Band eine Straßensperre gebaut.«

Waren das Guerilleros? »Nein, ganz gewöhnliche Banditen«, meint Escobar. »Aber die können einen bis auf das Hemd ausziehen.«

Nach der Violencia erleben wir die *Alegría*, nach der Gewalt die Fröhlichkeit: Bei unserer Ankunft in Cartagena um Mitternacht tanzen die Menschen in den Gassen der Altstadt die *Cumbia*. Diesen Tanz haben die Nachkommen der schwarzen Sklaven erfunden. Er bleibt eine Tradition der großen Hafenstadt, ist aber im ganzen Land bekannt. Es ist der Vorabend des Unabhängigkeitstages, außerdem hat bei einem Schönheitswettbewerb die Miß Cartagena gut abgeschnitten. Am wichtigsten aber ist für die lebensfrohen Einheimischen, daß es wieder einen Grund zum Feiern gibt. Cartagena zählt bereits zu den Ferienparadiesen an der Karibischen See. Strände und koloniale Architektur locken Besucher aus der »westlichen« Welt.

Einst galt Cartagena als die »Königin der Meere«: Hier nahmen die spanischen Galeeren das Gold und das Geschmeide an Bord, das aus den Grabkammern und Tempeln der Indio-Kulturen geraubt worden war, zum Teil gar aus dem Inka-Reich in Peru, von wo aus es auf einem langen Weg hierher gebracht wurde, ehe dann zweimal im Jahr Flottenverbände von rund 70 Galeeren und Kriegsschiffen mit den Schätzen gen Spanien segelten. Der Umschlagplatz Cartagena war zeitweise die größte Schatzkammer von Nord- und Südamerika, und entsprechend prächtig konnten sich die Handelsherren hier einrichten: Spanische Architektur entfaltete sich zur vollen Blüte, der Stierkampf wurde gefeiert wie in Andalusien, es herrschten höfische Sitten wie in Kastilien und überhaupt ein feudaler Lebensstil, der auch in den Kolonialreichen der Alten Welt selten war. Der Reichtum Cartagenas zog Freibeuter ebenso an wie die Flotten der britischen Krone. Dem Befreier Südamerikas, Simón Bolívar, lag Cartagena sehr am Herzen. Die Stadt hatte sich schon 1815 zur Revolution gegen Spanien bekannt, und wegen ihres heldenhaften Kampfes verlieh ihr Simón Bolívar den Titel »Ciudad Heroica«, die Heroische Stadt.

Wir erleben den Jahrestag dieser heroischen Verteidigung, erfahren aber auch, wie dieses vaterländische Fest ganz einfach zu einer Schönheitskonkurrenz geworden ist. Die Fiesta de la Patria, der Tag des Vaterlandes, weckt bei der Bevölkerung keine geschichtlichen Erinnerungen mehr, nicht das Gedenken an die Unabhängigkeit ist die Parole, sondern ausgelassener Karneval und ausgelassene Lebenslust herrschen vor. Es zählt nicht, wer früher der tapferste Krieger oder Verteidiger war, sondern wer heute die Schönste im ganzen Lande ist. Die Einwohner Cartagenas machen sich eher lustig über ihre eigene Vergangenheit.

39 Cartagena, einst mächtige Hafenstadt an der Karibischen See, hat sich selbst ein wunderliches Denkmal gesetzt – ein paar alte, ausgediente Schuhe.

So haben sie ihr auch ein merkwürdiges Denkmal gesetzt, das vor der Stadtmauer steht, und darauf ist zu lesen: »Man kann für das ehrwürdige Cartagena so viel Sympathie empfinden wie für ein Paar alte, gut eingelaufene Schuhe.« Dieses mannshohe »Schuhdenkmal«, bestehend aus zwei riesigen abgelaufenen Schuhen, in Metall gegossen, hat auch für uns eine symbolische Bedeutung: Wer von hier aus nämlich weiter in den Norden der Neuen Welt möchte, muß das auf Schusters Rappen tun, es sei denn, er stiege auf ein Schiff. Die Straße entlang der Küste steht nur auf dem Papier, zur mittelamerikanischen Landbrücke nach Panama führt der Weg nur auf eigenen Füßen weiter. Da können die Busse noch so wendig und ihre Fahrer noch so geschickt und kühn sein, hier am Golf von Kolumbien endet ihre Route – der Tránsito Colombiano.

Westlich des Ararat

»Da sah Gott auf die Erde, und siehe, sie war verderbt; denn alles Fleisch hatte seinen Weg verderbt auf Erden ... Ich will eine Sintflut kommen lassen auf Erden, zu verderben alles Fleisch, darin Odem des Lebens ist, unter dem Himmel. Alles, was auf Erden ist, soll untergehen. Aber mit dir will ich meinen Bund aufrichten, und du sollst in die Arche gehen mit deinen Söhnen, mit deiner Frau und mit den Frauen deiner Söhne. Und Noah ging in die Arche mit seinen Söhnen Sem, Ham und Japhet, seiner Frau und den Frauen seiner Söhne vor den Wassern der Sintflut. Von den reinen Tieren und von den unreinen, von den Vögeln und von allem Gewürm auf Erden gingen sie zu ihm in die Arche paarweise, je ein Männchen und Weibchen, wie ihm Gott geboten hatte ... Und die Wasser wuchsen gewaltig auf Erden hundertundfünfzig Tage. Da gedachte Gott an Noah und an alles wilde Getier und an alles Vieh, das mit ihm in der Arche war, und ließ Wind auf Erden kommen, und die Wasser fielen. Da verliefen sich die Wasser von der Erde und nahmen ab nach hundertundfünfzig Tagen. Am siebzehnten Tag des siebenten Monats ließ sich die Arche nieder auf das Gebirge Ararat.« (1 Mose 7.8)

Seit zwei Tagen wohnen wir in der Osttürkei dem Ararat gegenüber, auf den sich die Arche Noahs vor den Fluten gerettet haben soll, denn wir wollen den biblischen Berg filmen und anschließend den Spuren des Alten Testaments folgen – dem Weg, auf dem die Menschheitsgeschichte der Bibel zufolge nach der Erschaffung von Adam und Eva im Garten Eden ihren zweiten Anfang genommen hat.

Vom Hotelfenster aus soll der Ararat zu sehen sein, doch heute versteckt er sich hinter der einzigen Wolke, die am Himmel steht. Man sagt, der 5165 Meter hohe Berg schüttele 83 mal im Jahr die Wolkenhaube ab und gebe den Blick auf sein ewiges Eis frei. Unsere beiden türkischen Begleiter und Dolmetscher, Attila und Kalender, sind felsenfest davon überzeugt, daß wir einen der 83 blickfreien Tage erwischen werden, sofern wir nur einige wenige Tage im einzigen Hotel außerhalb des wenig eindrucksvollen Grenzstädtchens Dogubayazit ausharrten.

Der Ararat ist ein erloschener Vulkan und die Krönung eines einsamen Massivs im Dreiländereck der Sowjetunion, des Iran und der Türkei, die ihn seit 1920 allein besitzt. Er verdankt seinen Namen der Bibel. Die *Assyrer* nannten ihn *Urartu*, und das Volk der *Urartäer* trägt seinen Namen. Die Armenier verehrten ihn als *Masi*, und die Anatolen nennen ihn *Büyük Ağri Daği*, den »Großen Schmerzensberg«, der neben sich noch einen schmächtigen Bruder duldet, den »Kleinen Schmerzensberg«.

Gemeinsam mit uns wartet eine kleine Gruppe von Besuchern geduldig auf besseres Wetter. Jeder einzelne von ihnen hat seinen persönlichen Grund, einmal einen Blick auf den Großen Schmerzensberg werfen zu wollen. Zwei britische Studenten wollen ihn sogar besteigen und sind überzeugt, daß sie das verschollene Schiff ausmachen werden. Sie sitzen mit ihrem Schachbrett am Hotelfenster und schauen immer wieder einmal hoch, ob der Ararat nicht endlich seinen Wolkenkranz losgeworden ist.

Ein älteres schwedisches Paar, ein ehemaliger Pastor mit seiner Freundin, ist gekommen, um sich selbst zu beweisen, daß die Bibel nicht recht und der Pastor demzufolge seinen Beruf nicht willkürlich aufgegeben hat. Mit auf der Wartebank sitzt eine stets aufgeregte amerikanische Krankenschwester anatolischer Herkunft mit ihrem Freund, der ihr ständig beteuert, die Arche Noah selbst schon in Augenschein genommen zu haben. »Wenn es nicht stimmt«, erzählt sie, »dann werde ich ihn nicht heiraten!« Der Ararat als Prüfstein für eine Eheschließung?

Abgesehen von der biblischen Geschichte, sollen erstmals Krieger unter Alexander »dem Großen« der Arche begegnet sein. Sie sahen, wie armselige Dorfbewohner den teerartigen Bitumen von den Planken der Arche schabten, um ihn für die Abdichtung ihrer Hüttendächer zu verwenden. Der babylonische Hohepriester und Geschichtsschreiber Berossos nahm diese Erzählung in sein Epos »Babyloniaka« über Schöpfung und Flut als einen Beweis für die Glaubwürdigkeit des Alten Testaments auf.

Berossos' Schriftwerk aus dem dritten Jahrhundert vor Christi Geburt löste eine wahre Flut von Ararat-Zeugnissen aus, die nicht abebben wollte. Das Schiff Noahs wurde mal da, mal dort gesichtet, entdeckt, berührt oder betastet, doch immer auf dem biblischen Berg; und die Beschreibungen waren so unbestimmt, daß keine Version die andere ausschloß. Was einmal überliefert, berichtet oder niedergeschrieben war, beflügelte immer wieder all jene Bibeltreuen, für die jedes Zeugnis als wahrhaftig galt, solange es nur ihrem Glauben entsprach. Rund zwei Jahrtausende mußte nun der Ararat für die abenteuerlichsten Arche-Geschichten herhalten, ohne daß der so viel gerühmte Berg je einen der euphorischen und fabulierfreudigen Erzähler zu Gesicht bekommen hätte.

1829 mußte sich der Große Schmerzensberg dann zum ersten Mal bezwingen lassen. Der Arzt und Forscher Frederic Barrot, ein Este, sah auf dem abgeflachten Gipfel nur Eis und Schnee, jedoch keine Spur von der Arche Noah. Zwanzig Jahre später wehrte sich der Ararat: Er spuckte Feuer und Flammen und überschüttete das Dorf Ahura, von dem aus Parrot aufgestiegen war, mit Lava und Geröll. Damit wurde er sicher seinem anatolischen Namen, Großer Schmerzensberg, gerecht.

Nikolaus II., der letzte Zar, schickte 1916 eine auch mit Fotoapparaten gerüstete Expedition auf den Ararat. Das Wrack der Arche Noah wurde – so hieß es – entdeckt, es ragte mit seinem Bug aus dem ewigen Eis und verhinderte damit seine Bergung. Die Expeditionsteilnehmer vermaßen und fotografierten ihre Entdeckung und zogen wieder ab. Unglücklicherweise wurde der Zar noch ermordet, bevor er die angeblichen Zeugnisse einer staunenden Welt schwarz auf weiß auftischen konnte, die Fotos und Vermessungsskizzen verloren sich in den Revolutionswirren und sind bis heute nicht wieder zum Vorschein gekommen.

Über Nacht hat der Ararat tatsächlich die Wolkenhaube abgeschüttelt – rötlich glitzert nun das ewige Eis um seinen Gipfel in sanften Morgenstrahlen, herrschaftlich blickt er auf seinen kleinen Bruder herab und schaut über kahle Berge hinweg, aber doch auch auf einen fruchtbaren Talkessel herab. Wer den gewaltigen Berg sieht, mißt natürlich das Alte Testament an ihm: Wo sollte sich die Arche Noah versteckt haben? Liegt sie verpackt im Eis, haben die Lavaströme sie weggeschwemmt oder gar verbrannt? Gab es eine Naturkatastrophe, die vom Persischen Golf bis zu dieser Stelle alles Leben vernichtete und nur die Fracht der Arche schonte?

Die Forschung hat dafür bis heute keinen Beleg gefunden. Neben der Bibel sprechen allerdings auch andere Zeugnisse von einer gewaltigen Flutkatastrophe, wie zum Beispiel das Gilgamesch-Epos aus dem Zweistromland. Es ist älter als das Alte Testament, doch die Parallelen sind so offensichtlich, daß manche Forscher den eifrigen Bibelschreibern ein Abschreiben unterstellen oder zumindest eine gemeinsame Quelle beider Werke vermuten. Gilgamesch läßt das Boot am Berg Nisir stranden, zwischen Tigris und Zab.

Die Bewohner des südlichen Zweistromlandes haben in der Zeit der »Sintflutgeschichte« viele Natur-

11 DIE ÖSTLICHE TÜRKEI
0
100 km
Reiseroute
Schwarzes Meer
TÜRKEI
Sivas
Firat (Euphrat)
Kizil
Kayseri (Caesarea)
Göreme
Elaziğ
Malatya
Yenice
Urfa
Adana
Gaziantep
Al Furāt (Euphrat)
Altinbasak (Harran)
Iskenderun
Asi nehri (Orontes)
Mittelmeer
SYRIEN
Antakya (Antiochia)
Samandağ (Seleukia)

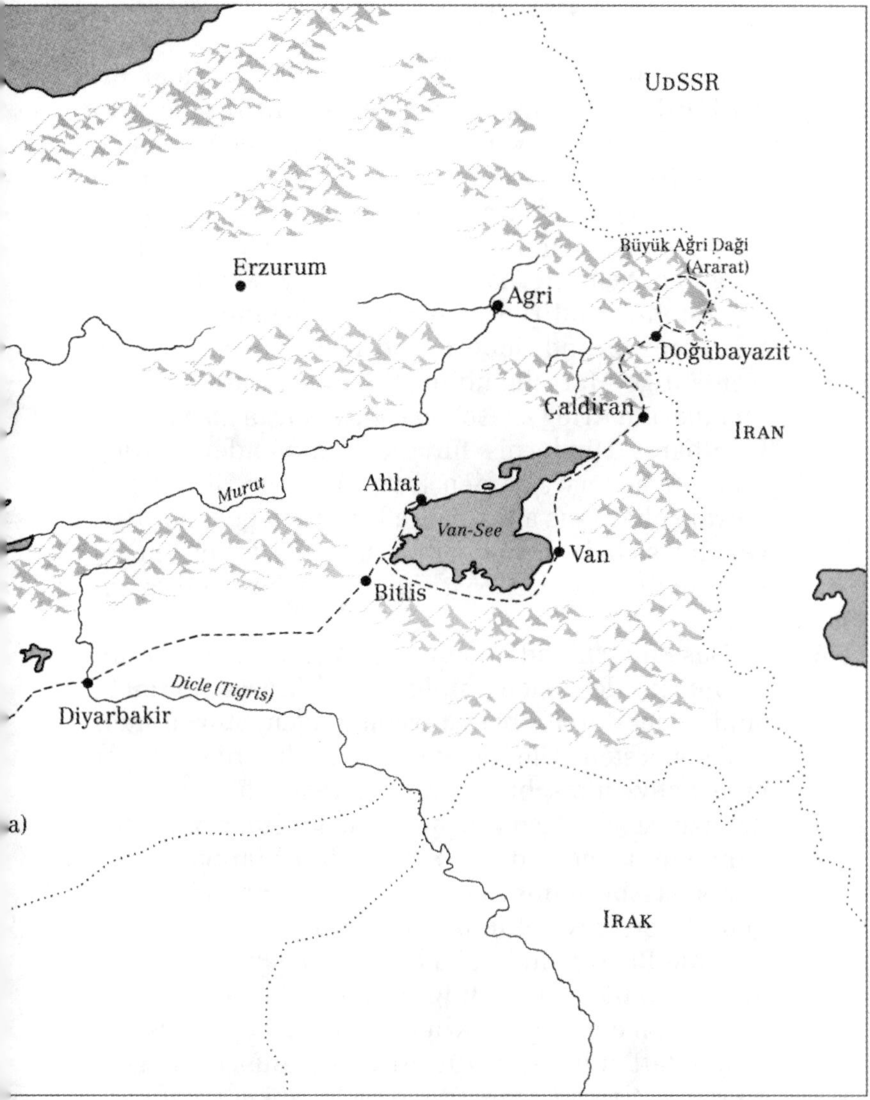
UdSSR
Büyük Ağri Daği
(Ararat)
Erzurum
Agri
Doğubayazit
Çaldiran
Iran
Murat
Ahlat
Van-See
Van
Bitlis
Dicle (Tigris)
Diyarbakir
a)
Irak

katastrophen erlebt und überliefert, doch keine erreichte das Ausmaß, das die Heilige Schrift der Strafe Gottes zuschreibt. Vor 5000 Jahren lag die Küste des Persischen Golfes etwa 100 Kilometer nördlicher als heute, und das Meer reichte bis an die Stadtsiedlung Ur, die vielleicht erste stadtähnliche Häuseransammlung der Welt überhaupt. Auch der Zusammenfluß von Euphrat und Tigris verlief in abmeßbaren, festen Ufergrenzen und dehnte sich nicht in das heutige weitläufige Marschland aus, das sich zum Beispiel im jüngsten Krieg zwischen Irak und Iran als unüberwindbares Hindernis für die Kämpfenden erwies und möglicherweise den Irak vor einer Niederlage bewahrt hat. Aus ältesten Keilschriften geht gar hervor, daß sich die beiden biblischen Flüsse einst in getrennten Betten den Weg zum Persischen Golf bahnten.

Das Marschland und der Shatt al Arab, der breite Strom, zu dem sich Euphrat und Tigris vereinen, sind sicher durch Überschwemmungen, Sturmfluten und geborstene Ufer entstanden, doch nirgendwo ist eine Schwemmschicht von mehr als fünf Metern nachzuweisen. Also von einer Flut im Sinne der Bibel kann hier keine Rede sein. Auch in Ur, der Stadt, aus der einst Abrahams Eltern auszogen, haben Grabungen Überschwemmungskatastrophen nachgewiesen; die Belege sind auch auf wackligen Holzleitern greifbar nahe zu besichtigen, falls man den Mut aufbringt, auf den vermoderten Sprossen in die Ausgrabungsstätten hinunterzusteigen. Die Ausgrabungen, zu deren tiefster man 17 Meter hinabklettern muß, haben Zeugnisse freigelegt, die bis in das siebente

Jahrtausend vor Christi Geburt zurückreichen, in das Zeitalter des ungebrannten Tons; sie reichen dann bis in die Zeit des endgültigen Untergangs der Stadt nach Christi Geburt. Zwischen den meterhohen Schwemmschichten liegen die Gräber aus den jeweiligen Epochen, und die reichen Grabfunde lassen zumindest die einzelnen Flutkatastrophen bis auf das jeweilige Jahrhundert genau festlegen. Aber ein Zeugnis für die Verheerungen der biblischen Flut sucht man auch hier vergebens.

Die Welt der Bibelschreiber reichte von Ur bis hinauf zum etwa 1000 Kilometer entfernten Ararat. Weshalb also finden sich in Ur keine Spuren der großen Flutkatastrophe? Hat vielleicht keine Chronik die göttliche Wut überstanden? Hat die Sintflut Dank der Allmacht Gottes keinen Beweis hinterlassen, der von Menschen gedeutet werden kann?

Der amerikanische Astronaut J. B. Irwin war da anderer Ansicht: Ende Juli 1971 startete er zu einem Flug auf den Mond und sichtete dabei aus der Weltraumperspektive eher zufällig die Arche Noah – nicht auf dem Ararat, sondern im Gebirge am Ararat. Wieder zurück auf festem Boden, begab sich Irwin zur Arche, und er fand sie in Sichtweite des biblischen Berges, am Fuße des gegenüberliegenden Dorfes Cudi Dağ.

Irwins Bibelbeweis stellt sich als schiffsähnliche Erdformation dar, die den von unzähligen Erdbeben gebeutelten Dorfhang unbeschadet überragt. 164 Meter mißt der Rumpf an Länge, 42 Meter ist er breit, und das Ganze sieht so aus, als wenn Erde in eine Schiffsform gegossen und die Planken nachher entfernt worden seien. Der Amerikaner will inzwischen wissenschaftliche Auswertungen besitzen, die nachweisen sollen, daß ursprünglich Holz, das natürlich längst vermodert sei, als Form gedient habe; für den Astronauten sind die bis zu 5000 Jahre alten Holzreste Überbleibsel des Schiffsrumpfes. Zu einer endgültigen Veröffentlichung seiner Untersuchung ist Irwin erst bereit, wenn alle Forschungsergebnisse hieb- und stichfest sind. Das türkische Kultur- und Tourismusministerium mag darauf nicht warten – die Arche Noah ist längst zur Besichtigung freigegeben, Hinweisschilder weisen zu »Noahs Land«, und gerade wird ein Aussichtsrestaurant der »Arche« gegenüber gebaut.

Auch wir müssen unsere Fantasie nicht allzusehr bemühen, um in der Erdformation die Umrisse eines großen Schiffes zu erkennen. Während wir grübeln, ob wir nun vor den Überresten der Arche stehen oder nicht, stößt ein Mann zu uns, der sich als Dorfältester von Cudi Dağ ausgibt und seine Autorität gleich unter Beweis stellt, indem er den Wortführer von drei Halbwüchsigen, die uns angebettelt haben, verprügelt.

Der Alte ist felsenfest überzeugt, daß vor uns die Arche steht, er kennt Irwin und die anderen Wissenschaftler, doch ihm lieferte ein aus Mekka gesandter islamischer Geistlicher den endgültigen Bibelbeweis. Mit Hilfe des Koran bestimmte der Heilige Mann des Islam Ort und Lage der Erdformation und kam im Namen Allahs zu der Erkenntnis, das Überlebensgefährt der Menschheit aufgefunden zu haben.

74

74 Das Ischak-Pascha-Serail, das einzige Bauwerk in der Nähe des Ararat, das die Heerzüge der Jahrhunderte überdauert hat.

75

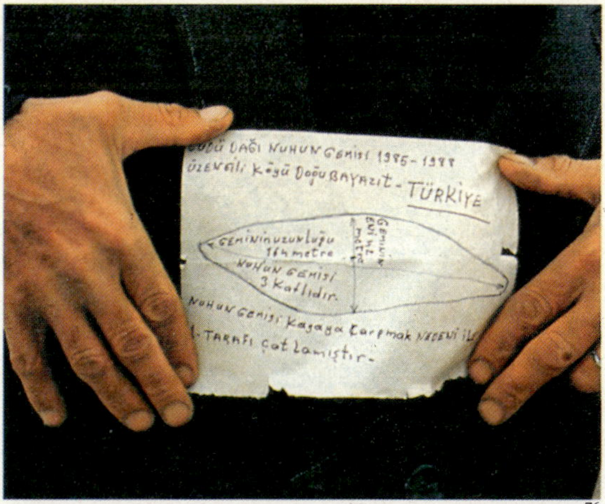

76

77

75 Wir »besteigen« eine Erdformation, die von vielen für die Überreste der Arche Noah gehalten wird.

76 Ein Einheimischer zeigt die Ausmaße des Sintflutschiffes: 164 Meter mißt der Rumpf in der Länge, 42 Meter ist er breit.

77 Nur selten schüttelt der Berg Ararat seine Wolkenhaube ab. Die Straße im Vordergrund führt in den Iran.

78

78 Die Petrus-Grotte, sie soll die erste christliche Kirche der Welt sein, wurde in den Fels von Antiochia (heute Antakya) am Orontes gehauen.

79 Göreme in Kappadokien, die in Tuffstein geschlagene Stadt der 1000 Felskirchen und Klöster aus spätbyzantinischer Zeit.

79

80

80 Die restaurierte Wandfreske in der Felskirche »Tokali«, Göreme, zeigt Jesus mit seinen Jüngern.

81

82

81 Im Gebiet des Rio Negro. Eine Yanomami-Indianerin schleppt Brennholz über den Fluß zur Siedlung. Die Frauen verrichten solche Arbeiten, die Männer sind Jäger und Krieger.

82 Die Yanomamis flechten ihre Hängematten aus Baumrindenstreifen, fanden aber unsere viel bequemer.

83 Im Epena-Rausch ist ein Yanomami auf den Stützpfahl des Maloca-Daches gestiegen.

84

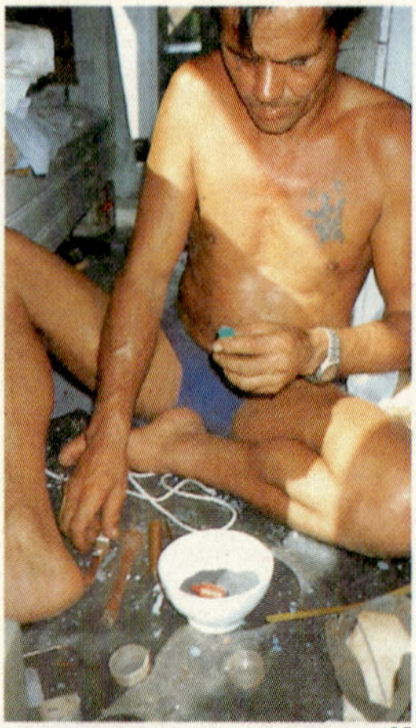

85

86

87

88

84 Die Bootsfahrt auf dem Rio Padauiri ist anstrengend. Unter dem schwarzen Wasser verstecken sich Sandbänke, Felsen oder treibende Stechpalmen.

85 Tatunca Nara, der der letzte Häuptling eines geheimnisvollen Indianervolkes sein will, füllt Schrotpatronen ab. Unbewaffnet geht niemand in den Dschungel.

86 Unser Steuermann Geraldo, ein bärenstarker Caboclo, gönnt sich eine Dusche aus dem Rio Negro.

87 Tatunca Nara und Franz Tartarotti mit ihrem Fischfang. Wir ernähren uns aus dem Dschungel.

88 Ein Caboclo zeigt einen seltenen Fang: einen Süßwasser-Feuerfisch. Seine Stacheln sind hochgiftig, doch das Fleisch schmeckt köstlich.

Wenn die Bibel recht hat, dann ist *Japhet*, der jüngste Sohn Noahs, der Stammvater auch dieser Dorfbewohner. Japhet wagte sich offensichtlich nicht allzuweit weg vom Landeplatz der Arche seines Vaters. Seine Brüder Sem und Ham zogen weiter nach Süden und überließen es dem Jüngsten, Anatolien vom Ararat aus wieder zu beleben.

Wir nehmen Abschied vom Ararat und setzen uns auf die Fährte der beiden älteren Söhne Noahs. *Sem*, der Erstgeborene, zog zunächst mit *Ham* gemeinsam in die Fremde, wo sie später Urväter der Semiten – der Juden – und der Hamiten – der Araber und anderer Völkergruppen – wurden. Je weiter uns der Weg vom Ararat fortführt, um so mächtiger steht der Vulkan da. Soweit das Auge reicht, überragt ihn nichts.

Vor uns liegt nun ein Paß, über den eine Schotterstraße nach Persien, dem heutigen Iran führt, gesäumt von unzähligen Befestigungsruinen und steinernen Spuren frühester Besiedelung. Über diese Straße fielen jahrtausendelang alle möglichen Heerscharen ein. Sie verwüsteten alles, was ihnen entgegenstand, und bauten auf dem Schutt ihrer Zerstörungen neue Reiche auf, die freilich vom nächsten Eroberer wieder zerschlagen wurden. Hier spiegelt sich ein Teil der Geschichte wieder, von der auch die Bibel berichtet: Wir sind im Reiche *Urartu*, dem früheren Land der *Hethiter, Meder* oder *Phryger* – je nachdem, in welche Epoche der Geschichte wir uns zurückversetzen wollen.

Wie mag es gewesen sein, als Sem und Ham am Fuße dieser Paßstraße ankamen, umgeben von den Zeichen sowohl ältester Verwüstungen als auch der gerade verebbten Sintflut? Sie trafen niemanden, der ihnen den Weg weisen konnte. Vielleicht trennten sich hier schon ihre Wege? War es Zufall oder Vorsehung, daß Sem nach Chaldäa, in das Zweistromland, zog, in die Heimat seines Vaters, Ham hingegen bis nach Ägypten vordrang?

Als letztes Zeugnis des Jahrtausende währenden Schlachtenlärms überschaut ein prächtiges Serail die Paßstraße, die heute kurdischen Nomaden als Herdenweg dient. Das Serail ist eine Mischung zwischen Befestigungsanlage und Palast und steht auf dem Schutt eines Festungsbaus aus der Zeit der Urartäer, die 800 vor Christi von hier aus in den Westen Persiens vorstießen. Die Festung muß Blut und Leid vieler Völkerscharen gesehen haben, denn zahllose Verteidigungs- und Eroberungskämpfe spielten sich vor ihren Füßen und in ihr selbst ab. Über 2400 Jahre hinweg ist sie angegriffen, erobert, zerstört und immer noch wehrhafter ausgebaut worden.

Um 1700 baute sie schließlich der Kurden-Emir *Ischak Pascha* in ein prunkvolles Serail für die Hundertschaft seiner Haremsdamen um. Seinen Eunuchen, so erzählt man, überließ er das Kämpfen, wenn sie seinem Harem nur genügend junge Frauen zuführten. Erst kurz vor seinem Tode soll er durch eine Indiskretion erfahren haben, daß die »Eunuchen« nur ihm mit hoher Stimmlage entgegentraten, sich aber den Haremsfrauen gegenüber als vollwertige Männer erwiesen hätten.

Am Serail beschließen wir, nicht die normale, traditionsreiche Route weiterzufahren, sondern wählen eine neue Straße, die entlang der iranischen Grenze bis zum Van-See führt. Im äußersten Osten der Türkei versinkt die Sonne schon gegen vier Uhr nachmittags hinter den Bergen. *Kemal Atatürk*, der große Erneuerer und Gründer der jetzigen Türkei, hat für das von West nach Ost weitausgedehnte Land eine einheitliche Zeit bestimmt. Während in Istanbul noch die Sonne scheint, nimmt sich hier bereits fröstelnd kalte Nacht der Bergwelt an.

Bei mehreren Militärkontrollen überprüfen Soldaten unsere Personalien, lassen unseren Bus dann aber weiterfahren. Die Grenze, an der wir entlangfahren, zieht eine willkürliche Trennungslinie zwischen den Siedlungsgebieten des *kurdischen Volkes*, das diesseits und jenseits der Berge lebt, bis in den *Irak* hinein, und nie zu einem Frieden findet, das selbst heute noch im arabischen Irak wie im islamischen Persien verfolgt, niedergemetzelt, mit Giftgas bombardiert oder im Streit mit dem Nachbarn verheizt wird. Wenige Tage später werden wir 50000 kurdischen Flüchtlingen begegnen, die vor irakischen Giftgasangriffen hierher geflohen sind.

Die Scheinwerfer unseres Fahrzeugs erfassen plötzlich das Ende der neuen Straße – niemand hat uns freilich zuvor gesagt, daß sie noch gar nicht fertiggestellt ist. Wir stehen vor einem großen Sandwall, der natürlich nicht zu überwinden ist. Ali, unser Fahrer, schaltet Motor und Lichter aus und sagt scherzhaft, wir sollten hier übernachten, denn am Morgen werde die Straße ja weiter gebaut. In die Stille dringt entferntes Hundegebell, und wie aus dem Nichts tauchen einige Männer auf, die uns zuerst bedrohlich erscheinen, sich dann aber als ausgesprochen hilfsbereit erweisen. Sie kommen von einem Bergdorf gleich an der persischen Grenze und zeigen uns, wie es weitergeht. Der Bus setzt zurück und rollt auf einen Weg hinunter, auf dem seine vier Räder gerade Platz finden; unser Dolmetscher Kalender leuchtet die Abfahrtsstrecke mit einer Filmlampe aus. Geröll wegräumen, ein paarmal vor- und zurücksetzen, dann geht es auf einem engen Schotterweg mit vielen scharfen Kurven weiter. Hinter einer Biegung versperrt uns ein Tier den Weg, größer und stärker als ein Wolf, doch es trägt ein weißes Fell – ein *Kangal*, ein ostanatolischer Hirtenhund, der es gleich mit mehreren Wölfen aufnehmen kann, vorausgesetzt, daß ihm die Hirten ein breites, mit Eisenspitzen beschlagenes Halsband anlegen, um ihn vor den Bissen der wilden Artgenossen zu schützen.

Die nächtliche Fahrt am Rande des wilden Kurdistan führt den Bus endlich wieder auf Asphalt, und gleich danach werden wir vor dem Ort Çaldiran erneut von Soldaten gestoppt. Sie gehören einer Grenzgarnison an, die nach dem Sultan Jabu Selim benannt ist. *Jabu Selim* entschied hier im 16. Jahrhundert eine Schlacht gegen die Perser für die *Osmanen*. Die Soldaten wundern sich, was wir um diese Uhrzeit, es ist mittlerweile Mitternacht, in dieser gottverlassenen Gegend treiben. Die Dunkelheit, so erfahren wir, gehört hier den Wölfen, vor allem aber den Rauschgift- und Menschenschmugglern. Seit die Ayatollahs im Iran herrschen, haben über 50000 Perser den Fluchtweg durch das wilde Kurdistan eingeschlagen. Über Çaldiran, so wird uns stolz mitgeteilt, seien sogar Schahpur Bachtiar, der letzte Ministerpräsident des Schah, und Bani Sadr, der erste Präsident der islamischen Republik, vor Khomeinis Häschern geflüchtet; Kurden hätten sie bei Nacht und Nebel über die Berge geführt. Flucht und Fluchthilfe werden seitens des türkischen Staates geduldet – ein deutlicher Hinweis auf die menschliche Haltung der türkischen Behörden gegenüber iranischen Verfolgten –, doch um so härter greifen die Soldaten gegen die Drogenbanden durch. Gefaßten Schmugglern droht in jedem Fall die Todesstrafe.

Eine Stunde später erreichen wir den nordöstlichen Zipfel des Van-Sees, der im Mondschein romantisch glitzert. Er ist erheblich größer als der Bodensee und wirkt wie ein Binnenmeer. Nach einer weiteren Stunde fallen wir in der Stadt Van todmüde in die Hotelbetten.

Van ist die Hauptstadt des ehemaligen Urartäer-Reiches, des jahrhundertelangen Widerstandszentrums gegen die assyrischen Großmachtansprüche. Von 900 bis etwa 600 vor unserer Zeitrechnung banden die Urartäer assyrische Heere, wehrten sie ab und drängten sie zurück. Der Überlebenskampf von Urartu gönnte andererseits Israel und Judäa wiederholte Verschnaufpausen gegen denselben Feind.

Die Urartäer konnten ihre Macht zeitweilig sogar in das Herz Assyriens hineintragen, nahmen Aleppo ein und drangen andererseits bis nach Georgien vor, mußten aber letztlich den immer schlagkräftigeren und taktisch überlegeneren Heeren der Assyrer weichen. Im sechsten Jahrhundert vor Christi Geburt war das Schicksal Urartus dann besiegelt, das Reich erlosch und wurde zu einer tributpflichtigen Provinz der Assyrer.

Van selbst ist noch älter als die Dynastie der Urartäer – fast 2000 Jahre vor Christi Geburt taucht es bereits in churritischen Überlieferungen als Tuspa auf.

Die Stadt am tiefblauen See – die Farbe des Wassers trügt, es enthält kein Leben, ist biologisch tot und so alkalisch wie Seifenwasser – taucht in der neueren Geschichte dann erst nach der Kreuzigung Jesu wieder auf. Die Besuche von gleich drei Aposteln, Thaddäus, Bartholomäus und Judas, sollen Van zur christlichen Metropole Armeniens, des ersten Christenreiches, verholfen haben. Im dritten Jahrhundert war es denn auch Gregor »der Erleuchter«, der seinen Bruder, den ungläubigen König Tiridates, überredete, das Christentum zur Staatsreligion zu erheben. Der Dank des ökumenischen Konzils in Nikäa im Jahre 325 war dem König gewiß, er wurde zum Stellvertreter Christi auf Erden gekürt. Doch bald geriet sein Reich in den Strudel verheerender Kriege gegen persische *Sassaniden*, Römer, Araber und schließlich gegen *Seldschuken* und Osmanen. Der Islam hielt Einzug, doch der gregorianische Glauben war den Armeniern nicht zu nehmen. Während des Zweiten Weltkrieges noch kam es zu schlimmen Massakern am armenischen Volk und dessen endgültiger Vertreibung aus seiner fast 2000 Jahre alten Stammheimat.

Lastete auf Van nicht solch eine geschichtsträchtige Vergangenheit, wäre die Stadt kaum eine Reise wert. Die Zitadelle der Vankale-Burg und die fast zwei Kilometer langen Befestigungsruinen aus der urartäischen Zeit gehen im ansonsten faden und eintönigen Stadtbild unter. Die Bewohner zeigen sich in monoton staubgrauer Kleidung, man spürt auf Schritt und Tritt, daß sie in die von den Armeniern entvölkerte Stadt einfach hineingesiedelt wurden und sie bis heute nicht wieder beleben konnten. Selbst die Moscheen, denen die Kirchtürme des Christenreiches weichen mußten, wirken farb- und trostlos und haben längst nicht die Ausstrahlung der Minarette anderer anatolischer Städte. Einen angenehmen Kontrast bieten nur die farbenfrohen Teppiche, die von Händlern auf Straßenständen und in Geschäften feilgeboten werden.

Der Van-See war noch im Zweiten Weltkrieg von dichtem Laubwald gesäumt, den aber die Bewohner am 1700 Meter hoch gelegenen »Binnenmeer« längst gefällt und in den strengen Wintern verheizt haben. Der Kahlschlag läßt die sandbraunen, bis über 4000 Meter hohen Berge auf der Westseite in einer bedrohlichen Leblosigkeit erscheinen. Wie ein Lichtblick nimmt sich da die grüne Insel Achtamar mit ihrer prächtigen Heiligkreuzkirche aus der Zeit der Jahrtausendwende aus. Wir sehen den gregorianischen Bau etwa eine Stunde hinter Van auf unserer Weiterfahrt zum Bitlis-Paß. Die Kirche erscheint uns wie ein Mahnmal der Christenheit, wie eine Insel in der islamischen Welt dieses Landstrichs.

Vor dem Paß nehmen wir einen Umweg zum Dorf Ahlat, an dem ein weitläufiger Friedhof der Seldschuken liegt. Bis drei Meter hoch sind die schlanken Grabsteine aus verwittertem Gestein, die die Ruhestätten aus dem 12. und 14. Jahrhundert bereits von weither in den Blick rücken. Die Inschriften sind von Armeniern gehauen, doch in der Erde liegen mohammedanische Seldschuken, Angehörige der alten türkischen Dynastie. Über Ahlats Vergangenheit weiß man nicht mehr als das, was in armenischem Alphabet in nüchterner Sprache in die Steine gemeißelt ist: Name, Familienstand, Verdienste im Leben und den Todestag der hier Bestatteten.

Weshalb hier an die tausend Seldschuken liegen, ist unbekannt. Die Geschichte erwähnt nur eine einzige Schlacht in der Nähe – aber die war früher, als 1071 nach Christus die Seldschuken in Malazgirt (Mantzikert) nördlich des Van-Sees die Byzantiner vernichtend schlugen. Besonders rätselhaft ist, daß die Grabsteine der Seldschuken armenische (also christliche) Aufschriften tragen. Zwar ist umgekehrt die Toleranz seldschukischer Herrscher dem christlichen Glauben gegenüber überliefert, was in der früheren Geschichte des kleinasiatischen Ostens eine Seltenheit ist, aber diese Toleranz lüftet längst nicht das Geheimnis der Gräber von Ahlat.

Die Geschichtsforschung steht in bezug auf Ostanatolien überall erst am Anfang, Volk und Land interessieren sich kaum für die eigene Vergangenheit. Dem Staat, dem Erbwalter des Erneuerers Atatürk, ist es wichtigste Aufgabe, das Land in seinen heutigen Grenzen zu einigen, und die Menschen haben mit dem Kampf um ihr Auskommen genug zu tun. Allenfalls huldigen sie der ruhmreichen Eroberungsgeschichte des Islam, doch welche bedeutende Rolle der Osten Kleinasiens für die Geschichte der westlichen Völker und Kulturen besaß, danach fragt niemand. Ostanatolien, ein Entwicklungsland in jeder Hinsicht, steckt voller biblischer und geschichtlicher Geheimnisse, von denen noch am Ende des 20. Jahrhunderts die meisten auf ihre Enträtselung warten.

Über den steilen, kurvenreichen und schlecht ausgebauten Bitlis-Paß hinunter führt die Reise dem etwa 400 Kilometer entfernten Harran (Altinbasak), dem biblischen Charran entgegen, das heute nahe der syrischen Grenze liegt. Wieder durchqueren wir eine Gegend mit jahrtausendealter Geschichte, sehen wir Zeugnisse aus Zeiten der *Churriter* (3000 vor Christus) und aller anderen bedeutenden Völker der Vergangenheit. Viele große Heerführer, Könige und Kaiser bedienten sich des Weges, den wir jetzt einschlagen, und hinterließen hier ihre Einflüsse, die sich dann mit früheren oder späteren Kulturen vermengten. Die *Assyrer, Meder, Perser*, die *Hellenen* unter Alexander »dem Großen«, die *Römer, Parther* und *Byzantiner*, die *Hunnen* und *Sassaniden* prägten den Menschenschlag, bis das Land, das wir durchfahren, endgültig in die Hände islamischer Armeen fiel.

Hinter dem Bitlis-Paß bahnt sich der Asphalt den Weg zwischen Tabakfeldern und vielen Schafherden. Es ist Herbst, die Nomaden ziehen mit ihren Tieren und Zelten in den Süden, um dort zu überwintern. Eine Gruppe von Schafen hat sich in ein Feld geschlagen und kaut dort an grünen Tabakblättern, einige Tiere schlafen schon ihren Nikotinrausch aus, andere torkeln dahin und die jüngsten knabbern noch an den Blättern. In der Herdenordnung die letzten,

40 Die Trulli-Häuser von Harran sind nicht viel jünger als die biblische Geschichte.

sind auch sie mittlerweile vom Rauschzustand nicht mehr weit entfernt.

Bei Sonnenuntergang überqueren wir bei der Festungs- und früheren Kreuzritterstadt Diyarbakir den biblischen Tigris. Ali hat Mühe, seinen Bus durch den chaotischen Verkehr zu steuern: Eselskarren, Autos, Eß- und Trinkbuden und dahinwuselnde Fußgänger. Als die Stadt hinter uns liegt, ist bereits wieder die ostanatolische Nacht hereingebrochen. Vor uns liegen vielleicht noch drei bis vier Stunden Fahrt. Hier zählen nicht die Kilometer, sondern die Güte des Straßenbelages und die unberechenbare Fahrweise der Lastwagenkapitäne. Nicht umsonst reisen wir mit nur sieben Mann in einem großen Bus – denn der wird von den Lastwagenfahrern als gleichrangig angesehen und respektiert, auf Kleintransporter oder gar Personenautos nehmen sie keinerlei Rücksicht. Davon zeugen auch viele haarsträubende Überholmanöver und scheußliche Unfälle, so daß wir froh sind, als uns eine Tankerkolonne gewissermaßen in ihren Reihen aufnimmt. Die Tanker bringen Rohöl aus dem Irak in türkische Raffinerien, eine fahrende Pipeline. Kurz vor dem Ziel zwingt uns ein Unwetter zu einer ungeplanten Übernachtung: Ein nächtliches Gewitter hat das letzte Stück der Straße vor Harran unpassierbar gemacht.

Harran liegt inmitten einer fruchtbaren Ebene, deren Weite das Auge nicht zu begrenzen vermag. Umklammert von teilweise erhaltenen Stadtmauern, die um den Hügel herumführen, wohnen einige Harraner immer noch in *Trulli*-Häusern aus Lehm, deren Innenräume spiralenförmig hochgezogen sind und in denen deshalb auch im heißen Sommer ein kühles Lüftchen weht. Diese Bauweise ist beinahe so alt wie die Bibelgeschichte und in vielen Schriften überliefert. Im Zentrum des Dorfes, in dem vielleicht 300 Menschen leben und sich immer noch auf aramäisch, der Sprache Jesu, unterhalten, steht eine im Verhältnis zu den Lehmhütten erdrückend mächtige Burgruine, die sich wie ein Fremdkörper in dieser Umgebung ausnimmt. Wenn die Forschung ihr Geheimnis nicht schon entschlüsselt hätte, stünde man hier vor einem auf den ersten Blick noch größeren Rätsel als bei den Grabstätten Ahlats: Die Burg ist auf dem Kriegsschutt vieler Jahrtausende und den Tempelresten der Kultstätte des semitischen Sonnengottes Sin gebaut, der in

Harran schon vor über 5000 Jahren neben dem Hauptgott Hadad verehrt wurde.

Zu unseren Füßen liegen eng beieinander biblische Legende und geschichtliche Beweise begraben, doch die Bauern, die sich die Fruchtbarkeit der Erde nutzbar machen, wissen auch hier so gut wie nichts über diese Vergangenheit. Sie wohnen seit jeher an diesem Ort. Soweit die mündliche Überlieferung zurückreicht, kennen sie keinen Zuzug Fremder und haben sich nie Gedanken darüber gemacht, weshalb sie aramäisch sprechen. Daß Sems jüngster Sohn Aram hier geboren worden sein soll, daß Aram-Charran, wie es früher hieß, Machtzentrum des Aramäischen Reiches war und von hier aus der Erzvater Israels, der Patriarch Abraham, in das verheißungsvolle Land Kanaan auszog, das Palästina und Teile Syriens mit einbezog – das alles wissen sie nicht, und es interessiert sie auch kaum.

Uns verführt Harran, die Abraham-Geschichte des Alten Testaments auszuschmücken. Um 3080 vor der Zeitenwende war die Familie Tharah des Lebens und Treibens in der großstädtischen Hafenmetropole Ur am Persischen Golf überdrüssig. Vater Tharah war ein Nomade, er liebte Zelt und Schafe, und mit der Hektik der Großstadt konnte er sich nie anfreunden. Also machte er sich mit der Familie auf den mühsamen Weg nach Harran, das sein Urgroßvater Sem als so fruchtbar beschrieben hatte. Tharas Sohn Abraham, gerade zwei Jahre alt, verschlief die meiste Zeit der Reise im Tragekorb des Esels.

In Harran jedoch kam Tharah nie zu Wohlstand, er

konnte sich kein klimatisiertes Trulli-Haus leisten, sondern lebte am Rande der Siedlung im Zelt, hielt sich ein paar Hühner, Schweine, Schafe und Ziegen und ritt jeden Morgen mit dem Esel zu seinem gepachteten Feld, um es zu bestellen. Seine Kinder, so auch Abraham, zwang er, die Götter Sin und Hadad zu verehren. Abraham lehnte sich schon bald dagegen auf, wußte aber noch nicht, daß er zu Höherem berufen war. Erst im Mannesalter wandte sich sein Schicksal, als der Herr zu ihm sprach: »Gehe aus Deinem Vaterlande und von Deiner Freundschaft und aus Deines Vaters Haus in ein Land, das ich Dir zeigen will.« Abraham nahm seine Frau Sara, seine Halbschwester, die Kinder und ein paar Tiere aus Vaters Stall und zog fort. Jahre später, als er längst in Kanaan Großvater geworden war, erinnerte er sich an Harran – nämlich als sein Enkel Jakob heiraten wollte.

Wenn man die Bibel beim Wort nimmt, waren die Zeiten, in denen jeder mit jedem verwandt war, wo man auch die Halbschwester heiraten mußte, um die Fortpflanzung der Menschheit zu sichern, längst vorüber. Deshalb schickte Abraham seinen Enkel nach Harran, um sich dort ein Mädchen semitischen Ursprungs zu nehmen. Jungvermählt kehrte Jakob nach Kanaan zurück, und von seiner Ankunft an nannte er sich nur mehr Israel.

Die Stadt Urfa, das frühere Edessa, macht dem 40 Kilometer entfernt gelegenen Harran freilich die Geschichte Abrahams streitig. In der 100000 Einwohner zählenden Stadt bestehen die islamische Überlieferung und deren Lesart des Alten Testaments darauf, daß Ibrahim, also Abraham, Sohn der Stadt Urfa sei. Während der Regentschaft des blutrünstigen Nemrud Ürküsch, der alle Neugeborenen enthaupten ließ, um unangefochten in alle Ewigkeit herrschen zu können, wurde Ibrahim in einer Höhle geboren, die er erst mit zehn Jahren verließ.

Die weitere Geschichte schmückt uns der Vorsteher der Halil-Rahman-Moschee in Urfa aus. Nemrud Ürküsch erfuhr von Ibrahim, zeigte Erbarmen, nahm ihn am Hofe auf und adoptierte ihn zusammen mit einem Mädchen namens Sara. Der König hatte Großes mit den beiden vor, und es paßte in seine Pläne, als sie sich heftig ineinander verliebten.

Ibrahim verspielte die Gunst des Adoptivvaters, als er ihm in einem Gedicht vorhielt, Figuren aus Stein an Gottesstatt anzubeten. Der König erklärte ihm, die Figuren aus Stein, die er vergötterte und anbetete, seien auch Ibrahims Götter. Der aber zerschlug in der folgenden Nacht alle steinernen Götzen bis auf einen einzigen. Und als Nemrud Ürküsch ihn zur Rede stellte, erklärte Ibrahim, die eine übriggebliebene Säule habe die Tat vollbracht. Der König brauste auf: »Wie können Steine Steine zerstören, mein Sohn!« Und Ibrahim entgegnete: »Was wundert es Euch, wenn Eure steinernen Götter Wunder vollbringen?«

Nemrud Ürküsch besann sich seines grausamen Rufes, ließ einen Scheiterhaufen zusammentragen und anzünden, der so groß war, daß Ibrahim mit dem Katapult daraufgeschleudert werden mußte. Durch ein Wunder aber verwandelte sich der Scheiterhaufen blitzschnell in einen See, in dem Ibrahim landete.

Der Große Ibrahim-Teich war geboren, und daneben entstand im selben Augenblick der kleine aus Saras Tränen, die sie um ihren Bräutigam zuletzt doch umsonst vergossen hatte. König Nemrud Ürküsch, der Grausame, schwor seinem Götterkult ab, verheiratete seine Adoptivkinder und ließ das Paar ziehen.

Welche Schilderung ist nun ein Märchen – die islamische oder die christliche Auslegung des Alten Testaments?

Edessa, das *Urschu* der Sumerer, das *Churri* des geheimnisumwitterten Volkes der Churriter, das spätere Urfa (*Sanliurfa*) ist reich an Legenden und geschichtsträchtigen Ereignissen. Zu Füßen einer weitläufigen Burgruine aus der Kreuzfahrerzeit, wahrscheinlich von Gottfried von Bouillon auf die Ruinen des Nemrud-Palastes gesetzt, werden die beiden Ibrahim-Teiche von Quellen gespeist, die dem Felsensockel entspringen. Die Teiche sind den gläubigen Muslims Pilgerorte, die darin schwimmenden Fische so heilig wie die beiden Säulen, die auf der Schloßruine in den Himmel ragen; die wiederum gelten den Gläubigen als Reste des Katapults, mit dem Ibrahim auf den Scheiterhaufen geschleudert werden sollte.

An den Ibrahim-Teichen stehen eine islamische Bibliothek und zwei Gebetshäuser, die in eine Kirche aus dem vierten Jahrhundert hineingebaut sind, und gegenüber strahlt das prächtigste und aufwendigste Bauwerk Urfas: eine kurz vor der Vollendung stehende Moschee, an der seit Jahrhunderten immer wieder gebaut wurde. Für uns wird dieses islamische Gotteshaus zum schmerzlichen Prüfstein eigener Toleranz, wir merken, wie tief die christliche Erziehung in unserem Unterbewußtsein verhaftet ist – denn an eben dieser Stelle soll einmal die Thomas-Kirche gestanden haben, in der der Apostel Thomas seine letzte Ruhestätte gefunden haben soll. Nach dem Tod Jesu führte ihn seine Mission über Persien bis in das indische Bombay, wo er ermordet und wo ihm zu Ehren später die Kirche des Heiligen Thomas gebaut wurde. Nach den Annalen Edessas brachten bekehrte Parsen die Gebeine des Apostels im vierten Jahrhundert in das zunächst namenlose und dann Thomas-Kirche benannte Gotteshaus. Schließlich beruhigt uns die Überzeugung, daß im Namen der christlichen Religion nicht weniger Unheil angerichtet wurde als von den Heerscharen Mohammeds.

In der großzügig angelegten Stadt Urfa, die einst aus einer Karawanserei hervorgegangen ist und ihren orientalischen Charakter bis heute nicht abgestreift hat, finden sich Basare, die ebensogut im benachbarten Syrien stehen könnten. Im Westen der Stadt versetzt uns ein Schafmarkt in biblische Zeiten zurück – weder die Tiere noch die Araber, die zum Kauf über die Grenze gekommen sind, oder die Verkäufer lassen erahnen, daß wir uns am Ende des 20. Jahrhunderts befinden.

Unweit von Urfa erreichen wir später die *Eyup-Grotte*, die angebliche Hiob-Höhle; der gottesfürchtige, durch immer neues Unheil auf die Standhaftigkeit seines Glaubens hin geprüfte Hiob soll hier gedarbt haben. Unter einer Art Gartenpavillon mit grün gestrichenem Dach führt eine enge und steile Marmortreppe hinab in die Höhle, die mit wertvollen

Teppichen ausgelegt ist. Wir können vorerst nicht filmen, die Grotte ist ein Pilgerort mohammedanischer Türken, und die zwängen sich unablässig die Treppe hinunter und herauf. Die Sehenswürdigkeit steht auch den Christen offen, die Kamera ist aber nur erlaubt, wenn kein Besuch da ist.

Was berichtet die Bibel über Hiob? »Es war ein Mann im Lande Uz, der hieß Hiob. Derselbe war schlecht und recht, gottfürchtig, und mied das Böse.« Hiob, der wohlhabende Kaufmann und Landwirt, den der Teufel in Gottes Namen in die Versuchung führen durfte, ertrug Leid und Qualen hier in Urfa. Der Teufel nahm Hiob – außer seiner Frau und drei unsteten Freunden – alles, was er besaß, selbst seine Kinder mußten sterben. Noch dazu beschlug Satan ihn mit Aussatz, in der Hoffnung, daß Hiob im Elend den Glauben an Gott leugnen und Satan so die Wette mit dem Allmächtigen gewinnen würde. Doch der fromme Kaufmann beschwerte sich lediglich bei Gott über dessen Nachsicht gegen das Böse, rettete aber die Wette des Herrn mit dem Teufel dennoch stets mit den Worten: »Der Herr hat es gegeben, der Herr hat es genommen.«

Mit seiner Geduld und Standfestigkeit erwarb Hiob alles zurück, was der Satan ihm genommen hatte, und dies gleich doppelt. Bleibt nur die Frage, weshalb der Teufel nicht auch Hiobs Frau und seine wankelmütigen Freunde nehmen durfte. Der Wächter der Grotte weiß eine Antwort darauf: »Warum sollte der Teufel dem heiligen Eyup nehmen, womit er ohnehin bestraft war?«

Eine Tagesreise von Urfa entfernt, finden sich dann Spuren des Neuen Testaments – in Antiochien am Orontes, der Südostspitze der Türkei. Wieder durchfahren wir geschichtsträchtige Orte und Städte, überqueren bei Bierecik den Oberlauf des Euphrat, begegnen Ruinen ehemals mächtiger Reiche, sehen gewaltige Stadtmauern, zerstörte Paläste und unzählige Kreuzritterburgen. An alten Römerstraßen und Viadukten vorbei, erreichen wir die Hafenstadt Iskenderun, vermutlich das antike Issos, wo Alexander »der Große« 333 vor Christus den Perserkönig Darius vernichtend schlug.

Erst nachts erreichen wir Antakya, das ehemalige Antiochia. Im Büyük-Hotel schleppt ein kräftiger junger Türke, der fließend und akzentfrei Deutsch spricht, unser Gepäck. Er ist in Deutschland aufgewachsen, dort leben seine Schulfreunde, mit denen er auch das Abitur gefeiert hat, aber er mußte mit seinen Eltern zurückziehen, der Vater wollte es so. Wir fragen, weshalb er als Hotelboy arbeitet, nicht etwa an der Rezeption – immerhin spricht er doch besser Deutsch und Englisch als die jungen Damen, die wir dort gerade erlebt haben? Die Antwort ist begleitet von einem traurigen, aber doch zuversichtlichen Lächeln: »Diese Jobs sind Kindern aus besseren Familien vorbehalten«, erklärt er, »wir kommen von einem kleinen Dorf, ich spreche nur die Sprache meiner Eltern, einen türkischen Dialekt, der mich sofort als Sohn eines anatolischen Bauern abstempelt. Aber ich lerne jetzt Arabisch und hoffe, über den Hoteljob Kontakte zu Syrern zu knüpfen, um vielleicht auf der anderen Seite der Grenze bessere Arbeit zu finden.« Und er fügt hinzu: »In meiner Heimat kann ich als Sohn eines Gastarbeiters nur in Vaters Fußstapfen treten, vielleicht Schlosser, Bäcker oder Bauer werden.«

Antakya (beziehungsweise Antiochia) blickt auf eine lange Geschichte zurück: Ein Feldherr Alexanders

41 Auf einem in Daphnes Lustgarten ausgegrabenen Mosaik wird Dionysos dargestellt, der griechische Weingott, wie er von einem Diener volltrunken von einem Fest geführt wird.

»des Großen« gründete die Stadt, baute im Zentrum einen Hafen am Orontes, der bis zum Meer schiffbar war, wo dann die nach ihm benannte Hafenstadt Seleukia entstand. Seleukia wurde später von den Römern zu deren wichtigstem Nachschub- und Umschlagplatz entwickelt, und unter den Römern erlebte auch Antiochia seine erste Blüte, konnte es sich bald mit Rom und Karthago messen.

Die Stadt liegt in einem Talkessel, die Berghänge sind fruchtbar, bald wuchs dort auch Wein, gefördert durch künstliche Bewässerungsanlagen der Römer. Das lebensfrohe Volk von Antiochia sprach dem Wein nur zu gern zu, und bald verbrachten an die 500000 Menschen ihr Leben in Saus und Braus. Im Lustgarten des unweit gelegenen Daphne frönte die Oberschicht erotischen Festen. Die ägyptische Herrscherin Kleopatra drängte ihren Geliebten Markus Antonius, beider Hochzeitsfest im Jahre 37 vor Christi in Antiochia auszurichten. Mosaiken auf den Fußböden der Paläste erzählen dem Besucher viel mehr als jede Überlieferung vom lustvollen Leben jener Zeit. Auf ihnen sieht man etwa Dionysos, den griechischen Gott des Weines und der Fruchtbarkeit, wie er nach einem wilden Sauf- und Liebesgelage von einem Diener volltrunken vom Fest hinweggeführt wird.

Kurz nach Christi Geburt bestrafte eine verheerende Erdbebenkatastrophe das zügellose Treiben des Volkes, zwei- bis dreihunderttausend Menschen starben in einer Nacht, Antiochia war ein einziger Trümmerhaufen. Die Überlebenden kehrten schließlich, etwas zögernd zwar, zu Frömmigkeit, Moral und Arbeit zurück.

Bald wuchsen hier jüdische Gemeinden heran, und auf den Trümmern der verwüsteten Stadt wurden Synagogen errichtet. Immer mehr Juden flüchteten nach Antiochia, denn die Römer und der jüdische Rat gerieten immer heftiger aneinander. Unter den Flüchtlingen versteckten sich auch Anhänger des gekreuzigten Jesus Christus. Ende der dreißiger Jahre erreichten Paulus und der Heilige Barnabas Antiochia, der Apostel Petrus folgte kurz darauf. Sie ließen eine geräumige Grotte in den Fels oberhalb Antiochias schlagen und legten versteckte Fluchtwege an. In der Grotte improvisierten sie zum ersten Mal eine Art Messe und beschlossen, sich fortan Christen zu nennen. Auf die Predigten der Apostel hin drängten auch Nicht-Juden zur Taufe, aber Unbeschnittene mit dem Sakrament zu versehen, die noch dazu den Sabbat nicht ehrten, lehnte der konservative Petrus mit dem Hinweis auf das Wort Jesus Christus' ab: Nur Menschen jüdischen Glaubens sollten das christliche Heil erfahren, Jesus der Messias war ja geboren und gekreuzigt worden, um die Juden zu erlösen, nur erkannten die ihn nicht als Erlöser an. Zur Klärung des Taufproblems nahmen Paulus und Barnabas den gefährlichen Weg nach Jerusalem auf sich, wo eine Art Apostelversammlung beschloß, daß Ungläubige für die Taufe nicht beschnitten werden müßten, daß die Missionierung, anders als von Jesus Christus gefordert, auch außerhalb des jüdischen Glaubens erfolgen dürfte, daß also die Erlösung von der Erbsünde Vorrang hätte.

Wollte der Sohn Gottes tatsächlich das Christentum der jüdischen Glaubensgemeinschaft vorbehalten? Hätten sich die Apostel nicht über das Wort ihres Herrn hinweggesetzt, was wäre dann geschehen? Wäre das Christentum nur eine Sekte der Juden geworden? Läßt sich die Eroberung der Welt durch das Christentum mit dem Gebot von Gottes Sohn vereinbaren, der dies im Grunde gar untersagt hat? Hat ein menschlicher Irrtum das Christentum außerhalb Israels hervorgebracht? Jedes Wort von Jesus Christus wird als Glaubensgesetz angenommen – nur dieser eine Satz nicht: »Diese Zwölf sandte Jesus aus, gebot ihnen und sprach: Geht nicht den Weg zu den Heiden und zieht in keine Stadt der Samariter, sondern geht hin zu den verlorenen Schafen aus dem Hause Israel.« (Mt 10, 5–6) Und hieß es nicht schon im Alten Testament: »Alles, was männlich ist unter euch, soll beschnitten werden!« (1 Mose 17, 10)

Nach der Rückkehr der beiden aus Jerusalem stand der Taufe und den Missionsreisen der kleine Unterschied nicht mehr im Wege. Die Grotte, in der sich die ersten Christen in einer Art Geheimbündelei zum Gebet trafen, das Brot brachen und die Taufe vollzogen, wurde fast ein Jahrtausend später von Kreuzrittern entdeckt und vom Papst als älteste Kirche der Welt anerkannt – als erste Petrus-Kirche. Aber seit drei Jahren gerade darf in ihr wieder die Heilige Messe gehalten werden; denn mit der Niederlage der Kreuzritter kam die islamische Herrschaft über das Land, und sie duldete lange Zeit nur ihren Glauben.

Von Antiochia aus nahm die christliche Lehre dann ihren Lauf um die ganze Welt, schon in den späten vierziger Jahren zogen die Apostel in alle Himmelsrichtungen los. Paulus und Barnabas fuhren über den Orontes zum Hafen Seleukia, von wo aus sie insgesamt drei Missionsreisen antraten. Dabei müssen sie unzählige Schiffe der Römer gesehen haben, die jüdische Gefangene ausluden, bewaffnete Krieger und vor allem Hölzer mitnahmen. Die Römer benötigten das Material, um ihre Befestigungen um Jerusalem auszubauen, aber auch, um flüchtende Juden gleich an das Kreuz schlagen zu können.

Seleukia drohte stets zu versanden. Kaiser Titus (Flavius Vespasianus) setzte alles daran, um den Hafen zu erhalten und setzte sich über alle bautechnischen Erfahrungen jener Zeit hinweg, um nur der Versandung Halt zu gebieten. 5000 jüdische Zwangsarbeiter mußten im Berg oberhalb des Hafens einen Tunnel graben, um Erde und Geröll führende Bäche statt in den Hafen in ihn zu leiten. Am Ende war dieses Wunderwerk eineinhalb Kilometer lang und bis zu 60 Meter hoch, Jerusalem längst besiegt – und der Hafen war dennoch versandet. Der sogenannte »Titus-Tunnel« hat die Hafenstadt Seleukia, die Stadt Antiochia sowie unzählige Erdbeben und Herrscher bis heute unbeschadet überdauert; wer in diesem imposanten Bauwerk herumläuft, glaubt im Schlunde eines Weltwunders zu sein.

Auf seiner dritten Missionsreise schiffte sich Paulus wieder in Seleukia ein. Dieses Mal sollten ihn seine Predigten auch nach Caesarea, dem heutigen Kayseri, in Kappadokien führen, wo er beim Evangelisten Philippus als Gast aufgenommen wurde. Die Landschaft Kappadokien, südöstlich vom heutigen

Ankara gelegen, empfing Paulus mit offenen Herzen und Armen. Die Menschen lebten hier vornehmlich in weitläufigen unterirdischen Städten, die oft bis acht Stockwerke tief in die Erde gegraben waren und bis zu 5000 Bewohnern ein vor jedem Feind sicheres Zuhause boten. Die Menschen dort waren einfache Bauern, die sich dank ihrer unterirdischen Fluchtburgen über alle Wirren der Zeit hatten hinwegretten können. Bald wurde Kappadokien, neben Armenien, das wichtigste christliche Glaubenszentrum Kleinasiens – und als solches gleich auch wieder bedroht: von den Römern verfolgt, von den Sassaniden angegriffen, von Mohammeds Heerscharen zur Flucht in die unterirdischen Städte getrieben!

Erst im achten Jahrhundert, als die christlichen Byzantiner ihre Herrschaft über Kappadokien errichteten, wurde den Gläubigen eine über 300 Jahre währende Atempause gegönnt. Ihre Frömmigkeit schlug sich in einem Meer von Felsenkirchen, in Tuffgestein geschlagenen Einsiedeleien und Klöstern nieder. Bald gab es keinen Felskegel mehr, der unbehauen war, in den nicht Andachtsstätten oder Gotteshäuser hineingebaut wurden. Den Baumeistern folgten die Künstler, die Kirchen und Klöster schmückten und auf die Tuffwände christliche Motive und biblische Darstellungen malten. Einer der schönsten dieser Orte ist das großartige Göreme, das wir noch aufsuchen. Es gilt als die Stadt der 1000 Felskirchen und Klöster. Die vielleicht bedeutendste dieser Felskirchen ist Tokali mit seinen großartigen Fresken.

Als das elfte Jahrhundert zur Neige ging, standen in Kappadokien ganze Städte aus Tuffstein gehauen;

man sah kaum mehr eine unbemalte Wand, und es setzte ein Wettlauf der Künstler gegen die Zukunft ein, als ob sie noch jede malerische Lücke schließen wollten, bevor auch Kappadokien sich dem Islam unterwerfen mußte.

Die Hinterlassenschaften der Bauherren und Künstler, die ihre Kraft aus der Frömmigkeit schöpften, sind Tuff- und Felsstädte, die aus der Entfernung wie in eine Märchenlandschaft hineingemalt erscheinen. Uns machen sie am Ende der Reise den Abschied schwer. Wir verlassen ein Land, das uns oft in verschiedenste geschichtliche und biblische Zeiträume zurückversetzt hat, von dem wir viel gesehen haben und immer noch so wenig kennen. Aber es muß ja nicht die letzte Reise gewesen sein.

Wagnis am Rio Negro

Die unerforschten Nebenflüsse des Rio Negro im Flußgebiet des Amazonas, die sich zwischen jungfräulichem tropischem Regenwald bis hinauf in die geheimnisvollen Grenzberge Brasiliens und Venezuelas schlängeln, haben es Wissenschaftlern, Entdeckern, Abenteurern, aber auch der Neugierde und dem Wissensdrang der Journalisten seit jeher angetan. Über dieses Gebiet gibt es bis heute keine zuverlässigen Karten, und selbst auf äußerst genauen Satellitenfotos sind die von hohen Baumkronen überdeckten Flußläufe kaum auszumachen.

Der schier undurchdringliche Tropenwald legt sich wie ein Schutzwall um die unwegsame Bergwelt und empfängt Eindringlinge mit einem unwirtlichen Klima, mit unbekannten Tücken und Gefahren. Es sind nicht die Horden von *Piranhas*, die Fische, die alles, was blutet, in Windeseile auffressen, auch nicht die *Jacarés* (die Alligatoren), die Riesenschlangen oder Onças (eine Jaguarart), die den Marsch durch den Dschungel zur Hölle machen, sondern die überall lauernden Insekten und Kleingetiere: Schwärme von Stechmücken, die Malaria und Gelbfieber übertragen, ein stets zu schmerzhaften Bissen entschlossenes Heer von fingergroßen Ameisen, giftige Spinnen, Frösche und Schlangen, die von kleinen Zweigen nicht zu unterscheiden sind und die Vampire, die blutsaugenden Fledermäuse. Sie sollten uns mit ihren Angriffen den Schlaf mancher Nacht rauben.

Auch harmlose Bisse oder Stiche führen im feuchtheißen, ewigen Schatten des Dschungels, dessen Unterholz nie von einem Sonnenstrahl erreicht wird, im Handumdrehen zu Infektionen und Ausschlägen, die nur schwer geheilt werden können. Die wild um sich wuchernde Vegetation verschlingt jede Lücke, verschließt sich jedem Eindringling. Wer dennoch einen Weg finden will, muß ihn sich selbst mit Machete, Beil oder Säge erkämpfen – freiwillig öffnet der Dschungel keinen Zugang.

Zwar ist das Grenzgebiet zwischen Venezuela und Brasilien schon hundertfach aus der Luft beobachtet, vermessen und fotografiert worden, und die Ergebnisse mögen Rohstoffspekulanten befriedigt haben, aber außer Rohstoffvorkommen konnte nichts enträtselt und entschlüsselt werden.

Als bislang letzter namhafter Forscher wagte 1981 der Franzose Jacques Cousteau einen Vorstoß in die unbekannte Welt kaum oder gar nicht erforschter Indianerstämme. Er ging auch den Überlieferungen und Gerüchten über eine angeblich versunkene Indio-Stadt nach, doch seine Expedition erfuhr ein jähes Ende: Das im Regenwald vorgeschobene Lager war eines Nachts von wilden, mit *Curare*-Pfeilen bewaffneten *Yanomami*-Indianern eingekesselt. Um eine Auseinandersetzung zu verhindern, mußten die

Forscher im letzten Augenblick mit Hubschraubern ausgeflogen werden.

Was führte uns in die unbekannten Gewässer, in das nicht gerade einladende Territorium kriegerischer Indianer? Die Geschichte hat eine längere Vorgeschichte.

Schon vor zwanzig Jahren näherten wir uns von venezolanischer Seite aus dem Geheimnis um ein verschollenes Indio-Volk, dessen Kultur dem viel späteren Glanz des Inkareiches Jahrtausende voraus gewesen sein soll. Über viele Jahre hinweg sind wir immer wieder auf Quellen und Überlieferungen gestoßen, die von dem »Volk der Götter« erzählen, das vor Jahrtausenden seine Blütezeit gehabt hätte, irgendwo zwischen Peru und den Grenzbergen Venezuelas und Brasiliens.

Erst später, als wir bei Besuchen in Missionsstationen am Orinoco Yanomami-Indianer trafen, die unabhängig voneinander einen Stamm beschrieben, der nach ihrer mündlichen Überlieferung schon vor ihnen in den Bergen am Saum des Tropenwaldes gelebt habe, erhielt unsere Fantasie neuen Auftrieb. Gab es eine Brücke zwischen dem verschollenen Indiovolk, seinen versunkenen Städten und diesem Stamm? Sollten die hellhäutigen, hochgewachsenen Krieger, von denen erzählt wurde, versprengte Nachkommen dieses legendären Volkes sein?

Wir schlossen uns jedenfalls einer ethnologischen Expedition an, die in das von der Zivilisation unberührte Land der Yanomami vordringen wollte. Sie endete für beide Interessenten ohne greifbares Ergebnis: Kriegszüge der Indianer machten schon früh ein weiteres Vordringen unmöglich. Wir aber kehrten mit der ziemlichen Gewißheit über die Existenz eines von den Yanomami gefürchteten Stammes zurück, dessen Krieger »zu bestimmten Zeiten die *Malocas* (die Siedlungen der Yanomami-Indianer) überfallen, die Männer töten und die Frauen verschleppen«. So jedenfalls wurden sie uns von einem Häuptling der Yanomami beschrieben.

Waren wir damals schon einmal auf der richtigen Fährte gewesen? Wenige Jahre nach uns nahm Karl Brugger, der ARD-Kollege in Rio de Janeiro und unser persönlicher Freund, die Spur dieses sagenumwobenen Indio-Geschlechts auf. Karl Brugger meinte, neue und gesicherte Erkenntnisse zu haben. Er hatte einen Mann kennengelernt, der behauptete, ein Sohn des letzten Häuptlings dieses versprengten Volkes und einer verschleppten deutschen Nonne zu sein. Er nannte sich Tatunca Nara, sprach mehrere Indianerdialekte und auch ein holpriges Deutsch.

Von Tatunca Nara erfuhr Brugger zum ersten Mal auch den Namen des legendären Volkes: *Ugha Mongulala*. Seinen eigenen Namen übersetzte der Indianerhäuptling mit »Große Wasserschlange weiß nichts« und erzählte eine Geschichte über riesige, unterirdische Tempelstädte und einen übersinnlichen Priesterkult, der dem Volk den Untergang vorausgesagt habe. Doch angeblich existierte noch eine Hundertschar von Nachfahren. Tatunca Nara schilderte die Kultur der Ugha Mongulala in fantastischen Bildern, die kaum nachzuvollziehen waren, lieferte

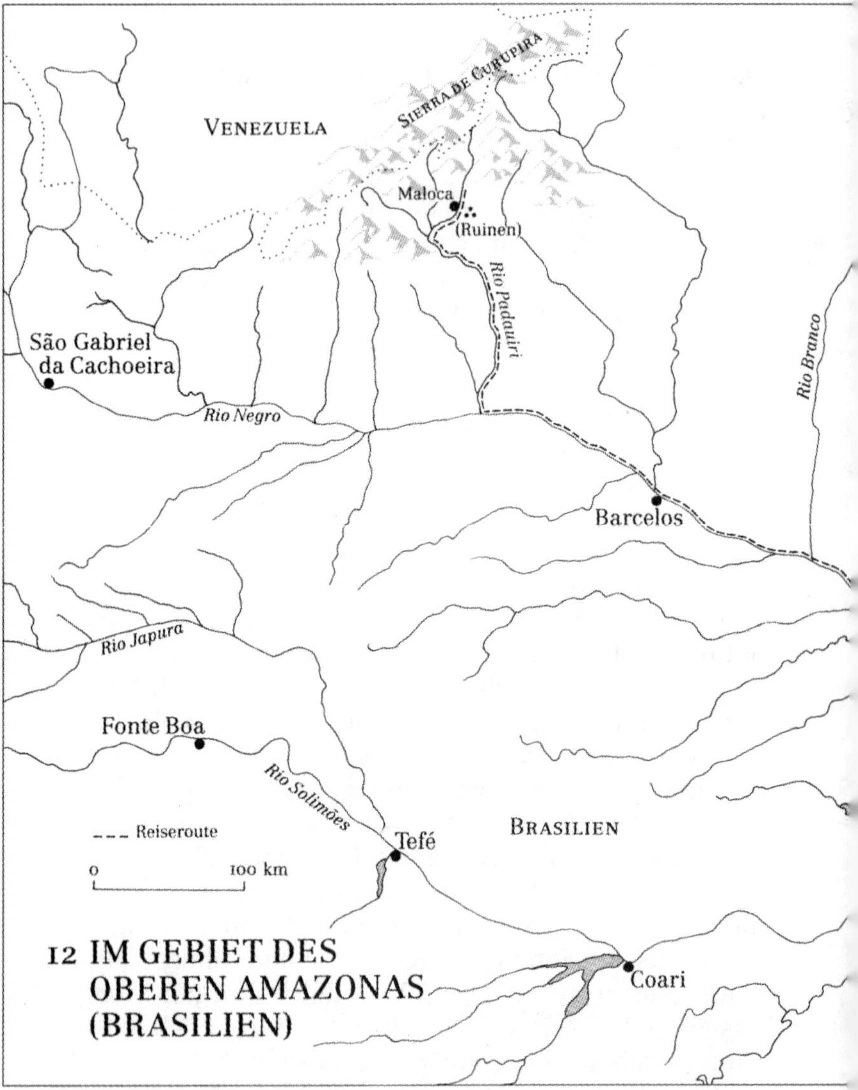

12 IM GEBIET DES OBEREN AMAZONAS (BRASILIEN)

GUYANA
Caracara
Obidos
Amazonas
Parintins
Rio Negro
Manaus
Itacoatiara
Careiro
Maués
Rio Solimões
Rio Madeira
Itaituba

aber auch eine zeitliche Einordnung, die mit einigen geschichtlichen Daten übereinstimmte. Die Eckpfeiler der Schilderungen, so recherchierte Karl Brugger, finden sich aber auch in vielen mündlichen und schriftlichen Überlieferungen wieder, können also auch von dort stammen. Die neueren Daten, die Tatunca Nara nannte, ließen sich zweifelsfrei belegen. So berichteten 1969 die Zeitungen ausführlich über erbitterte Kämpfe zwischen weißen Siedlern und wilden Indianern unbekannter Herkunft in der gottverlassenen peruanischen Provinz Madre de Dios. Der Anführer des wehrhaften Indiovolkes nannte sich Tatunca, auf seinen Kopf wurden 5000 Dollar ausgesetzt. Nach der Niederlage der Indianer floh Tatunca nach Brasilien, ein Auslieferungsantrag wurde ohne Angabe von Gründen durch die brasilianische Regierung abgewiesen.

War der Anführer des kriegerischen, bis dahin unbekannten Indianerstammes identisch mit Tatunca Nara? Wenn ja, weshalb fehlte dann in den Zeitungsberichten der zweite Name des Erzählers, das Wort »Nara«?

Am Ende einer mühsam erarbeiteten Kette von geschichtlichen Vergleichen, Überprüfungen von Daten, Gesprächen mit Historikern, Ethnologen und Angehörigen vieler Stämme der Ureinwohner beschloß Karl Brugger, die Geschichte der Ugha Mongulala in einem Buch mit dem Titel »Die Chronik von Akakor« zu veröffentlichen. Gerade 40 Jahre alt, kündigte er seine Korrespondentenstelle in Brasilien, um sich gemeinsam mit Tatunca Nara zu den geheimnisvollen Zeugnissen der Vergangenheit aufzumachen. Einen Tag vor seiner Abreise, am 3. Januar 1984, wurde unser Kollege und Freund in Rio de Janeiro auf offener Straße erschossen. War er auf der richtigen Fährte gewesen? Wußte Karl Brugger zu viel?

In Manaus, noch Anfang dieses Jahrhunderts die reichste und bedeutendste Kautschukmetropole der Welt, treffen wir das Expeditionsteam, die Wissenschaftler Dr. Günter Huber und Professor Hans Schorscher, beide Geologen, und den Steiermärker Hans Tropper, Mitglied der internationalen Umweltschutzorganisation *Greenpeace*, Besitzer eines datenverarbeitenden Betriebes in Köln und mit 55 Jahren der älteste Teilnehmer. Dieses Team hat vor drei Jahren schon einmal versucht, in die Bergwelt unberührter Indianerstämme zu gelangen, um dort Wasser- und Bodenproben zu entnehmen sowie Fauna und Flora zu bestimmen. Man wollte die Qualität des Lebensraumes entschlüsseln und herausfinden, wie lange die Indianer die Erde bestellen können, bevor sie unfruchtbar wird. Damals war das Unternehmen an der zu kurz kalkulierten Expeditionszeit gescheitert.

Schon am ersten Abend diskutieren wir heftig über die Bedrohung des indianischen Lebensraumes. Was wir von Hans Tropper und den beiden Geologen erfahren, die seit vielen Jahren in Brasilien arbeiten, übertrifft unsere schlimmsten Befürchtungen: Die meisten Indianersiedlungen liegen in der Gegend erfolgversprechender Mineralvorkommen, deren Ausbeutung das an Rohstoffen so reiche Brasilien gar nicht nötig hätte, gäbe es nicht die Lobby und die Schmiergelder der Goldgräber, Mineralkonzerne und der Holzindustrie. Wir erfahren von dem Zusammenspiel der FUNAI (Fundação Nacional de Assistência ao Indio), der sogenannten Indianerschutzbehörde, mit den mächtigen Rohstoffinteressenten. Oft riegelt ausgerechnet diese Behörde das Indioland nur ab, damit Bodenschätze von der Öffentlichkeit unbemerkt ausgebeutet werden können; oder sie zerstört Malocas, vertreibt oder tötet deren Bewohner, um Rohstoffspekulanten ein gefahrloses Terrain zu ebnen.

Ein Hauch von Abenteuer umweht unser Unternehmen – jede Expedition ist eines –, aber wir wollen unbedingt feststellen, ob es tatsächlich noch von der Zivilisation unberührte Indianerstämme gibt oder ob man sie längst schon vertrieben hat. Wir wollen sehen, ob nicht schon ins Quellgebiet des Padauiri, einem Nebenfluß des Rio Negro, Goldsucher oder gar wirtschaftliche Interessen mächtiger Konzerne vorgedrungen sind. Und nicht zuletzt treibt uns der Wunsch, den Stamm dieser hochgewachsenen, hellhäutigen Indianer, die möglicherweise versprengte Nachfahren jenes legendären »Volkes der Götter« sind, und ihre Bauten und Höhlenstädte aufzuspüren. Wir alle wissen, wie dünn der Pfad ist, auf dem wir unser Ziel suchen, wie wenig Aussicht auf Erfolg wir eigentlich haben.

Fünf Tage sind wir in Manaus damit beschäftigt, die eingeführte Expeditionsausrüstung durch den Zoll zu bringen und durch Käufe vor Ort zu ergänzen.

Schließlich verfrachten wir eineinhalb Tonnen mit einem Flußdampfer zum Ausgangsort unserer Expedition: in das Urwaldnest Barcelos, etwa 400 Kilometer flußaufwärts. Mit unserer Filmausrüstung und den noch wertvolleren Geräten des Expeditionsteams fliegen wir mit einer gecharterten Propellermaschine der Fracht nach Barcelos vor. Eigentlich wollte uns Tatunca Nara an der Landebahn erwarten, doch statt dessen holt uns der Lastwagen des Bürgermeisters ab. Tatunca Nara, so erfahren wir, liege mit seinem Schiff auf einer Sandbank des Rio Negro fest.

Barcelos war einst die Hauptstadt Amazoniens, bevor der Warenumschlagplatz Manaus ihm den Rang ablief. Jacques Cousteau beschreibt es als ein »alterndes Dschungeldorf, das sich die Wildnis Schritt für Schritt wieder holt«. In Barcelos leben heute vielleicht 1500 Menschen in überwiegend auf Pfählen errichteten Bretterhütten. Der Ort ist zur Grenzstation zwischen letzten Zivilisationsausläufern und der Wildnis geworden, aber auch ein Auffanglager für Indianer und *Caboclos*, Mischlinge aus Indios und Weißen, die dem Regenwald kein Auskommen mehr abringen wollten oder konnten. Ihre tägliche Mahlzeit holen sie sich meist aus dem Rio Negro, und alle haben es auf irgendeine Weise geschafft, einen Platz in der Verdienstkette des spärlichen Kautschukhandels zu finden: des An- und Weiterverkaufs von Piassava, von Palmfasern.

Barcelos ist auf dem Landweg nicht zu erreichen. Je nach Wetterlage und Passagieraufkommen wird das Nest von einer Fluglinie angeflogen, die sich

»Taba« nennt, und jeden Tag einmal kommt ein Flußdampfer vorbei, entweder auf der Rückfahrt aus dem noch weiter im Nordwesten gelegenen Goldgräberstädtchen São Gabriel oder wie heute aus Manaus, mit unseren eineinhalb Tonnen Expeditionsausrüstung an Bord.

Tatunca Nara ist immer noch nicht aufgetaucht. Wir besorgen uns bei einem Piassava-Händler ein anderes Transportschiff, das uns mit unseren eigenen Booten im Schlepptau bis an die Wasserfälle des Padauiri bringen wird; auf diese Weise wollen wir Treibstoff für die weitere Reise einsparen. Wir werden das Schiff schon am nächsten Tag beladen und abfahren.

Barcelos versinkt allmählich im Morgendunst, der über dem Rio Negro steht; bald ist selbst die Silhouette des Kirchturms nicht mehr zu sehen. Wir fahren den Rio Negro flußaufwärts, der hier etwa zwei Kilometer breit ist und sich schon eine Stunde später in viele weitläufige Nebenarme verästelt, die sich ihren Weg um Palminseln bahnen und immer wieder zum Hauptstrom zurückführen. Es ist oft schwer auszumachen, was nun Nebenarm und was Fluß ist. Nach zwei Tagen mühsamer Suche finden wir endlich die Mündung des Rio Padauiri. Ohne Satellitenaufnahmen wäre die Reise wohl hier schon zu Ende gewesen, denn Kapitän Renaldo und sein Steuermann kannten diesen Nebenfluß des Rio Negro bislang überhaupt nicht.

Bis zur Cachoeira Allianza, einer gefährlichen Stromschnelle, finden wir zwei Caboclo-Anwesen, die beide so günstig liegen, daß wir in ihnen auch übernachten können. Unser letztes Quartier bietet uns Sebastian Oliviera, der hier mit seiner Frau, sieben Kindern und den Familien seiner beiden Brüder lebt. Es bedarf einiger Anstrengungen der Fantasie, um zu begreifen, was wir hier erleben: Acht Tage von jeder Zivilisation entfernt, stoßen wir auf ein idyllisches Anwesen und treffen Menschen, die trotz aller Gefahren und Tücken des Dschungels ein zufriedenes, ja ausgeglichenes Leben führen. Sie halten ein paar Enten und Hühner, pflanzen Pfeffer, Basilikum und andere Gewürze an, fischen, jagen und schneiden die Piassava. Alle paar Wochen paddelt Sebastian Oliviera mit den Piassava-Bündeln zum Rio Negro und wartet dort, bis ein Aufkäufer mit seinem Hausboot vorbeikommt. Sebastian tauscht die Palmfasern, die später zu Bodenmatten, Bürsten, Fußabstreifern oder Besen verarbeitet werden, gegen Zukker, Salz und Mehl, gegen Kleidung, Kochtöpfe oder Werkzeug, gegen billige Feuerzeuge, Batterien oder Taschenlampen. Dann rudert er wieder zurück. Jedes Mal ist er für acht bis zehn Tage völlig allein auf seinem Boot.

Am nächsten Morgen erzählt uns Sebastian, daß die Yanomami zur Zeit untereinander Krach hätten: »Die FUNAI hat die Cachoeira Allianza wegen Malaria verlassen und die Indianer, die auf der Station lebten, wieder in den Busch geschickt. Die Siedlungen wollen die an Malaria Erkrankten aber nicht aufnehmen, und deshalb gibt es Ärger.«

Wissen Sebastian und seine Brüder von den hochgewachsenen Indianern und der unterirdischen

Stadt? Sebastian schmunzelt: »Mein Großvater hat uns davon schon erzählt. Aber da kommt heute niemand mehr hin, und wer es dennoch wagt, kehrt nicht mehr zurück.« Haben er oder seine Brüder jemals einen dieser Indianer gesehen? Die Olivieras schütteln den Kopf: »Wir gehen da nicht rein, und die kommen nicht raus. Unser Großvater hat aber einige der Trança Irada, der ›zornigen Zöpfe‹, erschossen. Aber fragen Sie doch Tatunca Nara, der hat bei denen gelebt.«

Immer wieder stoßen wir auf den Namen Tatunca Nara. Die Caboclos kennen ihn alle, und er genießt bei ihnen größten Respekt. Wer ist er aber? Ist es Zufall gewesen, daß er mit seinem Schiff auf eine Sandbank auflief? Oder nur ein Vorwand, um uns nicht in das Gebiet »seines Stammes« begleiten zu müssen, den es vielleicht gar nicht gibt?

Nach dem Morgenimbiß laden wir unsere Ausrüstung von dem Transportschiff auf die Schlauchboote und das Aluminiumboot. Die 1000 Liter Benzingemisch, abgefüllt in 25 Kanister, sind der schwerste Teil. Gegen Mittag heißt es dann von Renaldo, Geraldo und den Olivieras Abschied nehmen. Das Wagnis beginnt. Schon nach einer Stunde kommen die Stromschnellen der Cachoeira Allianza in Sicht. Huber und Schorscher steigen auf eine Uferböschung, um eine Fahrrinne zwischen den vielen Felsblöcken auszumachen. Das Resultat: es gibt keine, die Boote müssen über die Stromschnellen gezogen werden.

Mit verbissener Ausdauer und unter enormen körperlichen Anstrengungen wird die Cachoeira Allianza schließlich überwunden. Die FUNAI-Station ist tatsächlich von den Beamten verlassen, wir treffen nur auf zwei Caboclo-Familien und eine Handvoll Indianer, außerdem sehen wir einige frische Gräber mit Holzkreuzen. Die Caboclos erzählen zunächst von ihren Problemen: Auf Anordnung der FUNAI müssen sie flußabwärts ziehen, wissen aber nicht wohin, denn dort seien die Palmhaine längst in der Hand anderer Piassava-Schneider. Auch die Indianer tragen ihre Sorgen vor: Sie leiden alle an Malaria, die FUNAI sei deshalb auch abgezogen, habe aber alle Medikamente mitgenommen. Die Missionare, die sich nun um sie kümmern sollten, seien nicht wiedergekommen. Daß sie einmal hier waren, bestätigen die Kreuze auf den Gräbern der an Malaria verstorbenen Indianer.

Hans Tropper holt aus einer wasserdichten Plastiktonne ein Malaria-Medikament und verabreicht es den Yanomami. Der Wortführer der Indianer, den wir Joachim nennen werden, spricht bereits portugiesisch. Er wäre sicher ein geeigneter Führer, doch mögen wir ihn nicht fragen; denn er ist krank und hat Fieber. Die Überquerung der Stromschnellen hat uns ein wenig überanstrengt – warum sollten wir nicht die Nacht hier verbringen? Vielleicht wird Joachim am nächsten Tag wieder auf den Beinen sein und mit uns kommen? Wenn wir hier rasten, können wir den Yanomami das Medikament nachts und am Morgen noch einmal verabreichen.

Der nächste Morgen: Schon in aller Frühe packen wir unsere Hängematten ein, kochen mit dem Wasser des Padauiri einen ordentlichen Kaffee und wekken Joachim. Er hat kein Fieber mehr. Nachdem er die Tablette mit einem Kaffeeschluck zu sich genommen hat, bietet er von sich aus an, uns zu begleiten. Er kennt ein paar Malocas in der näheren Umgebung, aber oben in den Bergen war er noch nie. Weiß er, welchen Dialekt die Yanomamis dort oben sprechen? Nein, aber er wird ihn schon verstehen, sagt er. Nur müsse man erst einmal hinkommen. Wir brechen auf.

Am nächsten Abend haben wir noch einmal Glück. Doch es beginnt zunächst mit einer bedrohlichen Begegnung: Ein Dutzend mit Pfeilen und Speeren bewaffneter Indianer hat uns umstellt. Wir haben sie vorher weder gehört noch gesehen. Sie sind unbekleidet, nur ihren Penis haben sie mit einer Schnur aus Baumrindenstreifen hochgebunden. Die Begegnung wirkt für beide Seiten lähmend – vielleicht haben sie vor uns noch größere Angst als wir vor ihnen? Unsere Herzen klopfen schneller, doch wir versuchen, ruhig und gelassen zu bleiben; denn zu leicht kann Furcht in panische Reaktionen mit gefährlichen Folgen umschlagen. Die Yanomami sind unschlüssig, einer will mit dem Speer auf uns zugehen, ein anderer hält ihn zurück. Wir wissen nicht, ob dieser Angriff ernst gemeint oder nur eine Drohgebärde gewesen ist. Schließlich hilft uns Joachim aus dieser unangenehmen Lage heraus: Er erzählt seinen Stammesbrüdern, wir seien gut, hätten ihm Medizin gegeben und ihn geheilt. Seine Beschwichtigung handelt uns aber gleich ein weiteres Problem ein: Alle geben vor, auch krank zu sein und eine Medizin zu benötigen. Joachim fragt nach der Art der Schmerzen, und sie antworten mit einem nicht enden wollenden Palaver. Am Ende übersetzt uns Joachim ihre Geschichte, die wir als sehr tragisch empfinden. Sie zeigt, wohin das Schicksal dieser Ureinwohner führen wird, wenn sie der Zivilisation nicht mit größter Behutsamkeit angenähert werden.

Über indianische Händler haben die von unserer Kultur unberührten Yanomami Gerüchte über die »wundervollen Dinge« der Weißen vernommen und sich aufgemacht, danach zu suchen. Sie sind bei der FUNAI an der Cachoeira Allianza gelandet, haben sich dort mit Malaria infiziert – die es in ihren Siedlungen nicht gibt – und sind wieder fortgeschickt worden. Nun wollen sie zu einer Missionsstation, die ihnen die FUNAI beschrieben hat, sich dort – man glaubt es kaum – nur ein paar Hemden und Hosen abholen und dann wieder in ihre Malocas zurückkehren.

Wir sind erschüttert, ergriffen und sprachlos. Was für einen Stellenwert müssen für diese Urwaldbewohner die Berichte der Händler haben? Für Hemden und Hosen ziehen diese Yanomami wochenlang durch den Urwald, stecken sich mit Malaria an und werden voraussichtlich sterben, wenn sie die Missionsstation nicht erreichen! Die Missionare, von denen sie glauben, beschenkt zu werden, sitzen in der Nähe des Goldgräberortes São Gabriel – der Zusammenprall mit dem verführerischen, unbekannten Kulturkreis der Weißen wird unvermeidbar sein: Die Indianer werden ihre kulturelle Identität verlieren und dies erst wahrnehmen, wenn es kein Zurück mehr gibt. Wie leichtfertig geht die FUNAI mit ihren Schützlingen um! Sie schickt sie fort – oft genug geradewegs in das Unglück.

Wir führen genügend Anti-Malaria-Mittel mit uns, um die Gruppe damit versorgen zu können. Aber wer soll sie behandeln, wenn der nächste Fieberanfall kommt? Joachim versucht, seine Stammesbrüder zur Rückkehr zu bewegen, doch er hat nur bei einem Erfolg, er wird mit uns kommen – oder besser gesagt: wir werden ihn zu seiner Siedlung begleiten. Ob wir bei seinem Häuptling willkommen sein werden, ist zweitrangig und selbstverständlich keine Bedingung. Wir sind froh, Seppi – diesen Namen gibt ihm der Österreicher Hans Tropper – auf dem Wege kurieren zu können, überdies sind wir glücklich, einen Führer zu haben, der sich in den Bergen auskennt. Weshalb geben wir ihm einen eigentlich unpassenden Namen? Die Yanomami verraten ihre Namen nie. Sie glauben, dies würde Unglück bringen. Will einer den anderen beschimpfen, so ruft er ihn beim Namen, und je nach dem Tonfall kann dies als eine Beleidigung bis hin zur Verfluchung empfunden werden. Anders ist es, wenn sie mit fremden Namen bedacht werden, mit nicht von Geburt an gegebenen: Für sie ist dies dann eine Art »Deckname«, der ihre wahre Identität verbirgt.

Wir werden noch elf Nachtlager freischlagen müssen, bevor wir in die Nähe von Seppis Maloca kommen. Es ist mühsam, am Ende eines anstrengenden Tages dem Urwald einen Schlafplatz abzuringen. Oft dauert es über eine Stunde, bis genügend Äste und

Sträucher geschlagen sind, um die Hängematten zwischen Baumstämmen aufhängen zu können. Joachim und Seppi helfen uns dabei nie – sie zählen sich zu Jägern und Kriegern, jede andere Arbeit ist für sie unwürdig.

Unsere Mahlzeiten fischen wir aus dem Wasser – meist sind es Piranhas, und die munden ausgezeichnet. Für das Abendessen sorgen unsere Begleiter. Sie gehen auf die Jagd, bringen einen Nasenbären, einen Affen, einen kleineren Alligator und ein Capivara, ein Wasserschwein, zurück. Seit sie uns einen Nasenbären samt Fell und Eingeweiden gebraten serviert haben, übernehmen wir die Zubereitung selbst.

Am elften Tag kommen wir auf dem Fluß kaum mehr voran. Das Wasser ist oft so seicht, daß wir die Boote ziehen müssen, und so klar, daß wir die Piranhas sehen können, wie sie unsere Füße und Beine umkreisen. Aber es ist, wie die Indios sagen: Solange wir uns bewegen, greifen die Räuber nicht an, und wir bewegen uns fleißig.

Immer öfter versperren Felsbrocken und umgestürzte Bäume den Weg, wir müssen die Alligatoren, die am Ufer faul in der Sonne liegen, verscheuchen, um die Boote gefahrlos über die Hindernisse tragen zu können. Meist genügt der Knall eines Schusses, und die Biester nehmen Reißaus. Wenn sie erst einmal über einen Meter groß sind, haben sie hier oben keine Feinde mehr; denn die Indianer können sie mit ihren primitiven Pfeilen oder Speeren nicht mehr töten.

Die Fahrrinne verläuft häufig unter überhängendem Bewuchs, wir müssen uns ducken und werden trotzdem von den Ästen zerkratzt. Mehrere Male hängen Wespenstöcke im Geäst, und deren Bewohner machen sich in einem riesigen Schwarm über uns her; da hilft nur mehr der rettende Sprung ins Wasser – abtauchen, Luft anhalten und die Boote aus der Gefahrenzone ziehen. Ganz ohne Stiche kommen wir aber nicht davon.

Gegen Mittag verwandelt sich der Fluß in viele Bäche, wir sind im Quellgebiet angelangt, die Reise mit den Booten ist beendet. Wir verstauen sie samt den Motoren und der Ausrüstung, die wir auf dem Fußmarsch nicht schleppen können, im Schatten hoher Baumkronen. Mitgenommen wird nur das Nötigste: Medikamente, Waffen, leichtes Kochgeschirr und Geschenke für die Indianer – falls wir überhaupt zu ihnen vordringen sollten. Dann brechen wir in den Urwald auf. Seppi tritt so leise auf, daß man nicht einmal das Kleingehölz unter seinen Füßen brechen hört. Er trägt nur seine zusammengeschnürte Hängematte und den Speer. Joachim hat sich herabgelassen, einen Seesack zu tragen, wahrscheinlich aber auch nur, weil wir ihm ein Gewehr anvertraut haben. Daß es nicht geladen ist, haben wir ihm allerdings verschwiegen.

Über eine Stunde lang müssen wir uns Meter für Meter mit der *Machete*, dem Buschmesser, den Weg freischlagen – dann stehen wir plötzlich vor einem ausgetretenen Pfad. Wir sehen aufgebrochene Paranüsse, geknickte Zweige, entdecken den aufgespießten Schädel eines Wildschweines und wissen jetzt, daß wir hier nicht mehr alleine sind, auch wenn wir die Indianer nirgendwo sehen.

Im Urwald bricht schon am späten Nachmittag die Dunkelheit ein. Während Seppi und Joachim noch schnell etwas jagen gehen, schlagen wir das zwölfte Nachtlager frei. Jedesmal, wenn die beiden weg sind, haben wir die Befürchtung, daß sie uns vielleicht sitzen lassen, einfach nicht mehr zurückkehren. Als wir Geräusche hören, sind wir gleich wieder auf den Beinen. Joachim bringt einen Ara-Papagei und Seppi einen angeschossenen, aber sich immer noch wehrenden Affen zurück. Offenbar läßt die Wirkung des Curare (des Pfeilgiftes) nach, vielleicht hat auch die Giftmenge für die Größe des Affen nicht ausgereicht; denn er ist gerade einen Kopf kleiner als der Jäger. Wir werden Zeuge eines zeitweise fast gleichwertigen Kampfes zwischen Mensch und Tier, wagen aber nicht einzugreifen. Der Affe wehrt sich brüllend und versucht, seine fletschenden Zähne in den Hals seines Gegners zu schlagen. Der Sieger steht erst fest, als Seppi das Genick des Affen mit beiden Händen fassen und ihn erwürgen kann. Wir haben die Szene nicht gefilmt – zu sehr waren wir in den Bann geschlagen.

Glücklicherweise ist das Tier nicht für unseren Kochtopf bestimmt. Seppi wird den Affen mit Haut und Haaren anbraten, damit das Fleisch sich länger hält, und ihn seinem Häuptling zum Geschenk bringen. Das Tier ist groß genug, um ein paar Dutzend Menschen satt zu machen.

Aus den farbenprächtigen Federn des Ara-Papageien fertigt Seppi einen Arm- und Kopfschmuck – ebenfalls ein Geschenk für den Häuptling. Danach macht er sich auf und davon, verschwindet lautlos aus dem Schein unseres Lagerfeuers. »Er hat mir den Weg erklärt«, sagt Joachim, »wir sollen nachkommen. Er will den Häuptling überreden, uns aufzunehmen.«

Am nächsten Morgen erleben wir dann die große Überraschung: Unweit unseres Nachtlagers finden wir die Ruinen, von denen uns die beiden Indios immer wieder ehrfurchtsvoll erzählt haben. Joachim hat uns zwar die Stelle beschrieben, wagt sich selbst aber nicht weiter vor. Wir sehen vier bis fünf Meter hohe Mauern, die der Dschungel fast verschlungen hat und die ein Wurzelnetz riesiger Bäume aufrecht hält. Sie sind aus sorgfältig gehauenen Steinen oder auch aus getrockneten Lehmziegeln gebaut. Genaueres können wir nicht erkennen, aber Ansätze von spitzen Torbögen deuten nicht auf indianischen, sondern eindeutig auf spanischen Ursprung hin. Stammen die Ruinen etwa aus der Zeit zu Beginn unseres Jahrhunderts? Wer mag einst diese Häuser gebaut haben? Wie sind die Materialien in diese unzugängliche Wildnis gebracht worden? Weshalb fürchten sich die Indianer vor den Ruinen? Stehen sie vielleicht auf einer alten Kultstätte? Auf unterirdischen Bauten? Wir können all diese Fragen nicht beantworten, spüren aber eine innerliche Aufregung, die dazu führt, daß wir die Gemäuer zwar filmen, aber vergessen, sie zu fotografieren. Der Rückweg wird uns hier aber nicht mehr vorbeiführen.

Wir kehren in das Lager zurück, wo Joachim angstvoll fragt: »Was habt ihr mit den Trança Irada gemacht? Sind sie euch nicht begegnet?« Wir schütteln den Kopf, wir haben nirgendwo eine ausgetretene Stelle oder einen geknickten Zweig gesehen. Den Weg zu den Ruinen mußten wir uns freischlagen. Für uns steht außer Frage, daß seit langer, langer Zeit kein Mensch mehr zu den Ruinen vorgedrungen ist.

Glaube und Aberglaube, Gerücht und Beweis, Augenzeugenberichte oder Erzählungen aus zweiter Hand – wo ist die Wahrheit zu finden? Ist die Welt der Indianer nicht auch eine Fantasiewelt, die sie für Wirklichkeit nehmen? Das Überlieferte wird durch fortwährende Wiederholung nicht wahrhaftiger. Und was ist mit Tatunca Nara? Kennt er die wahre Geschichte dieser geheimnisvollen Stätte? Sind wir nicht alle Gefangene unserer Gedanken, Wünsche und Träume? Vermögen wir in die mystische Kultwelt der Indios hineinzublicken und sie zu enträtseln? Vermögen die Indianer zwischen überlieferter Vergangenheit und lebendiger Gegenwart eine begehbare Brücke zu schlagen, die auch einer exakten Überprüfung standhält? Oder beflügeln umgekehrt ihre Erzählungen unsere Fantasie so nachhaltig, daß wir die »Strohhalme« ihrer Legenden zu Eckpfeilern erheben, die uns der Wirklichkeit eines verschollenen Volkes und einer versunkenen Kultur versichern?

Die Realität des Abmarsches reißt uns aus diesen Gedanken. Ein Pfad führt aus dem Dschungel heraus, vor uns stehen zum Greifen nahe die Berge: die Sierra (oder Serra) de Curupira. Die Bergkämme markieren die Grenze zu Venezuela, sie liegen in scheinbarer Reichweite, sind aber immer noch 15 bis 20 Kilometer entfernt. So anmutig schön, so majestätisch sich die Bergwelt auftut, so uneinnehmbar erscheint sie: eine gewaltige Festung, aus der Quellen glitzern und in die riesige Felsblöcke in ein geschlossenes Netz aus sattgrünem, tropischem Bewuchs hineingestreut sind.

Wenn es nach dem Schweizer Schriftsteller Erich von Däniken ginge, dann lägen hier, in der Umgebung der glasklaren Quellbäche des Rio Padauiri, unterirdische Pyramiden und Höhlenbauten – ähnlich denen, die Tatunca Nara seinerzeit unserem ermordeten Kollegen Karl Brugger beschrieben hatte. Wenn es diese sagenumwobene unterirdische Kultstadt tatsächlich geben sollte, müßte sie dann nicht hier begraben sein? In einem Lebensraum, der für die Siedlung und Entfaltung eines geheimnisvollen Volkes wie geschaffen scheint, abgeriegelt von schier undurchdringlichen Regenwäldern, für keinen Fremden einsehbar und gegen Eindringlinge leicht zu verteidigen? In diesem höher gelegenen Gebiet herrscht kein naßfeuchtes schwüles Klima mehr, in dem jede Infektion zum Tod führen kann. Hier gibt es keine Malaria, es gibt klare und gesunde Wasser und einen fruchtbaren Boden für den Ackerbau.

Wir wüßten nicht, mit was wir anfangen sollten, würden wir hier zu forschen oder zu graben beabsichtigen. Wie sollten wir einen dieser riesigen Steinquader auf dem Berghang verschieben, hochheben oder verrücken, um vielleicht einen Zugang zu der Vergangenheit zu finden? Wieder spüren wir diese Erregung in uns, sie ist noch sehr viel heftiger als vor den Ruinen. Wir haben das Gefühl, einem undurchdringlichen Geheimnis gegenüberzustehen, das uns vielleicht davor warnt, näher zu treten und es zu entweihen. Was rechtfertigt überhaupt die Anmaßung, mit der wir Europäer vergangene Kulturen und Legenden fremder Völker um fast jeden Preis aufspüren und entschlüsseln wollen? Sollen die Indianer nicht besser in ihrer Glaubens- und Vorstellungswelt belassen werden, mag sie auch noch so weit von einer Überprüfbarkeit in unserem Sinne entfernt sein?

Wir sind froh, als Joachim zum Weitermarsch drängt. Der Weg führt nun nicht weiter in die Berge, sondern Joachim schlägt eine westliche Richtung entlang eines Baches ein. Bald sehen wir Bananenpflanzungen und wissen, daß wir uns in unmittelbarer Nähe einer Maloca befinden. Der Pfad führt vom Wasser weg und mündet in einen mannshohen Gang unter dichtem, dunklem Gebüsch. Nach kurzer Zeit steht wieder der sonnenklare Himmel über uns, und wir sehen einen etwa 200 Meter langen Rundbau, der nach außen mit Pfählen, Ästen und Laub abgeschottet ist und nur einen Zugang besitzt: die Maloca.

Die Yanomami empfangen uns mit einem schrillen, sirenenartigen Geschrei, vermengt mit dem Bellen einer Hundeschar. Die kleinwüchsigen, nackten Indianer klopfen mit ihren Handflächen aufgeregt unsere Körper ab, tätscheln Gesicht und Stirn und schlagen uns leicht auf die Köpfe, wozu sie sich sehr strecken müssen. Sie tänzeln und schaukeln dabei mit dem Oberkörper, und wir versuchen, diese Begrüßungsweise nachzuahmen. Als letzte kommen gleich zwei Häuptlinge auf uns zu, wir erkennen sie an dem von Seppi gefertigten Arm- und Kopfschmuck aus den Papageifedern. Die Begrüßungszeremonie beginnt noch einmal von vorne, wird aber von den Häuptlingen bald mit würdevoller Geste beendet.

Allmählich legt sich die Aufregung der Yanomami über den Besuch, den Seppi zu ihnen geführt hat, und weicht einer Mischung aus Neugierde und Mißtrauen. Auch unser Führer Joachim ist hier ein Fremder und wird wie wir abschätzend beäugt. Erst, als die Yanomami in unserem Gepäck interessante Dinge wie Badehosen, Angelhaken, Schnüre und Sicheln finden, entspannt sich die Begegnung mit den Besuchern aus einer anderen Welt. Natürlich haben wir für die Indianer Geschenke mitgebracht, aber sie nehmen sich erst einmal jene Gegenstände, die sie am meisten beeindrucken, mit denen sie aber am wenigsten anzufangen wissen, denn die Fische schießen sie mit Pfeilen, die Bananen brechen sie von den Stauden, der Acker wird mit spitzen, breiten Hölzern bearbeitet – sie verfügen nur über Werkzeuge und Waffen aus Holz, Stein oder Knochen. Das Feuer schlagen sie mit Steinen oder zünden es mit einem Bohrer aus spiralenförmigen Knochen an, sie kennen weder Metall noch Textil.

Bei den Yanomami ist alles Eigentum der Gemeinschaft, solange der Besitz nicht ausdrücklich von einer Einzelperson beansprucht, durchgesetzt oder erkämpft wird. Nur das Hab und Gut des Häuptlings wird respektiert. So erklärt sich auch, weshalb Seppi schon bei der ersten Begegnung einmal unsere bequemere Hängematte »beansprucht« hat: Wer zuerst in ihr liegt, dem gehört sie, solange er sie benutzt. Sobald jemand seinen »Besitz« verläßt, ist er ihn auch wieder los. Auch wir müssen alles teilen, hergeben und »erobern«. So ist der andauernde Wechsel des »Besitzers« wie ein Spiel, bei dem wir zuerst immer den kürzeren ziehen.

Joachim erweist sich als kluger Dolmetscher, dem bald mit größtem Respekt begegnet wird. Die Yanomami schätzen seinen Rat und hängen an seinen Lippen, wenn er ihre Vorstellungen von der Welt der »Weißen« zurechtrückt. Durch ihn erfahren wir auch, warum uns gleich zwei Häuptlinge empfangen haben: Vor längerer Zeit – genauer vermögen sich die Yanomami nicht auszudrücken – entbrannte in der Siedlung ein »Führungsstreit«. Die Streithähne, zwei Brüder, lösten ihn salomonisch: Sie vereinbarten, jenseits des Flusses eine zweite Maloca zu errichten, in die der jüngere Bruder mit seinen Anhängern als Häuptling einzog. Seither ist man sich wieder freundschaftlich verbunden. Joachim erklärt uns, daß die Häuptlinge nicht nach kriegerischen Fähigkeiten und Erfolgen beurteilt und gewählt werden; vielmehr ist ihr Geschick, Frieden zu stiften und zu erhalten, ausschlaggebend für ihre Wahl.

Die Häuptlinge, die sich zu Ehren des Besuches zusammengefunden haben, erzählen von einem Weißen, der längere Zeit bei ihnen gelebt hat, und zeigen uns seine Hinterlassenschaft: ein Gewehr, etwas Munition und eine Ledertasche mit handschriftlichen Aufzeichnungen in französischer Sprache. Es handelt sich um eine Aufstellung von Wortübersetzungen, wir schließen auf einen Sprachforscher. Die Dorfbewohner haben seine Sachen aufbewahrt, aber anscheinend nie angefaßt. Wer immer es war, er scheint die Maloca in Hast und Eile verlassen zu haben, und wir erfahren auch den Grund: Er hatte sich einem Mädchen zu sehr zugewandt und wurde von den Kriegern aus der Siedlung gejagt.

Die Yanomami können uns nicht mitteilen, wann dies geschah, denn sie haben keine Begriffe für Zeit, kennen weder Woche, Monat noch Jahr und vermögen nur bis drei zu zählen. Alles, was mehr ist, bezeichnen sie als »viele«. Ihre Sprache kennt auch keine Stammworte, keine Oberbegriffe, sondern hat für jeden Baum oder jeden Fisch Namen, aus denen keine Zuordnung hervorgeht.

Die Indianer leben in eheähnlichen Verhältnissen. Sie streiten sich oft um die Gunst der Frauen, denn es gibt derer zu wenige. Fast alle Dörfer in diesem Raum sind verfeindet, und zwar wegen gegenseitiger Überfälle, die nur das eine Ziel haben, Mädchen zu entführen. Die Männer sind Krieger und Jäger und helfen beim Bau von Malocas mit, alle anderen Arbeiten werden von Frauen verrichtet. Sind die Mädchen erst einmal geschlechtsreif, gebären sie fast jedes Jahr ein Kind. Die Sterblichkeitsrate von Müttern und Kindern ist allerdings sehr hoch – mit ein Grund für den Frauenmangel.

Während unseres dreitägigen Aufenthaltes essen wir gemeinsam mit den Eingeborenen. Jeden Tag gibt es dicken, aufgekochten Bananenbrei und Paranüsse, die uns von den Frauen vorgekaut werden, während sie meist einen Wulst aufgeweichter Tabakblätter in der Unterlippe halten. Über den Tabak – getrocknete Baum- oder Pflanzenblätter – nehmen die Yanomami Salz und Vitamine auf, die gekochte Bananen nicht bieten. Am Tag vor unserer Ankunft haben sie zum letzten Mal Fleisch gegessen, den Affen, den Seppi als Geschenk mitbrachte. Die Yanomami können auf Vorrat essen. Wenn die Jäger ein großes Tier mitbringen, wird es auf jeden Fall aufgegessen, und diese Nahrung hält dann bis zu einer Woche vor.

Am letzten Tag erleben wir, wie sich Männer *Epena*, ein aus Baumrinde gewonnenes Rauschmittel, mit einem Blasrohr gegenseitig in die Nasen blasen. Sie glauben, im Rausch heilende Kräfte zu gewinnen, mit denen sie den Kranken die bösen Geister austreiben könnten. Im Rausch werden überdies die Kriegstänze aufgeführt, und ebenfalls im Rausch erzählen die Krieger in monotonen Sätzen immerfort von Heldentaten und führen vor, wie man seine Gegner tötet. Nur Krieger dürfen im Zustand des Rausches tanzen; andere klettern auf Pfähle und führen richtige Selbstdialoge.

Ihre Toten verbrennen die Yanomami und streuen die Asche in den Bananenbrei, von dem dann jeder eine Handvoll ißt – auch Besucher werden davon nicht ausgeschlossen. Sie glauben, daß dadurch die Verstorbenen in ihnen weiterleben würden.

Die Gespräche mit den beiden Häuptlingen sind stets langwierig, der Wortschatz ihrer Sprache erlaubt keine kurzen Formulierungen, alles muß umschrieben oder beschrieben werden. Wir bringen das Gespräch auch auf jene Händler, die von den wundersamen Dingen der »Weißen« berichtet haben. Dabei stellen wir fest, daß die Yanomami von der Zivilisation wenig, aber doch sehr viel mehr wissen, als wir angenommen haben.

Das Dorf hat sich auf die Hundezucht spezialisiert und tauscht die Tiere gegen Waren ein, die die Händler von anderen Dörfern mitbringen – und da waren auch schon mal zwei Töpfe aus Plastik dabei. Die Händlerkette funktioniert wie ein Nachrichtennetz, sie reicht in ihrer Fortsetzung bis hinunter zu den Missionsstationen und zur FUNAI. Ein Händler verbindet jeweils nur zwei Dörfer, kennt deshalb auch nur eine Etappe des Handels, gleichzeitig aber auch jene beiden Händler, die den Warentausch über die zwei Dörfer hinaus mit den jeweils nächsten beiden Siedlungen betreiben. So treffen sich die »Geschäftsleute« der Yanomami in der Überschneidung ihrer Einzugsgebiete, tauschen Nachrichten aus und geben sie weiter. Zu unserem Erstaunen erzählen uns die beiden Häuptlinge von Goldgräbern, die vielleicht 50 bis 60 Tagesmärsche entfernt in Siedlungsgebiete der Yanomami vorgedrungen seien und dort die Indianer vertrieben hätten. – Nach unserer Rückkehr sind wir der Information nachgegangen: sie stimmte, obwohl sie vielleicht aus zehnter Hand stammte.

Unsere Maloca hat allerdings noch mit keinem Händler Kontakt gehabt, der je im Gebiet der »Weißen« war. Wie sind also die Häuptlinge auf die Idee verfallen, ein Dutzend Krieger für ein paar Hemden und Hosen in die Zivilisation zu senden? Die Antwort ist frappierend einfach: Ihre Händler haben erzählt, daß diese Dinge wärmten und ein Feuer ersetzten. Man könne sie in kalten Nächten anbehalten und fröre nicht mehr. Die Häuptlinge erzählen, daß in ihrem Dorf schon viele an einer Krankheit gestorben sind, die wir nach ihren Schilderungen als Lungenentzündung einstufen. Zu unserem Erstaunen erfahren wir, daß die Bewohner dieser Maloca allzugern dorthin zögen, wo das Leben nach den Berichten der Händler sehr viel schöner sei als das ihre – wenn sie nur wüßten, ob sie von den Menschen dort ebenso freundlich empfangen würden wie wir von ihnen. Sie wollen von uns wissen, ob es »da unten« wirklich nie Streit um Frauen und nie Kriege zwischen den Siedlungen gebe? Oder ob man dort das Feuer tatsächlich mit einem Knopf anzünden könne? Die Fragen bringen uns in Verlegenheit: Die Indianer wissen zu wenig, um eine umfassende Antwort zu verstehen, andererseits aber zuviel, um sich mit Ausflüchten abzufinden. Schließlich versuchen wir die Häuptlinge davon zu überzeugen, daß das Leben »da unten« trotz der einen oder anderen Annehmlichkeit nicht einfacher und nicht schöner ist als in ihrer Maloca. Aber dann kommt die Frage nach der »Medizin«: ob man damit denn nicht länger leben würde? Hat Seppi davon erzählt? Nein, das wissen die Häuptlinge schon lange, ihr Händler hat ihnen die Medizin schon angeboten, doch sie beschlossen damals, sie nicht einzutauschen; fünf Hunde wollte er dafür haben. Er hat ihnen auch von den weißen Zauberern erzählt, die Menschen aufschnitten, die bösen Geister herausholten und sie wieder zunähten. Ob das stimmen würde, werden wir gefragt?

Wir fragen uns, ob die Informationskette der Händler Heil oder Unheil mit sich bringt. Anscheinend werden nur die »wundersamen« Dinge der Zivilisation weitergetragen – vielleicht aber auch wollen nur sie gehört werden. Vermutlich ist es nur mehr eine Frage der Zeit, bis diese Yanomami dorthin aufbrechen werden, wo sie glauben, die Zivilisation zu finden. Das ist eine realistische Einschätzung, kein Wunschdenken unsererseits. Und sie wird von den Häuptlingen umgehend bestätigt: Man habe längst beschlossen, wenn der Boden um die beiden Malocas nichts mehr hergebe, nicht weiter zu ziehen und eine neue Siedlung aufzubauen, sondern in die »Zivilisation« aufzubrechen.

Wir können zuletzt noch nach den hochgewachsenen Indianern – den Ugha Mongulala – fragen: Sind sie den Häuptlingen schon einmal begegnet? Nein, lautet die klare Antwort, aber die Händler haben ihnen davon erzählt. Und sofort schildern die Häuptlinge die Greueltaten dieses Stammes mit Gesten und Gebärden, als ob sie sie selbst erlebt hätten.

Und der Berg vor ihnen, mit den vielen Felsblökken, dem sattgrünen Bewuchs: Lebt dort jemand? Wieder berufen sie sich auf die Händler und geben deren Erzählungen wieder. Vor langer Zeit, sagen sie, lebten dort Menschen, aber ebensolange ist dort die Erde nicht mehr zu bepflanzen, man könne auch keine Maloca dort errichten. Sie selbst gehen dort jagen, denn es gibt dort viele Verstecke von Wasserschweinen.

Dr. Huber und Professor Schorscher haben die Böden der Bananenpflanzungen untersucht und mei-

42 In einem versinkenden Paradies?

nen, sie würden seit höchstens fünf Jahren bearbeitet und könnten vielleicht noch weitere zwei Jahre bebaut werden. Das gibt Aufschluß darüber, wie lange die Siedlungen hier schon stehen und wann die Yanomami angekommen sind. Doch woher sind sie gekommen? Wieder reicht das Vokabular der Häuptlinge nicht aus, um uns eine ungefähre Entfernung mitzuteilen. Wenn wir wollten, sagen sie, könnten sie uns hinbringen. Wir fragen besser nicht, wie lange das dauern würde. Unsere Zeit drängt ohnehin, denn wir haben vor unserem Abmarsch hierher über Boten mit Tatunca Nara einen festen Treffzeitpunkt an der Stromschnelle der Cachoeira Allianza vereinbart; er sollte uns dort mit dem Transportschiff abholen.

Der Abschied endet, wie der Empfang begonnen hat: Wir klopfen uns gegenseitig mit den Händen ab, doch das Geschrei unserer Gastgeber klingt etwas wehmütig. Offenbar sind sie gerührt – wie wir auch.

Für den Rückweg bis zu den Stromschnellen benötigen wir nur fünf Tage, es geht flußabwärts, und die größten Hindernisse haben wir schon auf dem Hinweg beseitigt. Die Freude ist riesengroß, als uns Tatunca Nara auf einem flachen Aluminiumboot entgegenkommt, das er mit Benzinkanistern vollgeladen hat. Zum einen sind unsere Tanks so gut wie leer, und zum anderen sind wir froh, daß diesmal alles geklappt hat. Die Begrüßung ist zu kurz, um Tatunca Nara kennenzulernen. Wir müssen gleich weiter, denn Tatuncas Transportschiff ankert wegen des Niedrigwassers eine Nachtfahrt weiter unten am Padauiri. Wir tanken rasch, und als wir losfahren, ist es bereits dunkel. Tatunca rast mit seinem Aluminiumboot voraus, und wir folgen den hellen Schaumkronen des Kielwassers. Mehr können wir in dieser sternenlosen Nacht nicht ausmachen. Was Tatunca sehen kann und wonach er sich orientiert, bleibt für uns ein Rätsel.

Den nächsten Morgen verschlafen wir völlig erschöpft in den Hängematten auf dem langsam dahintuckernden Transportschiff. Tatunca weckt uns gegen Mittag mit Kaffee, den wir so genußvoll schlürfen wie selten zuvor. Wir kommen zum ersten Mal mit Tatunca, unserem Kapitän, ins Gespräch, mit dem Mann, nach dessen Erzählungen unser ermordeter Freund Karl Brugger das Buch »Die Chronik von Akakor« geschrieben hat und mit dem er auf die Suche nach dem verschollenen Volk gehen wollte.

Tatunca Nara ist mittelgroß, trotz seiner etwa 50 Jahre ausgesprochen schlank und von zähem Wuchs. Seine Haare sind so schwarz wie seine Augen, und seine Hautfarbe gleicht der indianischen. Er spricht zwar Deutsch, doch mit vielen Fehlern. Unsere Sprache hat er angeblich von seiner Mutter gelernt – wie schon gesagt, einer deutschen Nonne, die von Tatuncas Vater entführt und zur Frau genommen wurde.

Seine erste Frage lautet: »Habt ihr die Stadt gefunden und mein Volk gesehen?« Als wir verneinen und unsere Route erläutern, lächelt Tatunca Nara und sagt: »Ihr seid daran vorbeigegangen und habt nichts gesehen! Mein Volk aber hat euch sicher beobachtet.«

»Mein Volk« … ob es dieses Volk wirklich gibt?

Nach unserer Rückkehr werden wir in Deutschland erfahren, daß Tatunca Nara möglicherweise ein Deutscher namens Günter Hauck ist, der sich in den sechziger Jahren in die Wildnis Lateinamerikas abgesetzt und als Führer der Indios gegen weiße Siedler, Baumfäller und Goldsucher gekämpft haben soll. Die Frage, wer Tatunca Nara wirklich ist, ob »sein Volk«, die Ugha Mongulala, einer Märchenwelt, einer Fantasie beziehungsweise einem Alibi für eine neue Identität entsprungen ist oder aber ob das »Volk der Götter« im Reiche Akakors tatsächlich existierte und Tatunca Nara wirklich ein Sohn des letzten Häuptlings ist, werden wir wohl nie erfahren. Aber die Legende wird weiterleben, und – wer weiß – eines Tages wird vielleicht eine neue Expedition auf ihren Spuren ins Abenteuer ziehen.

Bildnachweis

FT = Farbtafel
Abb.= Schwarzweiß-Abbildung

Baldwin/Watriss (Woodfin/Focus): FT 56, 57, 58, 59, 60, 61

Bruno Barbey (Focus) FT 29, 30

Josef Dillinger FT 77; Abb. 40

Hermann Feicht Abb. 34

Hans Dieter Hofrath FT 21, 22, 28; Abb. 11, 12, 13, 15

Felix Kersting FT 32, 33, 34, 35, 36, 37, 38, 39, 40, 41, 42, 43, 44, 57, 59, 64; Abb. 17, 18, 20, 21, 23

Albrecht Küper FT 14, 16, 17, 18, 20, 84, 85, 86, 87, 88; Abb. 5, 6, 24, 25, 26, 27, 28, 29; S. 2

Walter Mayr (Focus) FT 74, 75, 76, 78, 79, 80; Abb. 41

B. C. Möller (Focus) FT 13, 15, 19

Jochen Schmitt FT 6, 9, 10, 11, 24, 27; Abb. 1, 3, 4, 14

Franz Tartarotti FT 23, 25, 26; Abb. 9, 10, 16

Hans Tropper FT 81, 82, 83; Abb. 42

Werner F. Weiglein FT 45, 46, 47, 48, 49, 50, 51, 52, 53, 54, 55

Gerd Weiss FT 1, 2, 3, 4, 5, 31, 56, 58, 60, 61, 62, 63, 65, 66, 67; Abb. 19, 22, 35, 36, 37, 38, 39

Bettina Witte FT 7, 8, 12